Gestalten mit Blumen

Gestalten mit Blumen

Aus dem Englischen übersetzt von
Dr. Edith Bora-Haber

GONDROM

Lizenzausgabe für Gondrom Verlag GmbH, Bindlach 1996
© 1990 by Dorling Kindersley Ltd., London
Text © 1986, 1987, 1988, 1990 Malcolm Hillier und
Dorling Kindersley Ltd., London
Übersetzung © SDK Verlags GmbH, Stuttgart 1991
Originaltitel: Pocket Encyclopedia of Flower Arranging
ISBN 3-8112-1430-6

INHALT

Einleitung Seite 6

SCHNITTBLUMEN
Seiten 16–91

TROCKENBLUMEN
Seiten 92–175

Kapitel 1
LEITFADEN FÜR SCHNITTBLUMEN
UND SCHNITTGRÜN
Seite 18

Kapitel 4
LEITFADEN FÜR
GETROCKNETE PFLANZEN
Seite 94

Kapitel 2
GESTALTEN MIT
SCHNITTBLUMEN
Seite 50

Kapitel 5
GESTALTEN MIT
TROCKENBLUMEN
Seite 130

Kapitel 3
SCHNITTBLUMEN FÜR
BESONDERE ANLÄSSE
Seite 82

Kapitel 6
IDEEN FÜR BLUMENSCHMUCK
Seite 150

Kapitel 7
TROCKENBLUMEN FÜR
BESONDERE ANLÄSSE
Seite 162

Kapitel 8
ARBEITSGERÄTE, MATERIAL
UND TECHNIKEN
Seite 176

Kapitel 9
BLUMEN UND BLATTWERK
VON A–Z
Seite 206

Register Seite 235

Einleitung

Blumen spielen eine wichtige Rolle in unserem Leben. Seit Menschengedenken verwenden wir sie bei Festen und Feierlichkeiten, und es gibt eine Vielzahl von Lebenssituationen und Anlässen, aus denen Blumen nicht mehr wegzudenken sind. Schon ein einfacher Strauß, einem lieben Menschen überreicht, kann verzaubern. Blumenschmuck verleiht Ihrem Haus eine ganz persönliche Note. Je nach Stimmung erfreuen uns Blumen durch ihre Pracht, verströmen sie Ruhe oder spenden Trost. Ihre Schönheit läßt auch trübe Tage in ein wenig Licht erstrahlen. Wie Sie etwas von dieser Schönheit in Ihren Alltag einbringen können, zeigt Ihnen dieses Buch. Sie erhalten eine Fülle von Anregungen für Arrangements aus Schnitt- und Trockenblumen zu den verschiedensten Anlässen und passend zu jeder Wohnungseinrichtung. Darüber hinaus wird beschrieben, nach welchen Kriterien man die Pflanzen aus der ungeheuren Menge des verfügbaren Materials auswählen kann und wie sich für jede Gelegenheit das richtige Arrangement – sei es einfach oder prächtig, stilvoll oder leger, im Sommer oder Winter – gestalten läßt.

Blumenschmuck im Altertum

Für die alten Chinesen hatten wildwachsende wie kultivierte Pflanzen besondere Bedeutung. Blumen waren Bestandteil ihrer religiösen Handlungen, und ursprünglich bestand jedes Arrangement nur aus einer einzigen Pflanzenart. Im Frühling waren Pfingstrosen und Pfirsichblüten besonders beliebt; im Sommer traten Lotus, im Herbst Chrysanthemen in den Vordergrund. Pflaumenblüten, weiße Narzissen und Kiefernäste wurden im Winter verwendet. Im alten Ägypten kannte man bereits spezielle, oft mit floralen Motiven verzierte Blumenvasen. Auch bei den Festen der Griechen und Römer spielten Blumen stets eine Rolle. Sie verwendeten Blätter und Blüten bei ihren religiösen Zeremonien oder flochten daraus Haarschmuck, Kränze und

Huldigung an den Sommer
Eine bunte Mischung aus Beifuß, Anemonen, Rittersporn, Wicken, Pfaffenhütchen, Brombeeren, Perlpfötchen, Phlox, Rosen, Montbretien und Kugelamarant.

Girlanden für Hochzeitsfeiern und die Helden ihrer Spiele und Kriege. Bei manchen Anlässen wurde der gesamte Boden mit duftenden Rosenblättern bestreut.

Das siebzehnte und achtzehnte Jahrhundert
Die ersten Zeugnisse abendländischer Floristenkunst stammen aus dem 17. Jahrhundert, als insbesondere die Holländer wunderschöne Gemälde von Blüten- und Blätterarrangements, von Früchten und Gemüsen schufen. Wir können auch heute ein solches effektvolles Kunstwerk nachbilden, indem wir verschiedene leuchtend gefärbte, duftende Blumen zusammen mit schönen Früchten, wie Ananas, Granatäpfel, Maulbeeren, Zieräpfel, und mit interessant geformtem Gemüse, wie Wirsing, Kohl, Bohnen oder Paprika, arrangieren.
Im 18. Jahrhundert stellten viele Porzellanmanufakturen neben Tafelgeschirr auch Blumenvasen her. Wedgwood und Meißener sind zwei bekannte Namen dieser Zeit. Blumengebinde schmückten nun regelmäßig die Häuser wohlhabender Familien und der Aristokratie. Die neu aufgekommenen Kaminsimse oder kleine Blumentische im Alkoven waren beliebte Plätze für blumengefüllte Vasen. Auffällige Blumenarrangements zierten auch die frei im Raum stehenden Tische.
Als beliebteste Sommerblumen dieser Jahre galten Rosen, Nelken, Iris, Pfingstrosen, Rittersporn, Eisenhut und Stockrosen. Die Chrysantheme war zu diesem Zeitpunkt bereits aus China ins Abendland gelangt. Dennoch dauerte es noch ein ganzes Jahrhundert, bis sie allgemein verbreitet war und in Blumenarrangements auf vielfältige Art und Weise die Wohnungen schmückte.

Das neunzehnte Jahrhundert
Blumenarrangements im 19. Jahrhundert zeichneten sich durch ihre zwanglose Gestaltung aus. So entstanden aus einer Fülle von Pflanzenarten wunderschöne, romantische Kreationen in der Art, wie Fantin Latour sie malte. Die meisten der heute verwen-

Klassische Komposition
Dem flämischen Stil des 17. Jahrhunderts entsprechend wurden für diese Komposition Blumen und Früchte verschiedener Jahreszeiten verwendet: Lilien, Amaryllis, Iris, Schopflilien, Stockrosen, Hortensien, Wein, Rittersporn, Nelken, Tulpen, Ziertabak, Zichorie, Rosen, Nerinen und Mohn.

Farbkontraste
Die Farben dieses schlichten Arrangements aus blauen Kornblumen, gelben Strohblumen, Verticordiaarten und silbernen Akazienblättern harmonieren sehr schön mit dem Blütenmuster der Delfter Schale.

deten Pflanzen fanden erst in dieser Zeit ihre allgemeine Verbreitung, und auch in der Pflanzenzüchtung hatte man damals große Erfolge.
Viele Pflanzen gelangten aus China, Afrika und Südamerika nach Europa bzw. Nordamerika. Einige davon – wie z. B. Rhododendron, Azaleen, Strauchpäonien, Rosen und Gladiolen – wurden zu beliebten Gartengewächsen. Andere, wie Begonien, Pantoffelblumen oder Fuchsien, wurden zunächst unter Glas angezogen und kamen erst in der wärmeren Jahreszeit ins Freie. Pflanzen wie Nelken oder Alpenaurikel kultivierte man zu Tausenden, um besonders hübsch gestreifte oder gefleckte Sorten zu züchten. Bei der Suche nach Rosen mit duftenden, großen Blüten und vielen Blütenblättern entstanden immer neue Kreuzungen.
So begeistert die Damen jener Tage von den üppigen, aus einer Fülle verschiedener Pflanzen zusammengestellten Arrangements waren, hatten doch auch einfache Blumengebinde ihren festen Platz. Diese bestanden im wesentlichen aus nur einer Pflanzenart, die vielleicht durch einige wenige interessante Farne, Gräser oder Binsen ergänzt wurden. Viele der damals aufgekommenen, auffallend kontrastierenden Farbkombinationen sind heute noch aktuell.

In der zweiten Hälfte des 19. Jahrhunderts wurden viele Bücher zum Thema Blumenstecken veröffentlicht. Sie enthielten Illustrationen wildromantischer Dekorationen für Abendgesellschaften oder besondere Anlässe zu jeder Jahreszeit. Auch wunderschöne Kränze, Girlanden und Gestecke für Anrichte und Eßtisch finden sich darin.
Auch in den USA, wo leuchtende Farben und neue Blütenformen, wie z. B. bei Dahlien, Kapuzinerkresse, Azaleen und Kamelien, immer mehr verfügbar wurden, nahm das Interesse an der Blumenbinderei rasch zu. Zu einer Zeit, in der es für Frauen außerhalb ihrer vier Wände kaum Möglichkeiten zur Freizeitgestaltung gab, waren die Frauenmagazine voll von Ratschlägen zum »Umgang mit Schnittblumen«. Bald wurde es üblich, alle Zimmer mit Blumenarrangements zu schmücken. Gegen Ende des 19. Jahrhunderts entdeckten impressionistische Maler Blumen und Blüten als Motive – angefangen bei van Gogh und seinen »Sonnenblumen« über Bonnard mit einem Feuerwerk von Farben bis zu Manet und Monet. Diese Bilder sind zwar keine naturgetreuen Abbildungen der Pflanzen, jedoch vermeint man bei ihrem Anblick den Duft der Blüten und die sie umgebende Stimmung und Atmosphäre zu verspüren.

Durch die Jahreszeiten
In künstlerischer Freiheit füllten flämische und italienische Maler des 17. Jahrhunderts die Vasen auf ihren Bildern mit Blumen aus allen Jahreszeiten. Heute entsprechen diese Arrangements der Realität, da immer mehr Pflanzen das ganze Jahr über erhältlich sind.
Blumengeschäfte bieten neben Pflanzen der Saison auch eine Fülle wunderschöner und exotischer Blumen aus aller Welt an. Am natürlichsten wirkt ein Arrangement jedoch, wenn man Pflanzen der jeweiligen Jahreszeit wählt. Der Frühsommer ist die beste Jahreszeit für Blumen, da sie hier die ganze Vielfalt und Pracht ihrer Farben entfalten. Das leuchtende Grün junger Blätter betont rote und blaue, pfirsich-, aprikosen- und cremefarbene, dunkel- und hellgelbe Töne. Im Sommer kommen dann noch Silber, Lila und Rosa hinzu.
Die Farben der Herbstblumen spiegeln den warmen Glanz der untergehenden Sonne und der Kartoffelfeuer wider. Mit Beginn des Winters werden Blumen dann sehr selten. Aber auf einmal

durchbrechen Winterjasmin, Christrosen, Winterkirschen und einige Schneeball- und Mahoniearten die winterliche Dunkelheit. Plötzlich hebt sich erneut der Schleier, sind gelbe und weiße Farbtöne in Hülle und Fülle vorhanden, wetteifern Hyazinthen, Blaustern und Iris mit dem klaren Blau des Frühlingshimmels.

Rabatten
(Seite 12)
Ein großer Garten bietet die Möglichkeit, großzügige, buntbepflanzte Rabatten anzulegen. Bei Sommeranfang quellen sie fast über von gelb- und weißgefärbter Schafgarbe, Rittersporn und Frauenmantel und vielem anderen mehr.

Geschichte der Trockenblumen

Wenn auch die Vergänglichkeit in der Natur von Schnittblumen liegt, so ist es doch schön zu wissen, daß die Freude, die sie uns bereiten, verlängert werden kann. Denn praktisch jede Pflanze kann getrocknet oder auf andere Weise konserviert werden. Manche Blüten und Blätter duften auch noch in getrocknetem Zustand. Dieses Phänomen ist schon seit Jahrhunderten bekannt, und daher dienten getrocknete Pflanzen zum einen als Schmuck, zum andern auch als Quelle des Wohlgeruchs. Im 17. Jahrhundert meinte man, sich mit frischen oder getrockneten Sträußen aromatisch duftender Pflanzen vor Seuchen schützen zu können. Im 19. Jahrhundert war man von den großen Botanikern fasziniert, die in aller Welt immer neue Pflanzen entdeckten und sammelten. Doch auch in der Heimat legten sich Enthusiasten großartige Sammlungen gepreßter wie auch getrockneter Blüten, Blätter, Gräser und Binsen an. Danach verblaßte das Interesse an getrockneten Pflanzen weitgehend, bis zu Beginn der siebziger Jahre unseres Jahrhunderts sich das Angebot der Blumenläden nur noch auf einige wenige, oft grell gefärbte Gräser, Statizen und Strohblumen beschränkte.

Wiedererwachtes Interesse

Vor etwa 15 Jahren begannen führende Floristen mit Experimenten zur Lufttrocknung von Blumen und Blättern und entdeckten, daß sich ein weit größeres Spektrum an natürlichen Farben bei den verschiedensten Blüten erhalten ließ als bei den bisher nur gängigen Trockenblumen. So wurde es nun möglich, jederzeit getrocknete Rosen, Rittersporn, Prachtspiere, Schleierkraut und Akazien neben anderen Blumen, Gräsern, Samenständen und Blättern anzubieten.
Von Jahr zu Jahr kamen mehr Pflanzenarten hinzu, und durch das neugeweckte Interesse wurden Trockenblumen zu einem wachsenden Industriezweig. Heute kann man Trockenblumen aus den verschiedensten Ländern kaufen, da sich auf der ganzen

Welt Gärtnereien auf diesen Produktionszweig spezialisiert haben.

Trocknungstechniken
Obwohl Lufttrocknung die einfachste und beste Art der Konservierung ist, wendet man auch noch andere Methoden an. Man kann den Pflanzen z. B. das Wasser mit chemischen Substanzen oder Sand entziehen. So behandelte Pflanzen verlieren relativ wenig von ihrer Farbe und Struktur, sind aber ziemlich spröde. Bei Schnittgrün und manchen Blumen läßt sich der Pflanzensaft durch Glyzerin ersetzen. So behalten sie zwar ihre Geschmeidigkeit, verändern aber ihre Farben. Zwischen saugfähigem Papier gepreßte Pflanzen bewahren ihre Farben recht gut und eignen sich besonders für eine Verwendung hinter Glas. Diese Techniken werden später genauer beschrieben.

Der Garten des Blumenliebhabers
Im eigenen Garten kann man relativ leicht Pflanzen für Arrangements aus Schnitt- oder Trockenblumen anbauen. Es ist befriedigend, einmal selbst alle Arbeiten vom Anpflanzen über das Konservieren bis zum Arrangieren der Blüten durchzuführen. Dabei bereitet das Trocknen einiger weniger Sträuße ebensoviel Freude, wie wenn Sie die ganze Decke des Raums mit getrockneten Blumen behängen. Schon in einem kleinen Garten von 5×10 m können Sie, ohne seine Gestaltung stark verändern zu müssen, ausreichend Material für drei bis vier große Arrangements aus Trockenblumen ernten.
Blumen, die getrocknet werden sollen, muß man ernten, bevor sie voll erblüht sind. Dies sollte bei der Planung des Gartens berücksichtigt werden. Ebenso, daß die Rabatten so bepflanzt werden müssen, daß sie nach der Ernte von Blumen und Schnittgrün nicht ihrer ganzen Pracht beraubt sind. Die heute so beliebten Blumenbeete, die ausdauernde Stauden, Büsche, Kletterpflanzen, Rosen sowie einjährige Gewächse enthalten, sind hierfür ideal. Viele Binsen und Farne, die Wedel, Stengel und Samenstände für Trockenblumengestecke liefern, benötigen einen sehr feuchten Standort. Sie sollten daher besser separat gepflanzt werden.

Ein Korb voller Blüten
(oben)
Dieser Weidenkorb ist bis aufs äußerste gefüllt mit wilden Gräsern, unter die gelbe Strohblumen, Perlpfötchen, Sonnenflügel, Schafgarbe und Leimkraut gemischt wurde.

Das Geheimnis des Blumensteckens

Sowohl die Anzucht und Trocknung eigener Blumen als auch der Kauf frischer bzw. getrockneter Pflanzen bereitet Freude, jedoch sind dies nur Vorbereitungen für die kreative Kunst des Blumensteckens.

Dieses Buch möchte Ihnen einige für die Gestaltung von Arrangements hilfreiche Techniken näherbringen. Allerdings muß betont werden, daß es hierbei keine festen Regeln gibt. Es gibt keine definitiven Aufzeichnungen, welche Schnitt- oder Trockenblumen zueinanderpassen und welche nicht, oder welche Farben miteinander harmonieren. Der beste Ratschlag, den wir Ihnen geben können: Beobachten Sie die Natur.

Dieses Buch zeigt Ihnen außerdem, wie vielfältig das anzupflanzende und zu trocknende Pflanzenmaterial ist, und es stellt einige Möglichkeiten vor, wie man es hübsch arrangieren kann. Vorkommen und Gestalt der Pflanzen in freier Natur geben hierfür oft den Anstoß. Manche Arrangements sind einfach in ihrer Ausführung, solche für besondere Anlässe eher aufwendig. Die meisten Menschen benötigen einen kleinen Anstoß, um Kreativität zu entwickeln – dies ist der Zweck dieses Buches.

Duftwolke
Von allen Freesien haben einfache, bunte Sorten einen besonders reinen und süßen Duft.

Schnitt-blumen

KAPITEL 1

LEITFADEN FÜR SCHNITTBLUMEN UND SCHNITTGRÜN

Das Jahr beschenkt uns in seinem Verlauf mit einer überwältigenden Fülle von Pflanzen. Mit dem Ende des Winters nähert sich der zauberhafte Augenblick, in dem die ersten Krokusse und Narzissen erscheinen. Plötzlich erwachen auf den Feldern und in den Hecken Blüten und Blätter zu neuem Leben, wobei die Farbe Gelb überwiegt. Im Sommer wechselt das Farbenspiel hin zu rosa, roten und blauen Tönen, die nur gelegentlich von einem gelben Tupfer unterbrochen werden.
Der Herbst bringt sanftere Farben hervor: Rot, Rostbraun, Bernstein, Gold und Orange beherrschen die Gärten, obwohl ringsherum immer noch einige hellrosa, cremefarbene und weiße Blüten zu finden sind. Im Winter gibt es nur wenige Blumen, und so müssen wir uns mehr an das dunkle Grün immergrüner Pflanzen und das Rot verschiedener Beeren halten.

Sommerduft
Die erste Sommersonne wärmt diesen Korb voller herrlicher Schnittblumen – Rittersporn, Pfingstrosen, Mandelwolfsmilch, Wicken, Zwergmispeln, Mehlbeeren, Kerbel und Rindsaugen. Der betörende Duft von Pfingstrosen und Wicken steigert den sinnlichen Genuß.

Frühlingsblumen

FRÜHLINGSBLUMEN · 21

Gemeiner Schneeball
Viburnum opulus »Roseum«

Kissenprimel
Primula vulgaris

Kugelprimel
Primula denticulata

Narzisse
Narcissus »Sir Winston Churchill«

Bechernarzisse
Narcissus »Professor Einstein«

Trompetennarzisse
Narcissus »Kingscourt«

Immergrün
Vinca major

Narzisse
Narcissus »Interim«

Gefüllte Narzisse
Narcissus »Golden Lion«

Hyazinthe
Hyacinthus orientalis

Narzisse
Narcissus »Tahiti«

Narzisse
Narcissus »Silver Chimes«

Traubenhyazinthe
Muscari armeniacum

Märzbecher
Leucojum vernum

Gartenschlüsselblume
Primula Polyanthus

Echte Schlüsselblume
Primula veris

Beinwell
Symphytum orientale

Skimmia
Skimmia japonica

FRÜHLINGSBLUMEN · 23

FRÜHLINGSBLUMEN · 25

Waldgeißblatt
Lonicera periclymenum »Belgica«

Feige
Ficus carica

Hainbuche
Carpinus betulus

Gemeine Roßkastanie
Aesculus hippocastanum

Salweide
Salix caprea

Mandelwolfsmilch
Euphorbia amygdaloides robbiae

Flieder
Syringa vulgaris

Sommerblumen

Säckelblume
Ceanothus impressus

Akelei
Aquilegia

Schleifenblume
Iberis

Schnittlauch
Allium schoenoprasum

Ranunkel
Ranunculus asiaticus

Goldregen
Laburnum × watereri »Vossii«

Tränendes Herz
Dicentra spectabilis

Clematis
Clematis »Nellie Moser«

Wiesenknöterich
Polygonum bistorta

Grasnelke
Armeria alliacea

Mandelwolfsmilch
Euphorbia amygdaloides

Ochsenzunge
Pentaglottis sempervirens

SOMMERBLUMEN · 27

Mehlbeere
Sorbus aria
»Lutescens«

Elfenbeinginster
Cytisus × praecox

Jakobsleiter
Polemonium foliosissimum

Wiesenkerbel
Anthriscus sylvestris

Schwertlilie
Iris cv.

Maiglöckchen
Convallaria majalis

Hyazinthe
Hyacinthoides campanulatus

SOMMERBLUMEN · 29

Glockenblume
Campanula trachelium
»Alba Plena«

Lupine
Lupinus »Russell strain«

Königslilie
Lilium regale

Rose
Rosa »Golden Wings«

Kirsche
Prunus avium
»Early Rivers«

Protea
Protea obtusifolia

Kornblume
Centaurea cyanus

Spargel
Asparagus officinalis

Bartnelke
Dianthus barbatus

SOMMERBLUMEN · 33

Eisenhut
Aconitum napellus

Wiesenraute
Thalictrum delavayi

Edeldistel
Eryngium × oliverianum

Lilie
Lilium »Destiny«

Gold-bandlilie
Lilium auratum

Nektarine
Prunus persica »Early Rivers«

Agapanthus
Agapanthus Headbourne Hybride

Schwarze Maulbeere
Morus nigra

Schwefelblüte
Achillea filipendulina

Mädchenauge
Coreopsis

Prachtscharte
Liatris callilepis

Staudenwicke
Lathyrus latifolius

Echter Lavendel
Lavandula angustifolia

34 · LEITFADEN FÜR SCHNITTBLUMEN UND SCHNITTGRÜN

Magnolie
Magnolia grandiflora

Ringelblume
Calendula officinalis

Rainfarn
Tanacetum vulgare

Echinacea
Echinacea purpurea

Schleierkraut
Gypsophila paniculata

Bouvardie
Bouvardia × domestica

Freesie
Freesia × kewensis

Gerbera
Gerbera jamesonii

Strohblume
Helichrysum bracteatum

Bartfaden
Penstemon hartwegii

SOMMERBLUMEN · 35

Großer Staudenphlox
Phlox paniculata

Waldgeißblatt
Lonicera periclymenum serotina

Montbretie
Crocosmia pottsii

Banksia
Banksia menziesii

Schlafmohn
Papaver somniferum

Mandelröschen
Clarkia grandiflora

Hahnenkamm
Celosia argentea cristata

Rudbeckie
Rudbeckia hirta
»Double Gloriosa«

Inkalilie
Alostroemeria ligtu
Hybride

Nelke
Dianthus caryophyllus
»Scarlet Elegance«

Rittersporn
Delphinium elatum

Blutjohannisbeere
Ribes sanguineum

Silberpappel
Populus alba

Berberitze
Berberis thunbergii
»Rose Glow«

**Strauch-
veronika**
Hebe armstrongii

Kaladie
Caladium × hortulanum

Spindelstrauch
Euonymus japonicus

Rose
Rosa glauca

Farn
Nephrolepis exaltata

SOMMERBLUMEN · 37

Beifuß
Artemisia ludoviciana

Heiligenkraut
Santolina chamaecyparissus

Mandelwolfsmilch
Euphorbia amygdaloides

Kreuzkraut
Senecio »Sunshine«

Funkie
*Hosta fortunei
»Aureomarginata«*

Kerrie
Kerria japonica

Muschelblume
Moluccella laevis

Feige
Ficus carica

Wollziest; Eselsohren
Stachys byzantina

Raute
Ruta graveolens

Frauenmantel
Alchemilla mollis

Hartriegel
*Cornus alba
»Elegantissima«*

38 · LEITFADEN FÜR SCHNITTBLUMEN UND SCHNITTGRÜN

Herbstblumen

Acidanthera
Gladiolus callianthus

Erdbeerbaum
Arbutus unedo

Maiskolben
Zea mays

Herbstmyrtenaster
Aster ericoid
»Monte Casino«

Chrysantheme
Chrysanthemum
»Statesman«

Chrysantheme
Chrysanthemum
»Evelyn Bush«

Bouvardie
Bouvardia × domestica

Johanniskraut;
Rose von Sharon
Hypericum calycinum

Gomphocarpus
Gomphocarpus

HERBSTBLUMEN · 39

Meerlavendel
Limonium latifolium

Mädchenauge
Coreopsis

Dryandra
Dryandra sp.

Nachtschatten
Solanum jasminoides album

Goldrute
Solidago
»Goldenmosa«

Akanthus
Acanthus spinosus

Zierapfel
Malus »Yellow Siberian«

Wasserdost
Eupatorium sp.

40 · LEITFADEN FÜR SCHNITTBLUMEN UND SCHNITTGRÜN

Kugelamarant
Gomphrena globosa

Gartenverbene
Verbena × hybrida

Nerine
Nerine bowdenii

Skabiose
Scabiosa caucasica

Glockenrebe
Cobaea scandens

Prachtlilie
Lilium speciosum rubrum

Herbstenzian
Gentiana sino-ornata

Fuchsie
Fuchsia cv.

Kratzdistel
Cirsium japonicum

Rasselblume
Catananche caerulea
»Major«

HERBSTBLUMEN · 41

Sigmarskraut;
Rosenpappel
Malva alcea

Glockenheide
Erica vagans »Mrs. D. F. Maxwell«

Spaltgriffel
Schizostylis coccinea

Hortensie
Hydrangea macrophylla
»Générale Vicomtesse
de Vibraye«

Schmuckkörbchen;
Kosmee
Cosmos
atrosanguineus

Perlpfötchen
Anaphalis
margaritacea

Trauben
Vitis vinifera
»Italia«

Fuchsie
Fuchsia »Mrs Popple«

Belladonnalilie
Amaryllis
belladonna

Braunelle
Prunella

Phygelius
Phygelius aequalis
»Yellow Trumpet«

Dahlie
Dahlia merckii

Alpenveilchen
Cyclamen persicum

Salbei
Salvia patens

42 · LEITFADEN FÜR SCHNITTBLUMEN UND SCHNITTGRÜN

Telopea
Telopea sp.

Gartenfuchsschwanz
Amaranthus caudatus

Gartenchrysantheme
Chrysanthemum indicum

Dahlie
Dahlia
»Nina Chester«

Paprika
Capsicum annuum acuminatum
»Friesdorfer«

Chrysantheme
Chrysanthemum
»Mason's Bronze«

Rauhblattaster
Aster novae-angliae

Garten-chrysantheme
Chrysanthemum indicum
»Charming«

Lampionblume
Physalis alkekengi franchetii

HERBSTBLUMEN · 43

Gladiole
Gladiolus nanus
»Peter Pears«

Gartenchrysantheme
Chrysanthemum indicum

Johanniskraut
Hypericum inodorum
»Elstead«

Schlauchpflanze
Sarracenia sp.

Sommeraster
Callistephus chinensis

Anemone
Anemone × hybrida
»Honorine Jobert«

Granatapfel
Punica granatum

Dryandra
Dryandra drummondii

Schneeglöckchenbaum
Halesia monticola

Gemeiner Schneeball
Viburnum opulus

Roßkastanie
Aesculus sp.

Feuerdorn
Pyracantha coccinea
»Lalandei«

Glanzmispel
Photinia davidiana

Berberitze
*Berberis thunbergii
atropurpurea*

Hagebutte
Rosa cv.

HERBSTBLUMEN · 45

Forsythie
Forsythia × intermedia

Pfaffenhütchen
Euonymus europaeus

Weinrose
Rosa eglanteria

Zierapfel
Malus × lemoinei

Erdbeerbaum
Arbutus unedo

Tulpenbaum
Liriodendron tulipifera

Amberbaum
Liquidambar styraciflua

Zierapfel
Malus »Profusion«

Kermeseiche
Quercus coccinea

Winterblumen

Seidelbast
Daphne odora

Garrya
Garrya elliptica

Glockenheide
Erica × darleyensis
»Darley Dale«

Korallenranke
Euphorbia fulgens

Winterblüte
Chimonanthus praecox

Becherprimel
Primula obconica

Schneeball
Viburnum × bodnantense

Schneeglöckchen
Galanthus nivalis

Winterling
Eranthis hyemalis

Zaubernuß
Hamamelis mollis

WINTERBLUMEN · 47

Pestwurz
Petasites fragrans

Heckenkirsche
Lonicera × purpusii

**Poinsettie;
Weihnachtsstern**
*Euphorbia
pulcherrima*

Schneeball
Viburnum tinus

Mahonie
Mahonia × media
»Charity«

Nieswurz
Helleborus argutifolius

Schwertlilie
Iris danfordiae

**Schwert-
lilie**
Iris unguicularis

Winterjasmin
Jasminum nudiflorum

48 · LEITFADEN FÜR SCHNITTBLUMEN UND SCHNITTGRÜN

Ölweide
Elaeagnus pungens »Maculata«

Griselinia
Griselinia littoralis

Hemlock-Tanne
Tsuga canadensis

Eibe
Taxus baccata

Zwergmispel
Cotoneaster »Cornubia«

Kamelie
Camellia japonica

Scheinbeere
Gaultheria shallon

Mahonie
Mahonia × media »Charity«

Skimmia
Skimmia japonica

Wolfsmilch
Euphorbia amygdaloides robbiae

WINTERBLUMEN · 49

Kreuzkraut
Senecio »Sunshine«

Portugiesischer Lorbeer
Prunus lusitanica

Scheinbuche
Nothofagus betuloides

Blautanne, Stechfichte
Picea pungens glauca

Stechpalme
Ilex aquifolium

Klebsame
Pittosporum tobira »Variegatum«

Efeu
Hedera helix

Rosmarin
Rosmarinus officinalis

Zimmeraralie
Fatsia japonica

Scheinzypresse
Chamaecyparis lawsoniana »Lutea«

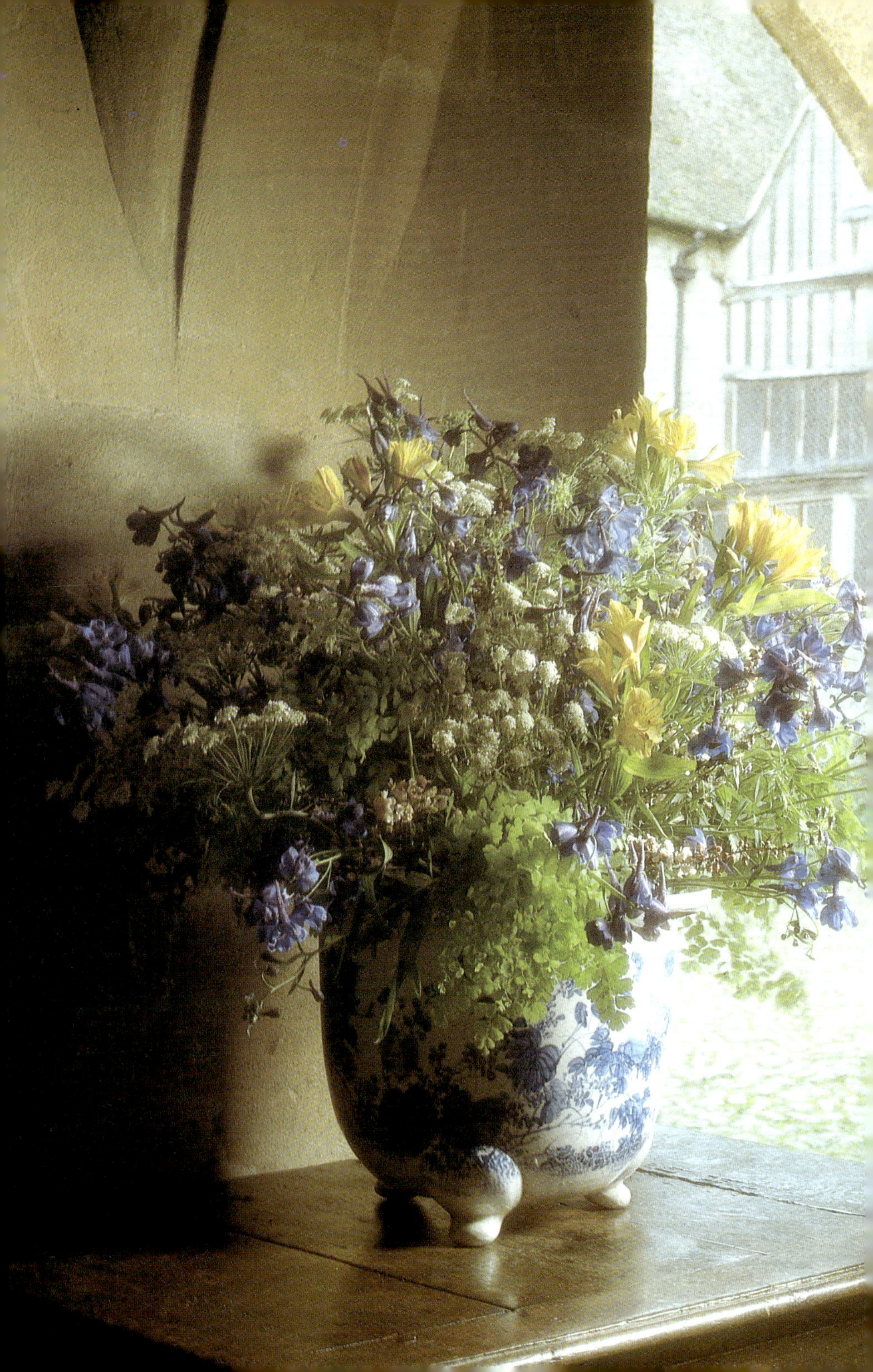

Kapitel 2

Gestalten mit Schnittblumen

Die Gestaltung eines Blumenarrangements ist kein Hexenwerk. Zwar gibt es dazu keine festen Regeln, dennoch möchten wir Ihnen hier hilfreiche Hinweise geben. Wichtig ist vor allem die Wahl des Pflanzenmaterials. Unabhängig von der Art des Arrangements müssen Blumen und Schnittgrün zueinander und zum Stil der Einrichtung passen, ihre Farben außerdem mit denen der Umgebung harmonieren. Ebenso wichtig ist die gewählte Größe, insbesondere wenn das Gesteck von vielen Personen wahrgenommen werden soll. Gefäße sollten sowohl die Wirkung von Blumen und Schnittgrün als auch die der Einrichtung ergänzen. Achten Sie bei der Wahl des Pflanzenmaterials auch auf den Duft der Blumen. All die genannten Punkte schränken nun die Gestaltungsmöglichkeiten keinesfalls so stark ein, wie es im ersten Moment den Anschein hat. Fast jede Kombination von Formen und Farben wirkt durch die natürliche Schönheit der Blumen reizvoll.

Einheit von Gefäß und Pflanzen
Dieser prächtige Strauß in einer weiß-blauen Fayence bildet einen reizvollen Gegensatz zu den dicken alten Gemäuern. In einem Meer aus weißem Wiesenkerbel, Leptospermum, hellgrünem Frauenhaarfarn und einigen gelben Inkalilien wiederholt sich im blauen Rittersporn das Blau des Dekors.

Stilrichtung

Überlegen Sie sich als erstes, wo das Arrangement stehen soll und ob es mit den Formen, Farben und Strukturen seiner Umgebung harmoniert. Berücksichtigen Sie auch, um welchen Raum es sich handelt und wie er genutzt wird. Daraus lassen sich Umfang und Größe des Arrangements ableiten.

Ein Gesteck auf dem Tisch einer Eingangshalle sollte groß genug sein, um Beachtung zu finden, darf aber in keiner Weise behindern.

Als Tafelschmuck muß ein Arrangement von allen Seiten hübsch aussehen, sollte aber nicht allzuviel Platz einnehmen, damit er beim Essen und Servieren nicht stört. Achten Sie darauf, daß der Blickkontakt zwischen den Gästen ungehindert möglich ist. Sie brauchen damit nicht automatisch auf große Gestecke zu verzichten. Diese sollten allerdings schmal gehalten und die Blüten nicht auf Augenhöhe angeordnet werden.

Auch für eine Kaffeetafel darf das Gesteck nicht zu groß sein und sollte nicht nur von allen Seiten, sondern auch von oben attraktiv aussehen. Steht das Blumengebinde in einem Regal, dürfen die Regalbretter nicht zu dicht übereinanderliegen, um nicht zu beengen. Blumen brauchen stets genügend Platz, damit sie ihre volle Pracht entfalten können. So sehen z. B. Arrangements in einem nicht benutzten offenen Kamin selten gut aus. Sie kommen vor dem Kamin viel besser zur Geltung. Man muß allerdings beachten, daß die Arrangements dann nicht nur von vorne, sondern auch von der Seite zu sehen sind.

Ambiente

Wichtig ist die Atmosphäre des Raumes. Chrom oder modernes Glas passen selten zu einer Einrichtung im viktorianischen Stil oder zu Polstermöbeln mit Chintzbezügen. Vor altem, schön gemasertem Holz, wie Eiche, oder auch in einem modernen Raum können diese Materialien jedoch durchaus reizvoll wirken. Eine dunkle Einrichtung verlangt eher nach farbenfrohen Blumen und Gefäßen. Für helle Räume sind matte Farben mit einigen leuchtenden Tupfen ideal.

Blumenarrangements sollten also mit Ausstattung und Stil des Raumes harmonieren. Hüten Sie sich aber davor, die Blumen ihrer Umgebung zu sehr angleichen zu wollen. Solche Arrangements wirken meist sehr gekünstelt. Die Farben eines Raumes durch Blumen zu betonen oder auch auszugleichen ist einfach. Vermeiden Sie einfach die Farbkombinationen, die Ihnen nicht gefallen. Manchmal kann die Farbe des Holzes, das Muster von Vorhängen, Teppichen und Tapeten zu einem Arrangement inspirieren. Ein andermal sind es die Blumen, die gerade in Ihrem Garten blühen. Gleichgültig aus welchen Gründen Sie sich auch für bestimmte Blumen und Formen entscheiden, zeigen Sie dabei Mut!

Blumen und Häuser

Wenn auch viele Blumen fast mit jeder Umgebung harmonieren, so wird ihre Wirkung doch vom Alter und Stil eines Hauses beeinflußt. Moderne Häuser, besonders solche mit großen Fensterfronten und sachlich funktionaler Ausstattung, verlangen im allgemeinen einfache,

Niedriges Arrangement für die Kaffeetafel
Der Kontrast zwischen dem Rosa der Attila-Tulpen und dem Blau der Blumenschale bringt Spannung in dieses niedrige Arrangement. Die kurz geschnittenen Tulpen lassen sich gut in einem dichten, buschigen Strauß anordnen.

unkomplizierte Arrangements. Für diese verwendet man z. B. nur Pflanzen einer Art und eventuell sogar derselben Farbe. Gefäße von schlichter Form unterstützen diese Wirkung. Bei vielen neuen Häusern wurden auch wieder Stilelemente früherer Tage aufgegriffen. Entsprechend harmonieren mit diesen, wie mit den »echten« Bauten jener Zeit, eher klassische Arrangements. Was jedoch nicht heißt, daß diese Gestecke ganz und gar stilvoll sein müssen, sie sollten jedoch etwas von der Eleganz jener Periode ausstrahlen. Auch die Gefäße brauchen nicht unbedingt dieser Epoche zu entstammen, dürfen aber keinesfalls von sachlich moderner Form sein.
Ähnliche Aufmerksamkeit wie dem Stil des Hauses sollte man auch der Zimmerhöhe bzw. -größe widmen, da sie die Ausmaße des Arrangements beeinflussen. Ein extravagantes Blumengebinde kann in einem alten Stadthaus mit überhohen Räumen sehr gut wirken, wäre aber in einem modernen Reihenhaus sicher fehl am Platz.

Lässige Eleganz in klassischer Umgebung
Eine silbern schimmernde Weinkanne ist das passende Gefäß für dieses reizvolle Gebinde aus Mohn, Rosen, Amaryllis, Papageientulpen, Schneeball, Nelken, Löwenmäulchen, Ginster, Wiesenkerbel, Feuerkolben und Stechwinde. Die geschickte Anordnung der gekrümmten Stiele und die unregelmäßig herabhängenden Blüten unterstreichen das gewollt legere Aussehen.

Unabhängig von der Einrichtung, sehen einfache Kompositionen am besten aus. Sie sollten immer natürlich wirken, niemals so, als hätte man ihnen eine bestimmte Form aufgezwungen. Daraus ergibt sich, daß ein einfacher Strauß in einer entsprechenden Vase sowohl in klassischer als auch in moderner Einrichtung gut zur Wirkung kommt. Arrangements aus nur einer Pflanzenart, z. B. gelben Lilien oder Flieder, verwendet man allerdings besser nur in modernen Räumen, eine Komposition aus Blumen und Schnittgrün des Bauerngartens dagegen hat ihren Platz eher in stilvoll gehaltener Umgebung.

Prachtvolle Arrangements

Groß angelegte Arrangements bleiben meist besonderen Anlässen, zu denen viele Personen erwartet werden, vorbehalten. Um genügend Beachtung zu finden, müssen die Gestecke groß und ausladend sein. Sockelvasen unterstützen diese Wirkung.

Von einem großen Arrangement spricht man, wenn es mindestens 1 m hoch ist. Blattwerk läßt sich mitunter in dieser Länge schneiden, Blütenstiele sind allerdings meist kürzer. Man kann sich bei kurzstieligen Pflanzen mit wassergefüllten Steckvasen, wie sie auch für Grabschmuck verwendet werden, behelfen. Sie werden entweder in Steckmasse bzw. Maschendraht fixiert oder, falls eine weitere Verlängerung notwendig ist, an einen Stab gebunden, der gleichfalls in der Steckmasse befestigt wird. Der Aufbau eines großen Arrangements ist meist fächerförmig, obwohl dies natürlich ganz davon abhängt, von wie vielen Seiten es gesehen werden kann. Steht das Gesteck, wie es häufig der Fall ist, an der Wand, so muß seine Rückseite flach gearbeitet sein. In der Nähe der Kanzel oder des Hauptportals einer Kirche wäre hingegen ein nach allen Seiten wirkendes Arrangement erforderlich.

In einem weitläufigen, großen Raum, in dem ein Gebinde aus größerer Entfernung betrachtet wird, sollte auffälliges Pflanzenmaterial verwendet werden. Mit markanten Blattformen und kräftigen Blütenfarben läßt sich eine entsprechende Wirkung erzielen.

Kirchenschmuck
Das majestätische Gebinde enthält Blumen, die sich gut vom dunklen Kirchenraum abheben. Es setzt sich aus Blättern der Eßkastanie und Berberitze, aus Fenchel, Herbstmyrtenastern, »Golden-Times«-Rosen, Montbretien, Rittersporn und Prachtlilien zusammen.

Anleitung (unten)
Umwickeln Sie einen Papierkorb mit Heu (siehe S. 181). Steckvasen und langstielige Blätter werden fächerförmig in feuchter Steckmasse fixiert und langstielige Blumen hinzugefügt. In die Vasen kommen die kürzeren Blumen und Blätter – sie erhalten so die richtige Höhe.

Farbe

Die Farben unserer Umwelt – etwa von Bäumen und Hecken, Früchten und Gemüsen oder auch unserer vier Wände – erregen nur selten unsere Aufmerksamkeit. Nur gelegentlich, wenn wir z. B. einen Raum dekorieren oder möblieren oder uns für einen besonderen Anlaß kleiden, nehmen wir sie bewußt wahr. Was könnte aber einer bewußteren Wahrnehmung dienlicher sein als Blumen mit ihrem außergewöhnlichen Farbenreichtum?
»Gängige« Farbkombinationen sind oftmals langweilig. Fürchten Sie sich nicht vor Farben, sondern experimentieren Sie damit. Auf diese Weise bekommen Sie nach und nach ein Gespür dafür, welche Farben am besten zueinander passen. Im schlimmsten Fall schaffen Sie ein buntes Allerlei oder eine farblich schlichte Kreation – beides kann in der richtigen Umgebung reizvoll aussehen. Häufiger entsteht jedoch eines dieser Arrangements mit der unerklärlich zauberhaften Ausstrahlung, die Blumen von Natur aus eigen ist.

Farbenlehre

Die Wahl der Farben für ein Arrangement unterliegt keinen starren Vorgaben oder festen Regeln. Einen gewissen Anhaltspunkt können jedoch die Farbtöne der jeweiligen Jahreszeit geben. Wählen Sie im Sommer leuchtende Farbkombinationen, im Herbst warme, sanfte Töne, im Winter die verschiedenen Nuancen von Braun und Dunkelgrün und im Frühjahr reines Weiß, Gelb und Blau.
Oder Sie richten sich nach dem Farbenkreis. Man kennt darin drei Grundfarben – Rot, Gelb und Blau. Die sogenannten Mischfarben Orange, Grün und Violett entstehen durch Kombination der Grundfarben. Unterschiedliche Schattierungen und Nuancen dieser sechs Farben erhält man durch Mischen mit Weiß bzw. Schwarz.

Lebhafte Farbkontraste
Dieses lebhafte Arrangement, das fast zu jedem Hintergrund paßt, wirkt durch seine kräftigen, kontrastreichen Farben. Das auffällige Gelb des Rainfarns verstärkt die Rosa-, Rot- und Lilatöne der Inkalilien und Statizen, des Schneeballs und der Myrtenheide.

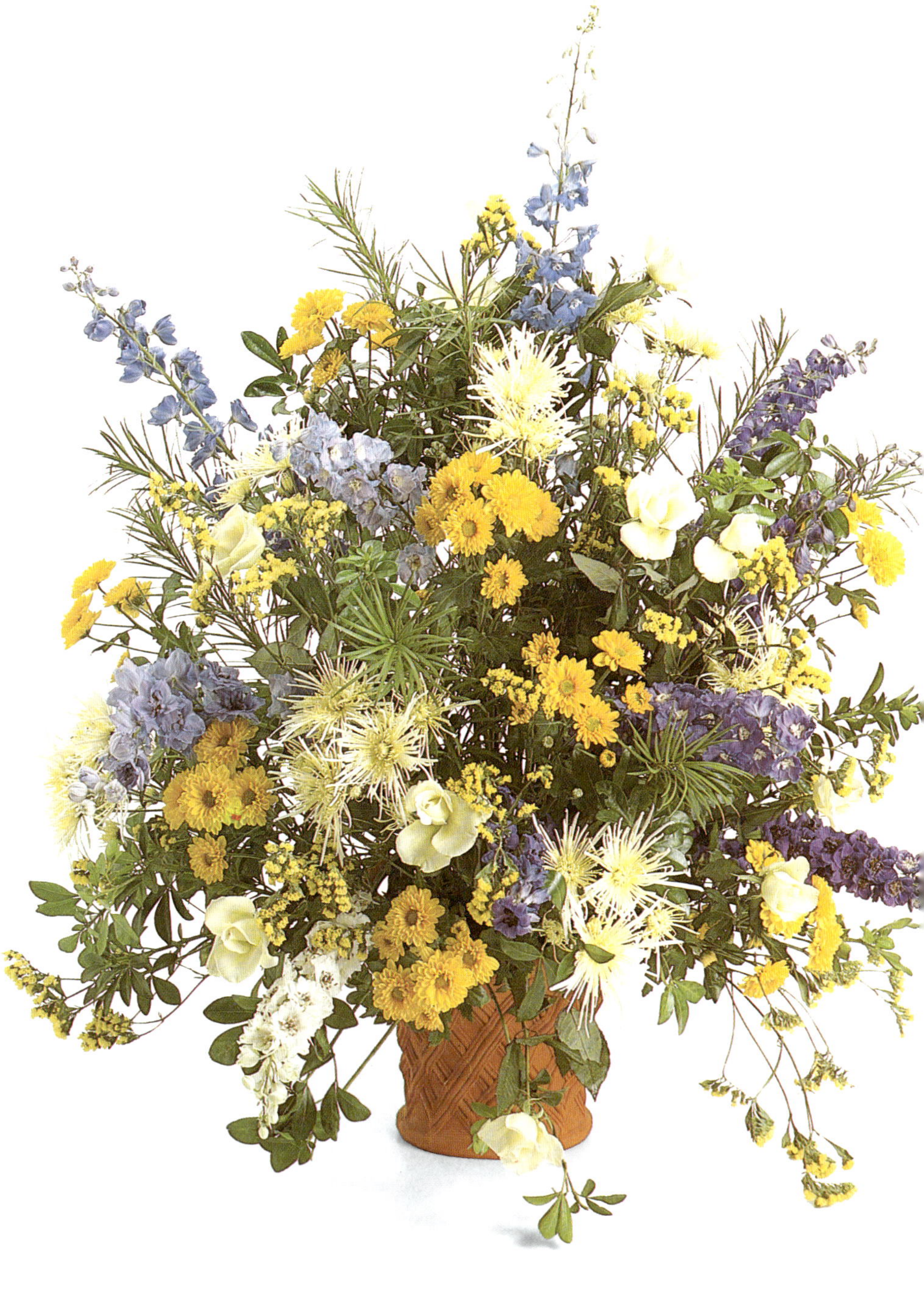

Arrangement voller Dynamik (links)
Dieser ausladende Strauß in einer Bodenvase aus Ton kann von allen Seiten betrachtet werden. Zwischen den weißen Rosen, den Statizen, »Tokyo«- und »Tuneful«-Chrysanthemen, den federartigen Zylinderputzern und den glänzenden Blüten der Orangenblume setzt der Rittersporn die richtige Anzahl blauer Akzente.

Gleichklang von Pflanzen und Gefäß (oben)
Diese Frühlingsblumen wurden leger in einer alten Schale arrangiert, deren Farben gut mit dem Cremeweiß von Glockenheide und Narzissen bzw. dem Blau von Traubenhyazinthen und Vergißmeinnicht harmonieren. Weidenkätzchen verstärken diese Wirkung. Das Rosa der Rhododendronblüte unterstreicht die Frische der Farben.

Je näher die Farben im Farbenkreis beieinanderliegen, desto leichter können sie kombiniert werden. Mischt man Rot und Orange, Orange und Gelb, Gelb und Grün, Grün und Blau oder Blau und Violett, kann man kaum etwas falsch machen. Solche Farbkombinationen sehen zwar recht hübsch aus, doch fehlt ihnen oftmals das gewisse Etwas. In jedem Arrangement sollte aber wenigstens ein Fünkchen Dynamik zu spüren sein.

Dies erreichen Sie durch Farben, die im Farbenkreis weit auseinander liegen. Eine Mischung aus Gelb und Violett oder Orange und Blau beispielsweise kann hinreißend aussehen. Wagen Sie sich ruhig an kühne Farbkombinationen!

Allerdings gibt es auch Farben, die nicht zusammenpassen. Z. B. kann die Zusammenstellung mancher Blautöne unschön wirken oder stumpfes Orange die Reinheit anderer Farben trüben. Doch die meisten Bütenfarben harmonieren gut miteinander. Es ist eher die Frage, *wieviel* von jeder Farbe benötigt wird, damit ein Arrangement gleichzeitig eine gefällige Einheit bildet und eine interessante Vielfalt aufweist. Wie schon gesagt, sollten Blütenfarben mit der Einrichtung harmonieren; nehmen Sie deshalb die vorherrschenden Farbtöne des Raumes als Orientierungspunkte.

Das passende Gefäß

Von großer Bedeutung ist das Zusammenspiel von Blütenfarbe und Farbe des Gefäßes. Sie müssen gut miteinander harmonieren, da die Wirkung eines Arrangements von Pflanzen und Gefäß in gleichem Maße abhängig ist. Unauffällige, rustikale Gefäße, wie z. B.

Form und Farbe von Blattwerk
Blätter variieren in Form und Farbe oft stärker als Blüten. Dieses Arrangement aus Muschelblume, Zwergpalme, Kaladie, Scheinbeere, Hafer und Gomphocarpus wirkt durch seine Farbtöne, Linien und Konturen, spitzen und runden Formen.

Körbe, eignen sich für die meisten Blumenarrangements. Eine farbenfrohe Keramikvase hingegen läßt die Wirkung vieler Blumen verblassen.
Ähnlich aufgebaute Gestecke in demselben Gefäß können durch geschickte Wahl der Farben ganz unterschiedliche Effekte erzielen. Pastellfarbene Blumen wirken eher zart, fast schemenhaft, tiefe Rot- und Rosatöne hingegen hinterlassen einen markanten, plastischen Eindruck. Gleichgültig, wie imposant das von Ihnen gewählte Gefäß auch sein mag, sollte doch immer die Wirkung von Blumen und Schnittgrün im Vordergrund stehen.

Bedeutung des Schnittgrüns

Unter den Pflanzenfarben hat Grün eine besondere Bedeutung, da es in fast jedem Blatt vorkommt. Grün scheint mit jeder anderen Farbe gut zu harmonieren, und in der Tat verleiht es anderen Farbtönen, insbesondere kräftigem Rot, leuchtendem Blau und Gelb, eine lebhafte Wirkung.
Das Grün des Blattwerks spielt in jedem Arrangement eine wichtige Rolle – es erweckt die Blütenfarben erst richtig zum Leben. Eine Fülle unterschiedlicher Nuancen steht zur Auswahl: das Gelbgrün von Ölweide, Spindelstrauch, Liguster und Griselinia; das prächtig leuchtende Grün von Buchen und Eichen, Farnwedeln und Palmblättern, Klebsame, Kamelie und Rhododendron; die silbergrünen Blätter von Rosmarin, *Senecio* »Sunshine«, Lavendel, Heiligenkraut und Beifuß oder das dunkle, schwere Grün von Eibe, Buchsbaum und Stechpalme.

Auch die Blattform variiert mannigfach, angefangen bei den feinen Kiefernnadeln über das komplizierte Netzwerk der Farnwedel bis zu den fein gefiederten Blättern der Eberesche und den grob gefingerten der Feige. Ein jedes wirkt durch seine besondere Eigenart. Tatsächlich können kunstvolle, nur aus Schnittgrün bestehende Gebinde hinreißend aussehen.

Verwenden Sie viel Schnittgrün für die Arrangements – insbesondere die Blätter der darin enthaltenen Blumen, die jedem Gebinde ein natürliches Aussehen verleihen. Beschränken Sie sich also eher in der Blütenzahl als im Beiwerk. Ähnlich wie in freier Natur, wo Grün fast immer, sogar im Winter, die vorherrschende Farbe ist, wirkt Schnittgrün ausgleichend auf Form und Farbe der Blüten.

Einfarbiges Arrangement
Herbstlaub und orangefarbene Gladiolen in einer irdenen Vase wirken fast schon eintönig, können in einer modernen Umgebung jedoch äußerst attraktiv wirken.

Form

Die einfachste Form des Blumenarrangements ist der Strauß. Man unterscheidet zwei Arten: den runden Strauß, bei dem die Blumen allseitig gesteckt werden und der daher auch allseitig wirkt, und das eher fächerförmig gearbeitete Bukett, das nur von vorne betrachtet werden sollte.
Erst in Verbindung mit einer Vase entsteht aus Strauß oder Bukett ein komplettes Arrangement. Der runde Strauß wird zum allseitig wirkenden Arrangement, z. B. für einen Tisch, das Bukett hingegen zum einseitig ausgerichteten Blumenschmuck, der vor einer Wand oder einem Spiegel gut zur Geltung kommt.

Rund gearbeitetes Arrangement

Ob rund oder oval, ob klein und einfach oder groß und prächtig, diese Arrangements sehen von allen Seiten attraktiv aus. Sie eignen sich

Rund gearbeitetes Arrangement
Auf einem rustikalen Eßtisch ist dieses ausgewogen gestaltete Blumenkörbchen ein reizender Mittelpunkt.

1 *Befestigen Sie die Steckmassehalterung mit Klebeband in einer Kunststoffschale. Diese wird in den Korb gestellt und mit feuchter Steckmasse gefüllt.*

2 *Nun werden rundum Eukalyptuszweige gesteckt, wobei Sie den Korb immer etwas weiterdrehen. Die Zweige entspringen scheinbar einem Punkt und erheben sich über den Henkel. Zwanglos angeordnete Nelken setzen die runde Linienführung fort.*

3 Zartrosa Rittersporn, leuchtend rosa gefärbte Orchideen, zierlich überhängende Eustoma und tiefrote Mandelröschen werden, dem Bogen folgend, zugefügt. Treten Sie nun einen Schritt zurück, um das Arrangement im ganzen sehen zu können, und vervollständigen Sie es mit weiteren Pflanzen. Schließlich wird die Schale noch mit Wasser gefüllt.

besonders für freistehende Tische, beispielsweise einen Eßtisch, aber auch für jeden anderen Platz, der sich nicht zu dicht an der Wand befindet. Viele Menschen bevorzugen diese Art des Arrangements, weil sie einen reizvollen Blick zwischen Blüten und Blättern hindurch auf die dahinter arrangierten Pflanzen erlaubt. Am besten passen zu allseitig wirkenden Arrangements Gefäße von runder oder zylindrischer Form. Auch elliptische, rechteckige und quadratische Formen sowie Gefäße mit weiter Öffnung sind in jeder Größe vorstellbar. Allerdings sind schmale Vasen für runde Sträuße wenig geeignet; sie passen besser zu einseitig ausgerichteten Arrangements. Doch können die meisten Körbe, Krüge und Kannen verwendet werden, und insgesamt sind fast alle Materialien denkbar.

Die Größe eines rund gearbeiteten Arrangements hängt davon ab, für welchen Anlaß und für welchen Platz es vorgesehen ist. Für die Mitte eines Eßtisches kommt eine eher niedrige Komposition in Frage, damit der Blickkontakt der Gäste nicht behindert wird. Hingegen wäre auf einer großen Anrichte oder zur Unterteilung eines Raums ein höher arrangierter Blumenschmuck angebracht.

Einseitig ausgerichtete Arrangements

Blumenarrangements, die an einer Wand plaziert werden und deren eine Seite demnach nicht zu sehen ist, sind auf der Rückseite meist flach gearbeitet. Sie sollten so gestaltet sein, daß der Betrachter von der Seite oder von oben den Eindruck eines rund gearbeiteten Arrangements hat. Einseitig ausgerichtete Buketts dürfen, solange dies aus räumlichen Gründen nicht erforderlich ist, allerdings auch nicht zu dicht an die Wand gestellt werden, da sonst ihre dreidimensionale Wirkung verlorengeht.

Da einseitig ausgerichtete Arrangements nur für die Betrachtung von vorne entworfen sind, benötigt man dafür natürlich auch weniger Blumen. Beispielsweise können die Seiten eines Altars auf diese Weise geschmückt und so Material eingespart werden. Als weitere Möglichkeit bieten sich der Kaminsims, der Tisch in der Diele oder auch eine Bodenvase in der Ecke eines Zimmers an. Je kleiner jedoch solch ein Arrangement wird und je tiefer es steht, desto eher wird seine Rückseite sichtbar, und desto schwieriger wird daher seine Anwendbarkeit.

Beginnen Sie die Gestaltung eines einseitig ausgerichteten Arrangements immer mit dem Schnittgrün. Ordnen Sie es im Hintergrund fächerförmig so an, daß es mit der Rückseite der Vase abschließt. Dann wird mit weiterem Schnittgrün zur Vorderseite hin aufgefüllt, und zum Schluß kommen dann die ausgewählten Blumen hinzu.

Arrangement für den Eßtisch

Dieses Arrangement wirkt auf einem großen Eßtisch besonders dekorativ. Als Unterlage dient eine große Schale, die mit Steckmasse und Moos belegt wird. Die Stiele von Narzissen, Tulpen, Ranunkeln und des Efeus steckt man durch das Moos in die Masse.

Einseitig ausgerichtetes Arrangement

Einseitig ausgerichtete Arrangements sollte man nur dort plazieren, wo ihre Rückseite nicht zu sehen ist. Dieses Gesteck kommt auf einem Regal, etwa in Augenhöhe, gut zur Geltung.

1 *Füllen Sie das Gefäß mit feuchter Steckmasse, und ordnen Sie Kamelienblätter und Asparagus fächerförmig an der Rückseite des Korbes an. Das verbleibende Schnittgrün wird zum Auffüllen im vorderen Bereich verwendet.*

2 *Die Zwergorchideen werden geteilt und zusammen mit den Freesien im Steckschwamm angeordnet. Folgen Sie dabei den durch das Schnittgrün vorgegebenen Konturen.*

3 *Nun folgen Rosen, Ginster und Inkalilien. Die Stiele der Inkalilien sollten mehrfach eingeschnitten werden. Da sie am empfindlichsten sind, fügt man sie als letzte ein.*

Duft

Ebenso wichtig wie ihre Farbe und Form ist der Duft einer Blume. Von lieblich und süß bis streng und würzig reichen die Nuancen. Verwenden Sie so oft wie möglich duftende Blumen für Arrangements oder Sträuße, die Sie verschenken. Ein Raum, in dem der Wohlgeruch einer Blume schwebt, hat etwas Zauberhaftes, und es gibt kaum ein hübscheres Geschenk als Blumen, die nicht nur schön aussehen, sondern auch einen herrlichen, einzigartigen Duft verströmen.

Frühlings- und Sommerdüfte

Frühlingsarrangements können einen intensiven Duft entfalten. In dieser Zeit gibt es köstliche duftende Hyazinthen oder verschiedene Narzissen, darunter so beliebte wie die »Trevithian«. Doch denkt man bei duftenden Blumen stets zuerst an Rosen. Mit ihren ungewöhnlichen Farben und Formen können zwar auch Rosen ohne Duft in einem Blumengebinde verwendet werden, jedoch sollten in einem Sommerstrauß wenigstens einige Rosen mit jenem herrlich süßen, fruchtigen Aroma, das alles enthält, was einen Sommer ausmacht, enthalten sein. Sehr frühe Rosen, wie z. B. »Canary Bird«, verströmen oftmals kaum oder keinen Duft. Glücklicherweise blühen aber zu dieser Zeit die kräftig duftenden Maiglöckchen. Sie sehen im Gebinde reizend aus und sind mehr als nur ein Ersatz für nichtduftende Rosen.

In einer Gegend mit mildem Klima können Sie

Duftnote
Dieses einfache Arrangement verströmt zwei Duftnoten. Während der herrliche Geruch der Hyazinthen deutlich in der Luft zu verspüren ist, nimmt man den feinen Duft der Veilchen erst aus der Nähe wahr.

Frühlingsdüfte

Verschiedene Frühlingsblumen erfüllen die Räume mit ihrem Duft. Von links nach rechts sind zu sehen: schmeichlerisch duftende Traubenhyazinthen und süße Gartenschlüsselblumen; würzige Hyazinthen und Akazien; Veilchen; aromatisch duftendes Schleierkraut und süße Maiglöckchen sowie Tulpen und berauschender Flieder. Erwähnenswert sind in diesem Zusammenhang außerdem die Narzissen.

die nach Veilchen duftende *Rosa banksiae* ebenso prächtig zum Blühen bringen wie in Italien oder Südfrankreich. Ihr Duft ist eine wahre Freude, und ihre kleinen, cremegelben Blüten sind eine Augenweide. Mit die herrlichsten Duftnoten findet man unter alten Rosensorten: das schwere Bouquet der Damaszener- und Moschushybriden, den reinen, süßen Duft der Rugosarosen oder den vollen, fruchtigen der Chinarosen. Aber auch immer mehr Neuzüchtungen mit den wunderschönen, flachen, wohlproportionierten Blüten alter Rosensorten und deren herrlichem Duft kommen auf den Markt. Nachdem bei der Rosenzüchtung über mehrere Jahrzehnte die Form der Blüte im Vordergrund stand und dabei der Duft oft ganz verlorenging, ist dies eine willkommene Bereicherung.

Daß Schwertlilien in dieser Jahreszeit einen ganz besonderen Duft verbreiten, ist nur wenigen Menschen bekannt. Es ist ein etwas eigenartiges Aroma, oft sehr süß und dem der Veilchen ähnlich, gleichzeitig taucht eine an Gummi erinnernde Note auf. Das klingt zwar furchtbar, ist es aber in Wirklichkeit nicht. Auch die Wicken müssen noch erwähnt werden. Ihre Blütenblätter erinnern an Schmetterlinge, und wie ein Schmetterling schwebt auch ihr Duft leicht und zart im Raum – ein kleiner Strauß reicht aus, um ein ganzes Zimmer mit Wohlgeruch zu erfüllen.

Mit Beginn des Hochsommers kommen würzig duftende Federnelken dazu. Die Goldbandlilie verbreitet den stärksten, beinahe schon betörenden Duft – würzig und intensiv wie Muskatnuß und Vanille. Ein ähnlicher, allerdings nicht so schwerer Geruch geht von Ziertabak aus. Überraschenderweise halten seine Blüten nach dem Abschneiden ziemlich lang und sind somit für Blumenarrangements bestens geeignet.

Herbst- und Winterdüfte

Herbstblumen sind eher wegen ihrer glühenden Farben und zahlreichen Blüten als wegen ihres Duftes bekannt. Doch im Herbst erblühen in Weiß oder Rosa die Belladonnalilien mit einem süßlichen, fast arzneiartigen Duft. Ebenfalls in dieser Zeit erhalten Blumenarrangements durch *Lilium speciosum rubrum,* die sich durch lange Haltbarkeit auszeichnet, eine an Sahnebonbons erinnernde Duftnote.

Im Winter ist ein Garten ohne *Chimonanthus praecox* – die Winterblüte – unvollständig. Dieser Busch verliert im Herbst seine Blätter und sieht die meiste Zeit recht unscheinbar aus. Im Winter aber bringt er eine Vielzahl wunderschön cremefarbener, wachsartiger Glöckchen hervor, die intensiv nach Gardenien duften. Leider dauert es bis zur ersten Blüte mehrere Jahre. Dennoch hat er seinen Platz im Garten verdient – bereits wenige blühende Zweige erfüllen ein Zimmer mehrere Tage mit ihrem Duft. Ein anderer Winterblüher ist die Pestwurz. Umgeben von ungewöhnlichen, fast kreisrunden Blättern trägt sie an langen Stielen zierliche, rosa Blüten, von denen ein honigartiger Duft ausgeht.

Im späten Winter öffnet die Zaubernuß – *Hamamelis mollis* – ihre sonderbar spinnenartigen, gelben Blüten und verbreitet einen höchst delikaten Duft.

Sommerdüfte
Der Sommer lockt mit den lieblichsten Düften. Am intensivsten machen sich Wicken und Rosen bemerkbar, aber auch Pfingstrosen, Iris und Federnelken erfreuen mit herrlichen Duftnuancen. Nehmen Sie die Gelegenheit wahr und schenken Sie Freunden oder Verwandten einen Strauß, der das ganze Zimmer mit den Wohlgerüchen des Sommers erfüllt!

Teerosen (unten)
Dieser einfache Strauß duftet wunderbar fruchtig.

Lilien (rechts)
Ihr betörendes Parfüm verströmen sie am intensivsten in den Abendstunden.

Wicken (rechts)
Die zierlichen Blüten haben einen Duft von einzigartiger Süße.

DUFT · 67

Tuberosen und Geißblatt (unten)
*Kombiniert mit nach Zitrone duftenden
Pelargonienblättern, betören sie
mit ihrem Duft.*

Lavendel und Rosmarin (rechts)
*Ein Duft wie aus einem alten
Bauerngarten.*

Levkojen und Phlox (links)
*Zwei kräftig duftende Arten
in einem würzigen
Bukett.*

Freesien (rechts)
*Einfache,
bunte Sorten
entwickeln den
stärksten
Duft.*

Das richtige Gefäß

Jedes Blumengebinde, das wir in einem Gefäß arrangieren, ist wie ein dreidimensionales Gemälde. Wichtig ist die Wirkung von Pflanzen und Gefäß als Ganzes und die Verbindung zur Umgebung. Blumenarrangements haben jedoch gegenüber gemalten Stilleben einen Vorteil: Sie halten nicht unbegrenzt, und so läuft man nicht Gefahr, daß man ihrer überdrüssig wird.

Die Kombination Pflanze – Gefäß ist entscheidend für den Erfolg eines Arrangements. Teils verlangen die Pflanzen selbst nach einem bestimmten Gefäß, teils bietet es sich für bestimmte Pflanzen geradezu an. So wirkt eine Kaffeetasse mit Röschenmuster, gefüllt mit »altmodischen« Rosen, als gelungene Komposition. Ebenso werden Lavendel und Salbei in einem Korb aus Lavendelholz besonders reizvoll aussehen. Manchmal geben Farbe und Struktur des Gefäßes vor, welche Pflanzen dazu passen. Natürlich hat man nicht immer exakt die Blumen zur Hand, nach denen das Gefäß verlangt – man sollte sich aber darum bemühen.

Die Wirkung eines Arrangements ist am stärksten, wenn Gefäß und Pflanzen miteinander harmonieren, wenn sich Farben und Formen ergänzen, die Form und das Dekor der Vase mit Blumen und Beiwerk abgestimmt sind. Natürlich gibt es aber auch viele Gefäße, die keine bestimmten Blumen verlangen.

Keramikgefäße

Das Angebot an geeigneten Keramikgefäßen ist groß. Im allgemeinen sind einfarbige Vasen oder Vasen mit abstraktem bzw. geometrischem Dekor besser für Blumenarrangements geeignet als beispielsweise über und über mit Blumen verzierte Gefäße. Falls Sie jedoch eine Vase von interessanter Form, aber mit häßlichem Muster oder Dekor besitzen, haben Sie immer noch die Möglichkeit, dies mit einem Stück Stoff oder Pflanzen zu verbergen.

Viele Arrangements passen gut in Keramikvasen mit weißer Glasur. Hier spielt jedoch die Form eine wesentliche Rolle. Sie bestimmt letztendlich den Aufbau des Arrangements. Eine Vase mit den bauchigen Konturen eines Goldfischbehälters verlangt ausnahmslos nach üppigen, runden Schöpfungen. Große Vasen mit geradliniger Umrißgestaltung erfordern hingegen eher große Blumen von aufrechter Wuchsform. Was aber nicht heißt, daß man nicht auch einmal das Gegenteil versuchen kann. Allerdings ist es sicherer, sich an die genannten Grundregeln zu halten.

Körbe

Die Korbformen reichen vom gängigen Spankorb über quadratische Einkaufskörbe bis zu runden Modellen. Alle Körbe können ausgekleidet und für Blumenarrangements verwendet werden.

Mit Blumen gefüllt sehen Körbe, insbesondere die rustikalen, aus Ruten angefertigten, wie man sie in aller Welt findet, sehr attraktiv aus. Verschiedenste Pflanzenmaterialien werden zur Herstellung von Körben verwendet, z. B. die bei uns üblichen Weiden, duftende Thymian-

Geflochtener Behälter
Während der Weizen die Struktur dieses Korbes ergänzt, hebt er sich gleichzeitig von der gelungenen Kombination aus leuchtenden Anemonen und Hortensien wirkungsvoll ab.

Die Vase bestimmt die Form Der blaue Agapanthus setzt die schwungvolle Linie der Jugendstilvase fort; auch die gebogenen Blütenähren der Veronika und die Rispen des Nachtschattens nehmen das Thema auf.

Zuckerdose aus Glas *Das leuchtende Blau des Enzians benötigt keine weitere Steigerung. So paßt auch das schlichte Glasschälchen wunderbar zu diesem Frühstückstablett.*

DAS RICHTIGE GEFÄSS · 71

[I]rdenes Gefäß (rechts)
[I]n dieser grob geformten, einfach gebrannten Vase – einem Beispiel bäuerlichen Handwerks – scheinen die großen [s]tolzen Sonnenblumen direkt der Erde zu entwachsen.

Tasse und Untertasse (unten)
Tasse und Untertasse aus feinem Porzellan sind ein ideales Gefäß für diese interessante Kreation aus Wolfsmilch, Wik[k]en, Lavendel, wilden Stiefmütterchen, Heiligenkraut, Krötenlilien, Taubnessel und Minze. Die Kleeblätter auf weißer Glasur spiegeln sich im Grün der Wolfsmilch wider.

[...]nd Lavendelzweige, Olivenholz und Bambus [s]owie Palmen und die verholzten Triebe ver[s]chiedener Kletterpflanzen. Korb und Blume – [b]eides ist Pflanzenmaterial und verbindet sich [d]eshalb harmonisch.

Hausrat

[E]in Blumenarrangement braucht nicht auf die [h]erkömmlichen Vasen oder Körbe beschränkt [z]u sein. Stöbern Sie unter den Gegenständen [d]es täglichen Bedarfs, wie Tassen, Bechern, [K]rügen, Papierkörben oder Kochtöpfen – mit [al]l diesen Dingen lassen sich gute Effekte erzie[le]n. Einzelne Stücke des 18. und 19. Jahrhun[de]rts geben wunderschöne Gefäße ab und kön[n]en, besonders wenn sie beschädigt sind, [d]urchaus billig sein. Undichte Gefäße kann [m]an auskleiden, und ein Sprung verleiht ihnen [zu]sätzliche Originalität.
[M]etall- oder Steingefäße sind nicht immer [l]eicht zu bekommen. Wenn Sie daher einen

Sektkühler, hübsche Keks- bzw. Teedosen oder einen Steinmörser in der Küche stehen haben, lassen sich auch diese gut als Blumenbehälter verwenden. Kupferschalen und Messingpfannen sind ebenfalls bestens geeignet.

Glasvasen

Glas und Blumen passen wunderbar zusammen. Ein Arrangement in einer durchsichtigen Glasvase kann sehr effektvoll aussehen, vorausgesetzt die Blumenstiele sind in gutem Zustand. Denn je nach Wölbung der Gefäßwand werden die Stiele optisch vergrößert. Die Formen reichen von plumpen »Goldfischbehältern« bis zu schlicht eleganten, zarten und eventuell leicht eingetrübten Vasen.

Terrakotta, Steingut und Holz

Auch Steingut- und Terrakottatöpfe eignen sich als Blumenvasen. Da Terrakotta porös ist, müssen diese Gefäße mit Plastikfolie ausgekleidet werden. Das gleiche gilt für Gefäße aus Holz. Ihre rustikale Art paßt bestens zu einfachen Wiesenblumen, und sie bieten sich für Arrangements aus dem Bauerngarten geradezu an.

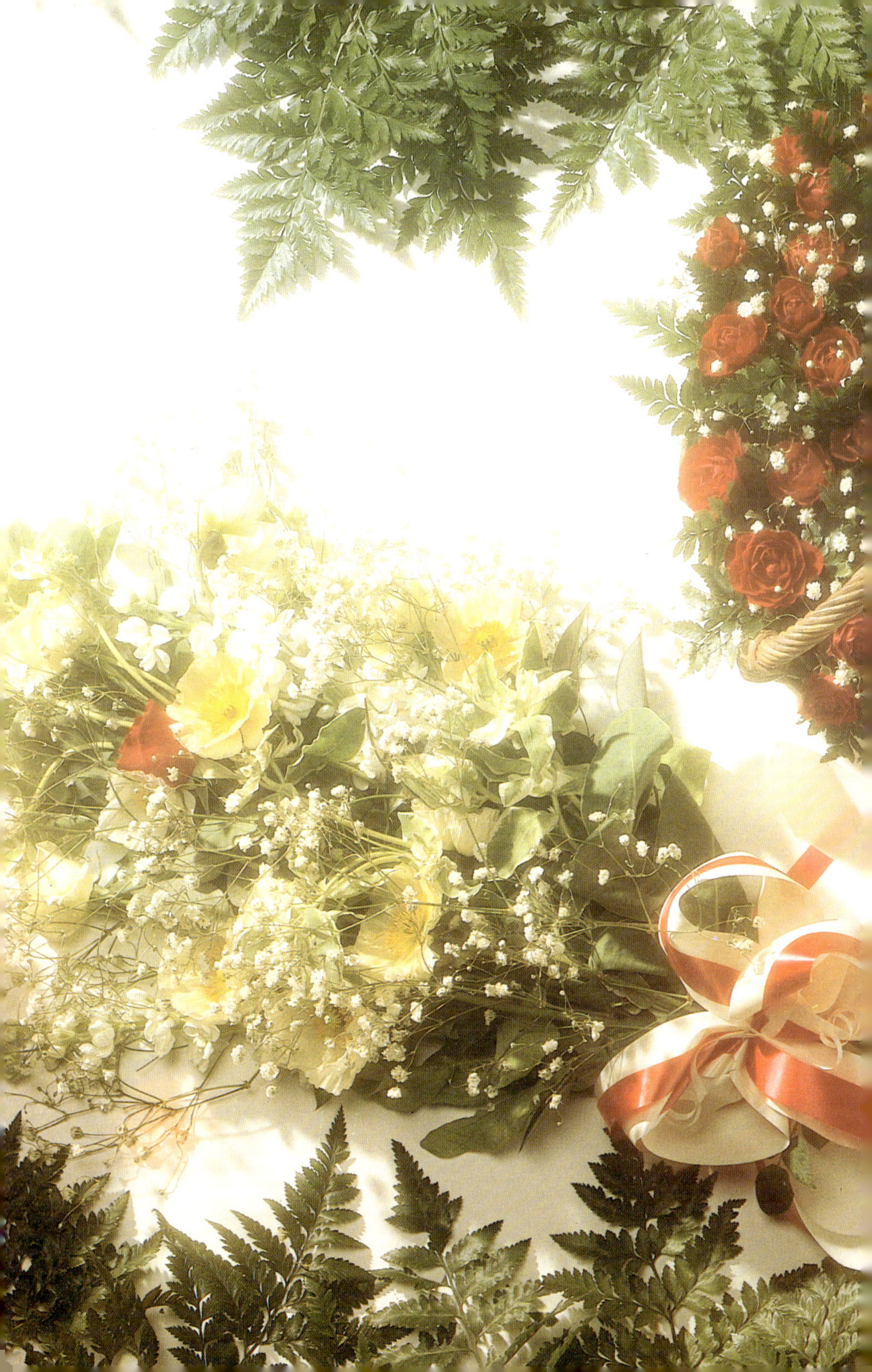

KAPITEL 3

SCHNITTBLUMEN FÜR BESONDERE ANLÄSSE

Kaum eine Woche im Jahr vergeht, ohne daß etwas gefeiert werden könnte – sei es der Geburtstag eines Freundes, eine Einladung oder ein Hochzeitstag. Dann gibt es noch die großen Feiertage, wie Weihnachten und Ostern, und natürlich auch Hochzeiten und Jubiläen. Bei all diesen Festen spielen Blumen eine wichtige Rolle; schon seit jeher werden sie überall auf der Welt bei feierlichen Gelegenheiten verwendet. Gleichgültig, ob es sich um ein offizielles oder privates Fest handelt – Blumen vervollkommnen den äußeren Rahmen. Dabei macht es sich gut, die Arrangements für solche Anlässe gemäß der jeweiligen Jahreszeit zu gestalten. Da heute während des ganzes Jahres die verschiedensten Blumen erhältlich sind, sollte man besonders wählerisch sein und nur Blumen der Saison verwenden.

Valentinstag
Der Valentinstag ist der Tag der roten Rosen. Hier zwei weniger übliche Arrangements: Zwischen zart weißen und cremefarbenen Blüten beeindruckt eine einzelne rote Rose (links), hingegen werden in dem Körbchen viele rote Rosen mit Farnwedeln und duftigem Schleierkraut kombiniert.

Buketts und Sträuße

Blumen sind zu jedem Anlaß das richtige Geschenk. Jede Blüte trägt eine Botschaft von Wachstum und Wandel, von Freude und Sonnenschein in sich. Ob Sie nun einen hübschen Strauß aus dem eigenen Garten verschenken oder vom Floristen einen Strauß oder ein extravagantes Bukett zusammenstellen lassen – Blumen bereiten immer Freude. Ihre Vergänglichkeit macht sie um so kostbarer, und in der Erinnerung daran bleibt die Freude erhalten.

Ein Strauß zum Verschenken
Für alltägliche Anlässe ist ein einfacher, mit einer Schleife geschmückter Strauß das richtige Geschenk – z. B. für die Gastgeber eines Essens oder Kaffeekränzchens, als Dankeschön an eine hilfreiche Hand oder auch als kleine Aufmunterung. Jeder Blumenstrauß ist eine nette Aufmerksamkeit und, von Kinderhand überreicht, besonders reizvoll.
Lassen Sie Blumen sprechen, und überbringen

Kinderstrauß
Kleine Sträußchen aus duftenden Blumen, von Kindern überreicht, sind ein hübsches Geschenk.

Hymne an den Sommer (oben)
Mohn – insbesondere in voller Blüte – wirkt zauberhaft. Er wurde hier mit Schleierkraut kombiniert.

Ein weiterer Frühlingsstrauß (links)
Gelbe und weiße Narzissen duften herrlich süß.

Frühlingsgruß
(oben)
Die zarte Erscheinung dieser Komposition aus hellrosa Ginster, Hyazinthen und weißen Anemonen wird durch das hochrot gefärbte Band noch betont.

Duftwolke
(unten)
Ein entzückender Strauß aus pfirsichfarbenen Rosen, rosa Kornblumen, cremefarbenen Freesien sowie Eukalyptuszweigen und panaschierten Ligusterblättern.

Arrangieren des Straußes
(oben)
Einen Strauß richtig in der Vase auszurichten, ist eigentlich eine einfache Sache. Hat man das Seidenpapier entfernt, ordnen sich die Blumen quasi von selbst. Sie können sie aber beispielsweise auch nach Farben getrennt arrangiert werden.

Sie mit jedem Strauß eine persönliche Botschaft. Dies verbreitet einen gewissen Charme, und da die meisten Blumen symbolisch für etwas Erfreuliches stehen, ist es auch leicht, entsprechende Blumen zu finden, die unsere Gefühle ausdrücken. Mit einer roten Rose sagt man: »Ich liebe dich«, das Gänseblümchen steht für »Unschuld«, das Geißblatt für hingebungsvolle Zuneigung«, der Efeu für »Treue«, Tulpen für »Ruhm« und Haselkätzchen für »Versöhnung«. Alles was der Beschenkte tun muß, um dem Geschenk und damit der Botschaft etwas Dauer zu verleihen, ist, den Strauß in eine Vase zu stellen.

Buketts werden überreicht
Gleichgültig, ob Buketts nur aus einer Blumenart oder verschiedenen Blumenarten und Schnittgrün bestehen – sie sind im allgemeinen leicht zu binden und bereiten stets viel Freude. Beispielsweise ist ein Bukett eine liebenswürdige Aufmerksamkeit für Freunde, bei denen man zum Essen eingeladen ist, oder auch für einen erkankten oder hilfreichen Nachbarn. Insbesondere wenn Sie Blumen mit einer bestimmten Bedeutung wählen, wird das Bukett zu einem hübschen Geschenk für den Geburtstag oder Hochzeitstag.

1 *Beginnen Sie dieses fächerförmige Bukett mit den drei Farnwedeln. Auf dem längsten – in der Mitte – werden zwei Chrysanthemenäste so angeordnet, daß ihre Blüten etwas unterhalb der Farnspitze zu liegen kommen. Legen Sie dann die kürzer gestielten Inkalilien neben die Chrysanthemen.*

Sommerbukett
Das Grün der Kerrienblätter und der Farnwedel ist ein erfrischender Ausgleich zu den warmen, einander ergänzenden Farben von Chrysanthemen, Nelken, Gerbera, Inkalilien und Schleierkraut.

Obwohl die meisten Buketts leicht zu binden sind, sollten nicht einfach irgendwelche gerade verfügbaren Blumen kombiniert werden. Treffen Sie Ihre Wahl sorgfältig, achten Sie auf die Harmonie der Farben, und steigern Sie den Reiz des Buketts noch, indem Sie auch einige duftende Arten hinzufügen. Freesien, Federnelken und süß duftende Rosen eignen sich für jedes Blumengebinde. Versuchen Sie, durch die Verarbeitung verschiedener Blüten und Blätter Ihrem Arrangement immer eine ungewöhnliche Form und Struktur zu geben.

Es gibt Buketts von jeder Größe – von relativ kleinen aus Freesien und Schleierkraut oder Federnelken und etwas silbernem Blattwerk bis hin zu wesentlich größeren aus Lilien, Nelken und Chrysanthemen. Die Größe orientiert sich zum einen an der Persönlichkeit des Beschenkten, zum andern am Anlaß, bei dem der Blumenstrauß überreicht wird.
Nach dem Auspacken kann entweder das gesamte Bukett in eine Vase gestellt werden, oder aber man teilt es in mehrere kleine Arrangements auf und schmückt damit verschiedene Räume.

3 Das Bukett wird nach unten hin vervollständigt, indem man weitere Pflanzen darauf verteilt, wobei auch hier auf Farbe, Form und Struktur geachtet wird. An der Stelle, an der sich die Stiele kreuzen (etwa nach ⅙ der Gesamtlänge), bindet man sie zusammen und verbirgt das Band schließlich unter einer schönen Schleife (siehe S. 153).

2 Anschließend werden einige großblütige Gerbera sowie Nelken und Kerrienblätter hinzugefügt. Achten Sie darauf, daß die längsten Stiele ungefähr in der Mitte des Buketts liegen und das Bukett seine flache Form behält. Zwischen die Blumen werden einige Zweige des duftigen Schleierkrautes gesteckt.

Einladungen mit Blumen

Ein gelungenes Essen wird durch Blumen zur Köstlichkeit. Verwenden Sie die Blumen jedoch nicht nur als Dekoration für Eßtisch, Frühstückstablett oder beim Picknick, sondern garnieren Sie damit auch alle Arten von Speisen: vom Salat über Sandwiches, Fisch, Früchte, Kuchen, Fleisch bis zum Gemüse. Schon eine einzelne Rose oder wenige Blumen in einer Vase verleihen einem einfachen Mahl einen besonderen Reiz. Auch das traditionelle Sonntagmorgenfrühstück im Bett kann durch ein paar Blumen auf dem Frühstückstablett – sogar, wenn Sie sich die Blumen selbst hinstellen müssen – verschönert werden. Natürlich ist es noch angenehmer, mit Blumen und frischen Brötchen geweckt zu werden.

Gleichgültig, ob Sie ein Mittagessen für Freunde, ein Sonntagsmahl für acht Personen, ein romantisches Essen für zwei oder eine große Abendgesellschaft geben – immer lockern Blumen die Atmosphäre auf.

Arrangements für derartige Anlässe brauchen keine kunstvollen Schöpfungen zu sein. Eine einzelne Blume ist als Tischschmuck für ein Essen zu zweit schon ausreichend. Wählen Sie die Blumen in den Farben des Raumes, der Tischdecke und Servietten oder der Speisen. Auch Gemüse und Früchte, wie Kirschen, Brombeeren, Erdbeeren, Grünkohl, Kraut oder Küchenkräuter, können verwendet werden und sehen in Arrangements wunderschön aus.
Ein Essen unter klarem Sternenhimmel bei Kerzenschein wird durch duftende, weiß schimmernde Blüten stimmungsvoll ergänzt. Zu einem lustigen Sommerpicknick gehören hingegen leuchtende, vor Farbe sprühende Blumen im irdenen Topf. Das lebhafte Rot und Gelb tropischer Blüten wäre der richtige Rahmen für ein exotisches Essen im Wintergarten.

Überschäumende Fülle
Diese Komposition aus Früchten, Gemüsen und Blumen wäre ein prächtiges Arrangement für eine Abendgesellschaft. Aus Trauben, Wein- und Feigenblättern, Maulbeeren, Brombeeren, Nektarinen, Ananas, Stangenbohnen, Zierkohl, Zieräpfeln, Birnen und Dahlien wurde ein Bild überschäumender Fülle kreiert.

Kapuzinerkresse und Kopfsalat (oben)
Kapuzinerkresse hat wie Brunnenkresse einen etwas scharfen, interessanten Geschmack. Ihre leuchtenden Farben kommen im hellen Grün des Kopfsalates gut zur Geltung. Ringelblumen, Löwenzahn und die rosa Blüten der Stangenbohnen sind allerdings nur Dekoration. Als Salatdressing eignet sich am besten Walnußöl.

Chicorée und Kräuter (links)
Eine köstliche Komposition kühler Farben. Die Grundlage des Salates ist Chicorée, dazu kommen Fenchelblüten und als Dekoration blühender Schnittlauch. Reichen Sie diesen Salat mit einer Marinade aus Zitrone.

Speisen und Blumen
Viele Blumen sind eßbar, und zweifellos schmeckt ein Essen um so besser, je schöner es angerichtet ist. Eine Vielzahl von Blumen eignet sich für Salate. Optisch sehr eindrucksvoll ist die Kombination auffallend rot, orange oder gelb gefärbter Kapuzinerkresse mit hellgrünem Kopfsalat, dunkelgrünem Spinat, bleichem Chicorée oder krauser Endivie. Auch mit süß duftenden Rosenblättern, Ringelblumen, Veilchen, Schlüsselblumen, Blüten von Obstbäumen oder verschiedenen Kräutern können Speisen wunderschön garniert werden.

Muttertag

Der Muttertag ist ein Anlaß, zu dem Blumen besonders viel Freude bereiten. Dieser Tag blickt noch auf keine lange Tradition zurück, aber bei den Muttertagsgeschenken stehen Blumen meist an erster Stelle und sind als persönliche Botschaft besonders vielsagend. Da viele Blumen symbolisch für die schönen Dinge des Lebens stehen, sollte es Ihnen nicht schwerfallen, ein Arrangement zu finden, das hübsch aussieht und gleichzeitig den Gefühlen für die Mutter Ausdruck verleiht.

Ein Bukett aus Rosen steht für »Liebe«, Levkojen für »bleibende Schönheit«, und Goldlack knüpft ein »Band der Zuneigung«. Eine Kombination gelber Lilien, roter Chrysanthemen und Narzissen drückt »Frohsinn« und »Hochachtung« aus und sagt: »Ich hab dich lieb«. Weitere geeignete Blumen sind Hyazinthen als Zeichen der »Treue« oder rote Tulpen als »Liebeserklärung«.

Buketts und andere Arrangements sind beliebte Geschenke, wobei auch hier die Präsentation besondere Beachtung verdient. Ein Bukett sollte in knitterfreie, durchsichtige Folie eingepackt und mit einer passenden Schleife versehen werden. Bei größeren Arrangements richtet man das Augenmerk besonders auf die Zusammensetzung und schmückt das Ganze mit Bändern.

Blumenbotschaft
Dieser hübsche Korb ist ein wunderschönes Muttertagspräsent. Weiße Rosen gelten als Zeichen der Liebe, während Maiglöckchen als Symbol der Geduld angesehen werden. Ergänzt wird das reizvolle Arrangement durch weiße Iris, die eine »Botschaft« vermitteln.

… ostern · 81

Ostern

Ostern ist der höchste Feiertag im christlichen Kalender. Viele Kirchen sind zu diesem Anlaß mit großen, weißen Lilien geschmückt, die einen zarten, süßen Duft verströmen. Als festliche Osterdekoration für Ihre Wohnung können Sie ein blühendes Osternest anfertigen. Sie brauchen dafür Frühlingsblumen und einige handbemalte Eier – das Symbol für Wiedergeburt und Erneuerung.

Anleitung für ein Osternest

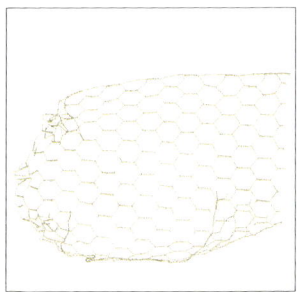

1 *Aus einem engmaschigen Draht schneidet man mit der Drahtschere ein Rechteck und formt durch Einfalten der Ecken ein Nest.*

2 *Für das eigentliche Nest werden kleine Heubüschel und Erlenzweige mit Bast auf den Drahtrahmen genäht.*

3 *Stellen Sie ein wasserdichtes Gefäß in das Nest, und füllen Sie es mit feuchter Steckmasse. Nun können Blumen und Eier darauf angeordnet werden.*

Osterfeier
Handbemalte Eier, deren Farben sich im Goldgelb, Rosa und frischen Grün der Blumen und Blätter widerspiegeln, bilden den Mittelpunkt des Nestes. Verschiedene Kombinationen einfacher Blumen sind bei der Gestaltung dieses zwanglosen Arrangements denkbar. Hier wurden Kap-Schlüsselblumen, Zweige der Blutjohannisbeere, Chrysanthemen, Gartenschlüsselblumen und winzige Orchideen verwendet.

# Hochzeit

Eines der bedeutendsten Feste und ein unvergleichliches Erlebnis in unserem Leben ist das Hochzeitsfest. Bei all den damit zusammenhängenden formellen Zeremonien sind Blumen ein willkommenes leichtes Element. Liebevolles Bemühen beim Arrangieren der Gebinde wird sicherlich zum Erfolg beitragen.

Die Braut trägt üblicherweise einen Brautstrauß. Vom einfachen Strauß aus Gartenblumen bis zum kunstvoll ausgeführten Bukett, bei dem die Blumen mit Draht zu einer prächtigen Kaskade aus Blüten und Blättern zusammengefügt werden, gibt es alle Variationen.

Art und Farbe der Blumen hängen vom Stil des Hochzeitsfestes bzw. des Hochzeitskleides ab. Ein Lilienbukett gehört in den Arm einer eleganten Braut, dagegen kann bei einer weniger stilvollen Feier ein einfaches Sträußchen gerade das richtige sein.

Auch darf der Blumenhaarschmuck der Braut nicht vergessen werden. Er kann ebenfalls ganz einfach sein und möglicherweise nur aus einer einzelnen Blüte bestehen, oder aber ein aufwendiger Brautkranz ist gewünscht.

Im allgemeinen tragen auch die Brautjungfern Blumen. Diese können ähnlich wie die der Braut gebunden sein, meist wird jedoch eher ein kleines Sträußchen als ein großes Bukett gewählt. Bei kleinen Kindern sind Körbchen, Blumenreifen oder ein an einem hübschen Band getragener Blütenball sehr hübsch. Die Blumen der Brautjungfern sollten in Stil und Farbe zu ihren Kleidern passen und natürlich mit dem Brautstrauß harmonieren.

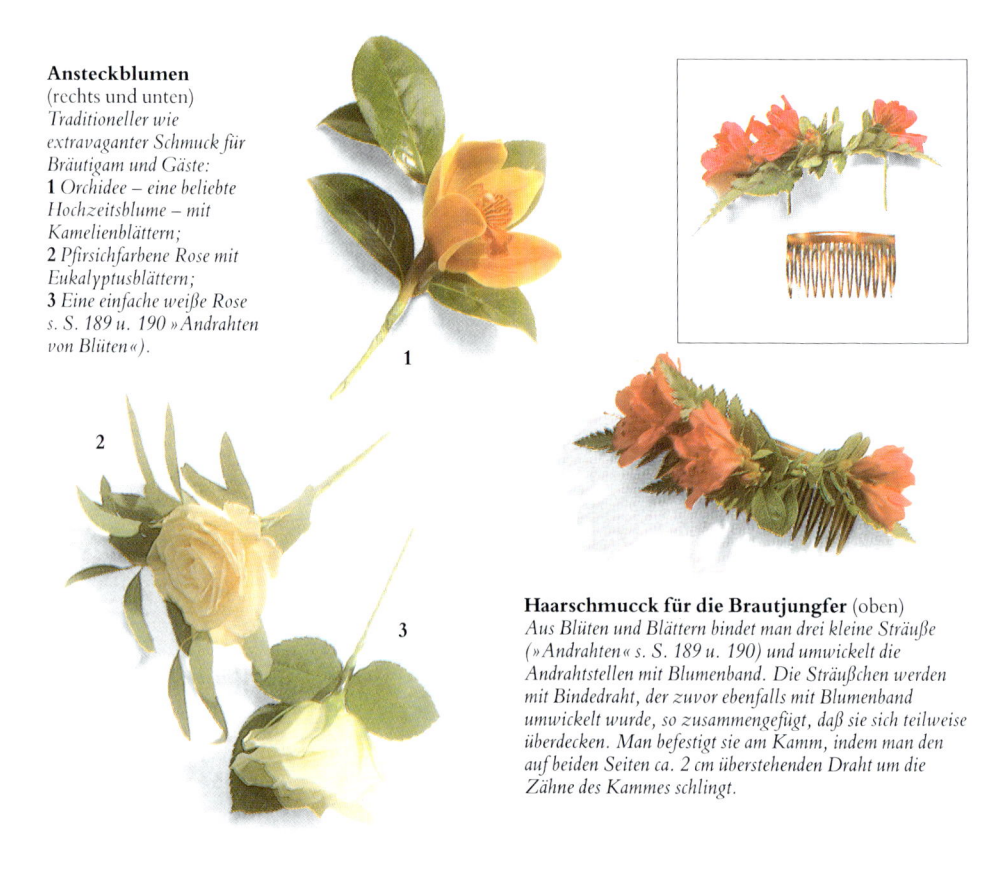

Ansteckblumen
(rechts und unten)
Traditioneller wie extravaganter Schmuck für Bräutigam und Gäste:
1 *Orchidee – eine beliebte Hochzeitsblume – mit Kamelienblättern;*
2 *Pfirsichfarbene Rose mit Eukalyptusblättern;*
3 *Eine einfache weiße Rose s. S. 189 u. 190 »Andrahten von Blüten«).*

Haarschmuck für die Brautjungfer (oben)
Aus Blüten und Blättern bindet man drei kleine Sträuße (»Andrahten« s. S. 189 u. 190) und umwickelt die Andrahtstellen mit Blumenband. Die Sträußchen werden mit Bindedraht, der zuvor ebenfalls mit Blumenband umwickelt wurde, so zusammengefügt, daß sie sich teilweise überdecken. Man befestigt sie am Kamm, indem man den auf beiden Seiten ca. 2 cm überstehenden Draht um die Zähne des Kammes schlingt.

HOCHZEIT · 83

Das Anfertigen des Brautbuketts

1 Blüten und Schnittgrün müssen zur Verlängerung und Festigung der Stiele einzeln angedrahtet werden.

2 Man beginnt mit dem überfallenden Teil des Buketts und bindet Blumen und Beiwerk mit Wickeldraht zusammen.

3 Die Dreiecksform dieses Buketteils wird mit weiteren Blumen, die man einzeln einbindet, aufgebaut.

4 Decken Sie den Bindedraht mit Blumenband ab, und knicken Sie die Stiele unterhalb der Blüten.

5 Das übrige Material wird eingefügt, wobei die Stiele am Knick befestigt werden. Anschließend Bukett spreizen.

6 Man umwickelt die Stiele zweifach mit Band, verknotet es oben und bindet eine Schleife (s. S. 153).

Überfallendes Brautbukett

Zur Fertigung dieses Buketts benötigen Sie viel Zeit, jedoch ein herrliches Gebinde aus strahlend weißen Blüten, silbernen bzw. weißen Blättern und angenehm frischem Duft ist der Lohn. Verwendet wurden Maiglöckchen, Glockenheide, Orchideen, Blüten der Kranzschlinge, Rosmarin, Efeu, Rittersporn, Senecio, weiße Rosen und Farnwedel.

Vorbereitung des Blumenschmucks

Alle Blumen, die bei der Hochzeit als Schmuck getragen oder mitgeführt werden, kann man erst kurz vorher arrangieren, da sie sonst zu rasch welken. Vor der Bearbeitung sollten sie gut mit Wasser versorgt werden. Nelken, Spraynelken, einzelne Chrysanthemen, Freesien, Inkalilien, Kranzschlinge, Schleierkraut und halb geöffnete Rosen halten sich ziemlich gut und können bis zu 12 Stunden vor dem Fest verarbeitet werden. Voraussetzung ist ein kühler Platz zur Aufbewahrung – allerdings sollte dies nicht gerade der Kühlschrank sein, denn dort ist es zu kalt, und leicht können Frostschäden auftreten. Wicken, voll erblühte Rosen, Christrosen und Maiglöckchen sind hingegen nicht so lange haltbar.

Blumenschmuck für die Kirche

Ebenso wichtig wie der Blumenschmuck von Braut, Brautjungfern und Gästen ist die Dekoration in der Kirche. Wunderschön sieht es aus, wenn sich im Kirchenschmuck die Farben des Brautstraußes wiederfinden. Man sollte jedoch beachten, daß viele Kirchen strahlend hell erleuchtet sind. Blumenarrangements mit sehr zarten oder auch sehr leuchtenden Farben wirken am besten.

Üblicherweise gibt es in der Kirche zwei Blumenarrangements, die auf beiden Seiten des Altars stehen und von überall her zu sehen sind. Sehr hübsch wirkt aber auch ein Arrangement im Eingangsbereich, das die Gäste willkommen heißt. Man kann auch Fenstersimse und Pfeiler mit Girlanden schmücken oder die Bankreihen mit Blumenschmuck versehen.

Blütenball (unten)
Dieser hübsche Blütenball an einem rosa Band ist eine bezaubernde Komposition aus winzigen cremefarbenen und rosa Rosen, Stechwinde und Schneeball. Als Grundlage dient eine gutgewässerte Kugel aus Steckmasse (s. unten links). Ein Draht wird U-förmig gebogen und so durch die Kugel gesteckt, daß an einer Seite eine Öse entsteht. Durch diese zieht man ein Band, bindet die Enden zusammen und hängt die Kugel auf. Blumen und Beiwerk werden nun dicht an dicht gesteckt, und abschließend wird eine hübsche Schleife am Band befestigt.

Blumenkörbchen
(oben)
Reizend und für kleine Brautjungfern leicht zu tragen ist ein Körbchen mit zarten, kleinen Blüten. Die Farben von Kleid und Blumen sollten sich in der Wirkung ergänzen. Dieses Arrangement besteht aus rosa und cremefarbenen Zwergrosen, Statizen, Farnwedeln und Glockenheide.

Das Innere des Blütenballs

Schmuck für die Bankreihe

Mit Blumenschmuck an der Bankreihe werden die Gäste stilvoll empfangen. Dieses Arrangement ist lange haltbar, da es Steckmasse als Unterlage hat. Es besteht aus Zierkohl, Lilien, Monthretien, Herbstmyrtenastern, Fenchel, Berberitze, Rittersporn, gelben Rosen und Rotbuchenzweigen. Auch Buketts könnten hier befestigt werden, nur sollte man sie erst in letzter Minute fertigen, damit sie während der Feier frisch aussehen.

Anleitung

1 *Füllen Sie einen Hängerahmen mit feuchter, passend geschnittener Steckmasse. Als erstes wird der Zierkohl im mittleren Fach des oberen Rahmenbereiches befestigt.*

2 *Nun ordnet man, von hinten beginnend, kurzstielige Blumen rund um den Kohl an. Die langstieligen Lilien, Monthretien und das Schnittgrün formen den herabhängenden Teil des Gebindes.*

Erntezeit und Erntedank

Der Herbst ist die Jahreszeit der Reife: Äpfel, Birnen, Granatäpfel, Dattelpflaumen und Melonen, Nüsse und Trauben, Artischocken, Getreide und Zuckermais, Kürbis sowie bunt gefärbter Paprika stehen zur Verfügung. Die Kirchen sind geschmückt mit den Früchten des Jahres, selbst in den Gotteshäusern der Städte findet man erstaunliche Arrangements in Gold-, Rost- und Gelbtönen. In ähnlichen Farben erstrahlen auch die in Hülle und Fülle blühenden Blumen dieser wunderbaren Jahreszeit: Chrysanthemen, Dahlien, Strohblumen und Gladiolen.

Feiern zum Erntedank zählen mit zu den ältesten Festen. Ihr Ursprung liegt in heidnischer Zeit, als die Menschen noch auf Gedeih und Verderb darauf angewiesen waren, was die Ernte erbrachte. Heute sind uns die Zusammenhänge zwischen Mißernte und Hunger kaum noch bewußt. Selbst nach einem sehr nassen, kalten Sommer, wenn die Bauern über schlechte Ernten klagen, finden wir in unseren Läden immer noch ein reiches Angebot aller Früchte und Gemüse.

In angelsächsischen Ländern wird Erntedank auch zu Hause gefeiert, ein Anlaß, die Bedeutung der verschiedenen Jahreszeiten für unser Leben zu überdenken. Und was wäre hierfür besser geeignet als ein Fest mit Erntedekorationen? Mit den glühenden Farben des Herbstes – Bernstein, Gold und Nußbraun – lassen sich herrliche Arrangements schaffen, wobei auch Früchte, Gemüse und Getreide ihren Teil beitragen. Ihr Erntearrangement kann z. B. auf einem Tisch stehen oder auch als prächtige Girlande über der Tür oder an einem Buffettisch hängen.

Herbstfest
Ein kleiner, ausgehöhlter und mit Folie ausgekleideter Kürbis dient als Vase. Die Farben der letzten Sonnenstrahlen prägen die gelungene Komposition aus Spindelstrauch, Schneebeere, Lampionblumen und Strohblumen.

Girlanden der Saison

Mit Girlanden lassen sich Türen, offene Kamine, Tische, Nischen oder Bilder auf besonders reizvolle Weise schmücken. Für eine lange Girlande stellt man aus engmaschigem Draht mehrere Röhren her, füllt diese mit Moos und verbindet sie miteinander. Darauf befestigt man dann das angedrahtete Pflanzenmaterial. Hier wurden Lilien, Hagebutten, Äpfel, roter und gelber Paprika, Peperoni, Buchsbaum, Gerste, Waldrebe und Eukalyptus verwendet.

Anleitung

1 *Überlegen Sie, welche Länge die Girlande haben soll, fertigen Sie eine entsprechende Anzahl von Drahtröhren (s. S. 183), und verbinden Sie diese mit Draht. Nun müssen Paprika, Äpfel (s. S. 171) und Lilien (s. S. 190) angedrahtet werden.*

2 *Stiele bzw. Drähte des vorbereiteten Pflanzenmaterials werden im Moos der Drahtröhre befestigt. Dabei müssen die Blumen längs zur Girlande gesteckt werden. Damit der Untergrund ganz verdeckt ist, sollten sich die Pflanzen etwas überlappen.*

Weihnachten

Die Weihnachtszeit beginnt bereits vier Wochen vor dem Fest mit dem 1. Advent. In vielen Ländern begleitet uns durch diese Wochen ein Adventskranz, auf dem jeden Sonntag eine weitere Kerze angezündet wird. Dieser Kranz kann auch aus frischen Blumen gefertigt und jede Woche erneuert werden. Bereits Anfang Advent sieht man die ersten Spuren weihnachtlicher Dekorationen. In diesen Wochen gibt es mehr Feierlichkeiten als zu irgendeiner anderen Zeit des Jahres und damit auch viele Anlässe für wunderschöne Arrangements.

Bereits in früher heidnischer Zeit fanden Sonnwendfeiern statt, bei denen man Zweige immergrüner Gewächse, wie Misteln, Koniferen, Stechpalmen oder Efeu, ins Haus brachte. Das christliche Weihnachten wurde das erste Mal im 4. Jahrhundert gefeiert, und allmählich verschmolzen heidnische und christliche Bräuche miteinander. Der Austausch von Geschenken ist eine Tradition aus vorchristlicher Zeit. Ähnliches gilt für den Lichterschmuck im Haus, der sich heute in der Weihnachtsbaumbeleuchtung wiederfindet. Der Weihnachtsbaum selbst ist neueren Ursprungs – populär wurde er erst im 19. Jahrhundert.

Blumen und Schnittgrün spielen heute bei unserem Weihnachtsfest eine große Rolle. Weihnachtsbäume werden zu Millionen verkauft, und es macht ganz einfach Spaß, das Haus mit den verschiedensten Blumenarrangements oder Girlanden zu schmücken. Die Blumenläden bieten neben den üblichen Stechpalmen- und Mistelzweigen, Efeuranken und Kiefernästen eine reiche Auswahl an farbenfrohen und lang haltbaren Pflanzen.

Doch auch die traditionellen Weihnachtsarrangements und -dekorationen sind nach wie vor beliebt: der Weihnachtsbaum, den man wenige Tage vor Weihnachten mit Kerzen, Strohsternen und sonstigem Weihnachtsschmuck ziert; ein Kranz aus Stechpalmen- und Kiefernzweigen an der Eingangstür; eine prächtige Girlande; ein Arrangement in leuchtenden Farben, möglicherweise mit Kerzen, die den Flur, das Wohnzimmer, eine Anrichte oder den Eßtisch beleuchten. All dies gehört zum Zauber der Weihnachtszeit.

Traditioneller Kranz
Gelbgeränderte Stechpalmenzweige wurden mit Blautannenzweigen auf einem Reif befestigt (s. S. 183) und mit roten Kugeln sowie einer roten Schleife verziert.

Tannenzweige
Drei Blautannenzweige wurden mit Zapfen, Kugeln, kleinen Geschenkpäckchen und Bastfäden geschmückt.

Festliches Weihnachtsgesteck
Ein Keramikgefäß dient als Grundlage dieser Blumenkaskade. Mit Rosen und kräftigen Mäusedornblättern werden markante Schwerpunkte in Rot und Grün gesetzt. Ebereschenbeeren, Schneebeeren und grüne Kerzen entwickeln das Thema weiter.

Weihnachtsgirlanden

Von den drei gezeigten Girlanden würde die robuste, feste Girlande am schönsten an der Wand aussehen, z. B. um einen Spiegel oder ein Fenster. Die feine Girlande wäre ideal für ein Regal, ein Bild oder als Tischdekoration. Hingegen käme das traditionelle Gebinde am offenen Kamin am besten zur Geltung.

Traditionelle Girlande

1 *Für diese Girlande verwendet man Tannenzweige mit Zapfen und ordnet sie in der gewünschten Form an. Die Äste sollen sich überlappen und werden an mehreren Stellen gut zusammengebunden.*

2 *Man vervollständigt die Girlande mit Stechpalmenzweigen, die Beeren tragen, und Zweigen der Ölweide. Das Material wird über die Girlande verteilt und eingebunden.*

Zarte, feine Girlande

Flechten Sie aus Bast einen Zopf in der benötigten Länge (s. S. 185). Büschelweise werden darauf in regelmäßigen Abständen silberbesprühte Lärchenzweige mit Zäpfchen und goldbesprühte Mäusedornblätter befestigt. Zur Steigerung der festlichen Wirkung steckt man in jedes Blattbüschel eine angedrahtete, goldene Kugel.

Robuste, feste Girlande

Ein moosgefüllter Maschendrahtkern bildet die Unterlage dieser Girlande. In den Kern werden Blautannenzweige gesteckt bzw. mit Draht daran befestigt, dann angedrahtete Früchte und künstliche Kirschen eingefügt.

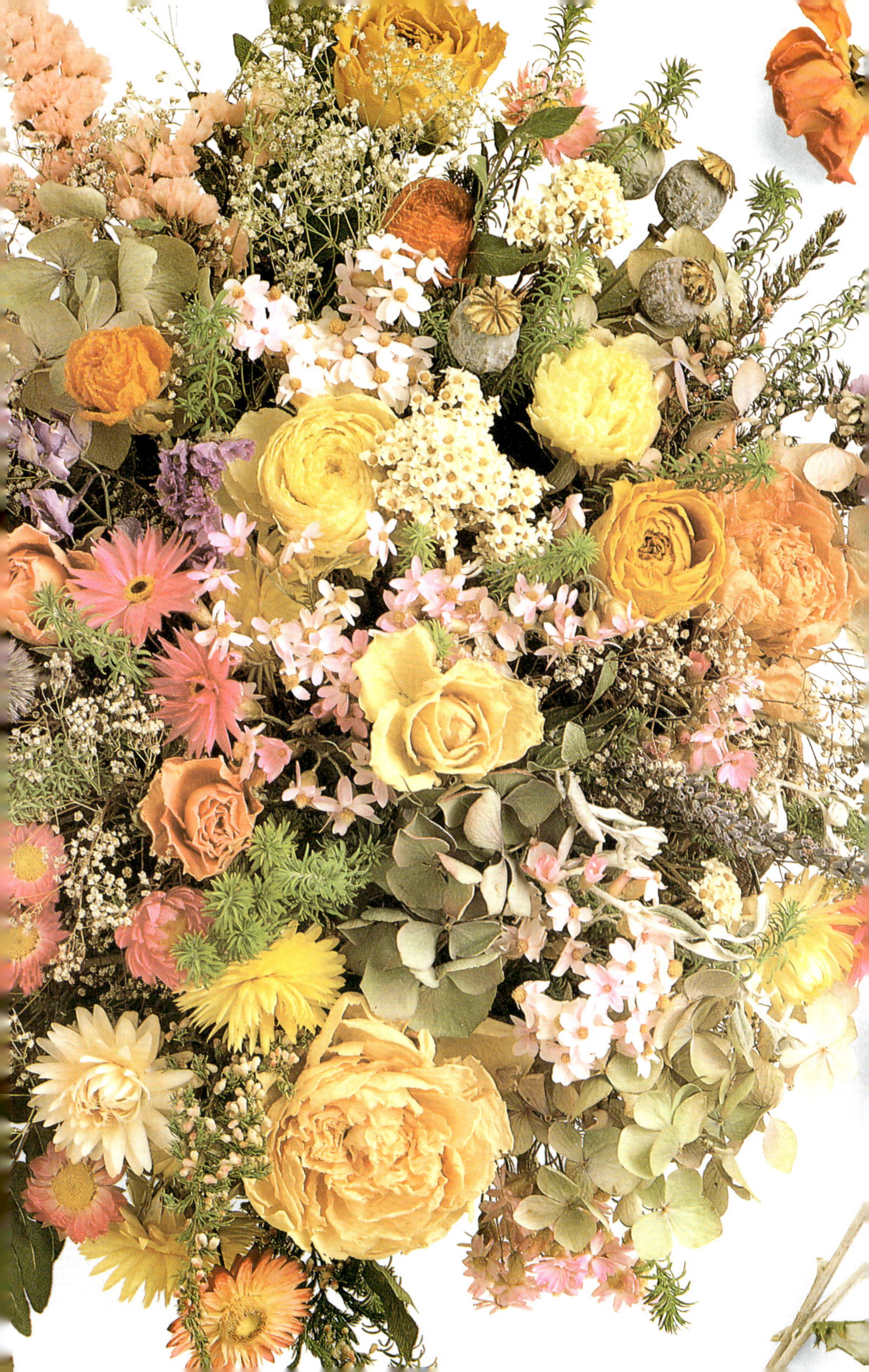

Trocken-blumen

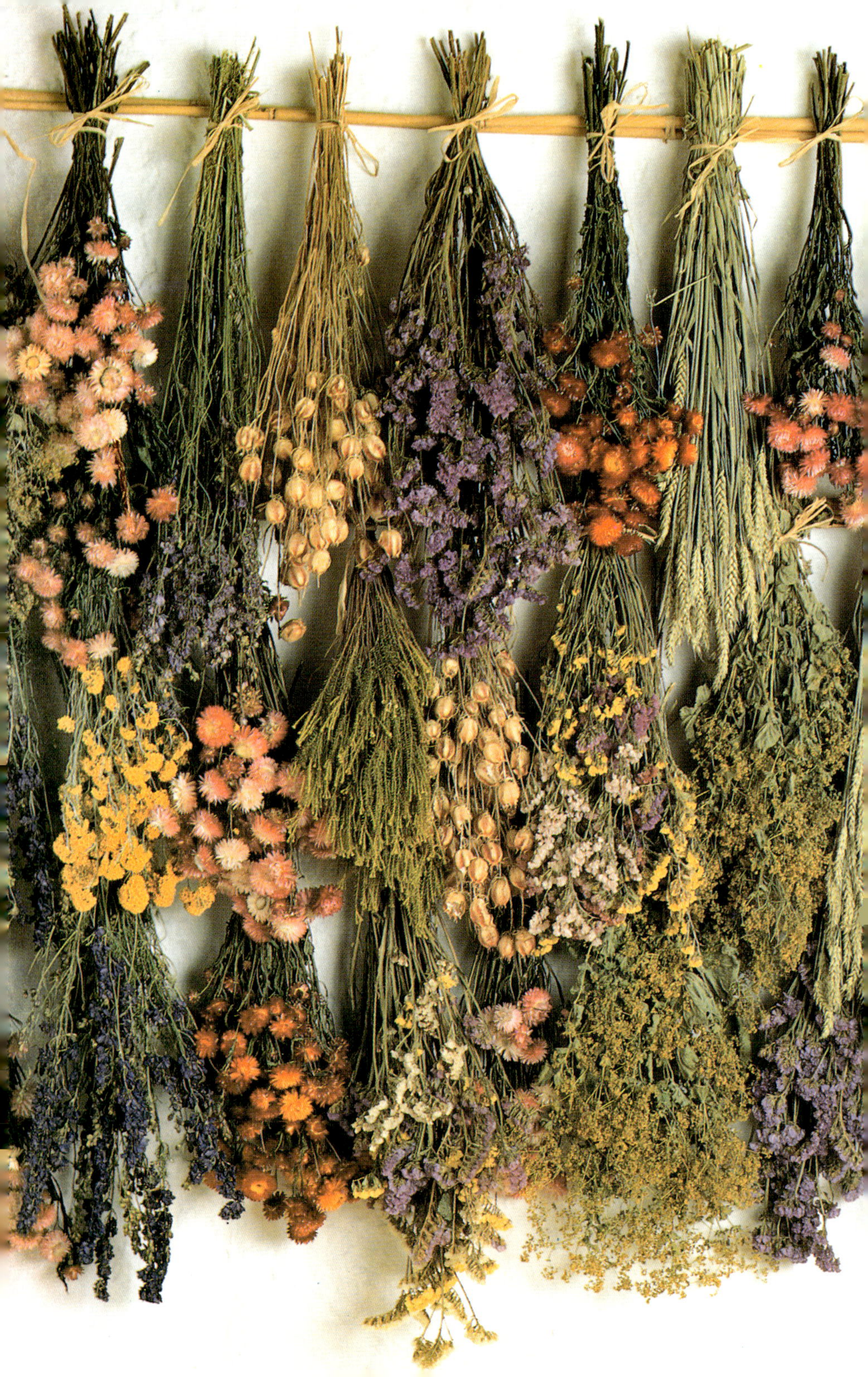

KAPITEL 4

LEITFADEN FÜR GETROCKNETE PFLANZEN

Auf den folgenden Seiten finden Sie einen Farbenführer für Trockenblumen und getrocknetes Beiwerk. Einige Pflanzen, wie Statizen *(Limonium* sp.), Rosen *(Rosa* sp.) oder Strohblumen *(Helichrysum* sp.) sind besonders wertvoll, da sie eine Fülle verschiedener Formen und Farben hervorbringen. Das aufgeführte Beiwerk ist überall zu erhalten, obwohl es aus den verschiedensten Regionen der Erde kommt. Zum Teil wurde das Material (einige Zapfen und Blätter) von Wildpflanzen gewonnen, wobei jedoch mit großer Vorsicht vorgegangen wurde, um die Mutterpflanzen nicht zu beschädigen. Beachten Sie, daß Wildpflanzen nur gesammelt werden dürfen, wenn diese zu keiner gefährdeten oder geschützten Art gehören. Fragen Sie bei landwirtschaftlichen oder Forstkulturen erst den Eigentümer, bevor Sie etwas pflücken.

Natürlicher Reichtum
Die stattliche Reihe von Trockenblumen an dieser Wand wirkt wie ein buntgemusterter Teppich oder eine Tapete. Die vielfältigen Farben und Strukturen der Sträuße aus Rosen, Sonnenflügel, Strohblumen, Schafgarbe, Lampionblumen, Statizen und Getreide ergänzen die rustikale Ausstrahlung der weiß getünchten Wand.

96 · LEITFADEN FÜR GETROCKNETE PFLANZEN

Rot und Rosa

Schwingel
Festuca sp.

Silberblatt
Lunaria rediviva

Trespe
Bromus sp.

Artischocke
Cynara sp.

Zwiebel
Allium sp.

Schmielenhafer
Aira sp.

Protea
Protea compacta

ROT UND ROSA · 97

Federborstengras
Pennisetum sp.

Schwingel
Festuca sp.

Banksia
Banksia occidentalis

Zittergras
Briza media

Banksia
Banksia menziesii

Pfingstrose
Paeonia lactiflora

Hortensie
Hydrangea macrophylla

Schmielenhafer
Aira sp.

98 · LEITFADEN FÜR GETROCKNETE PFLANZEN

Rittersporn
Consolida sp.

Rosa Teerosen-Hybride
Rosa »Gerda«

Sonnenflügel
Helipterum manglesii

Sonnenflügel
Helipterum roseum

Rose
Rosa cv.

Strohblume
Helichrysum bracteatum

Leimkraut
Silene sp.

ROT UND ROSA · 99

Rote Zylinderputzer
Callistemon beaufortia sparsa

Kirschrote Teerosen-Hybride
Rosa »Mercedes«

Lachsfarbene Statize
Limonium sp.

Sonnenflügel
Helipterum sp.

Zwergrose
Rosa cv.

Kugelamarant
Gomphrena globosa

Leptospermum
Leptospermum sp.

Phaenocoma
Phaenocoma prolifera

100 · LEITFADEN FÜR GETROCKNETE PFLANZEN

Tiefrote Strohblume
Helichrysum bracteatum

Grauheide
Erica cinerea

Prachtscharte
Liatris spicata

Scharlachrote Teerosen-Hybride
Rosa »Ilona«

Meerlavendel; Statize
Limonium suworowii

Baumwürger
Celastrus sp.

Rotbuche
Fagus sylvatica »Cuprea«

ROT UND ROSA · 101

Dunkelrote Strohblume
Helichrysum bracteatum

Schafgarbe
Achillea millefolium

Pompondahlie
Dahlia sp.

Rot-gelbe Teerosen-Hybride
Rosa »Jaguar«

Hahnenkamm
Celosia argentea cristata

Känguruhblume
Anigozanthos rufus

Leucodendron
Leucodendron sp.

Eukalyptus
Eucalyptus sp.

102 · LEITFADEN FÜR GETROCKNETE PFLANZEN

Orange und Gelb

Hellgelbe Strohblume
Helichrysum sp.

Doldenförmige Strohblume
Helichrysum italicum

Curry-Strohblume
Helichrysum angustifolium

Dunkelgelbe Teerosen-Hybride
Rosa »Golden Times«

Craspedia
Craspedia globosa

ORANGE UND GELB · 103

Goldene Strohblume
Helichrysum sp.

Schwefelblüte
Achillea filipendulina
»Coronation Gold«

Sonnenflügel
Helipterum sp.

Bronzefarbene Teerosen-Hybride
Rosa »La Minuette«

Känguruhblume
Anigozanthos sp.

Silberblättrige Strohblume
Helichrysum sp.

104 · LEITFADEN FÜR GETROCKNETE PFLANZEN

Banksia
Banksia baxteri

Rainfarn
Chrysanthemum vulgare

Frauenmantel
Alchemilla mollis

Bährenohr
Arctotis sp.

Mimose
Acacia sp.

Brandkraut
Phlomis fruticosa

Goldene Statize
Limonium sp.

ORANGE UND GELB · 105

Goldrute
Solidago canadensis

Schafgarbe
Achillea sp.

Verticordia
Verticordia sp.

Banksia
Banksia attenuata

Dryandra
Dryandra quercifolia

Schafgarbe
Achillea sp.

Lachsfarbene Statize
Limonium sp.

Lampionblume
Physalis alkekengi franchetii

Mais-kolben
Zea mays

Chrysantheme
Chrysanthemum sp.

Rainfarn
Chrysanthemum vulgare

Hahnenfuß
Ranunculus sp.

ORANGE UND GELB · 107

Lampionblume
Physalis alkekengi franchetii

Ampfer
Rumex sp.

Gartenringelblume
Calendula officinalis

Saflor; Färberdistel
Carthamus tinctorus

**Orangegelbe
Teerosen-Hybride**
Rosa cv.

Schafgarbe
Achillea sp.

Grün und Braun

Sumpfeiche
Quercus palustris

Simse
Scirpus sp.

Kleines Zittergras
Briza minima

Großes Zittergras
Briza maxima

Linde
Tilia sp.

Dill
Anethum graveolens

GRÜN UND BRAUN · 109

Bambus
Arundinaria sp.

Banksia
Banksia sp.

Gerste
Hordeum vulgare

**Wiesen-
lieschgras**
*Phleum
pratense*

**Großes
Zittergras**
Briza maxima

**Rispen-
artige
Hortensie**
*Hydrangea
paniculata*

Hortensie
*Hydrangea
macrophylla*

Setaria
*Setaria
verticillata*

Rohrglanzgras
Phalaris arundinacea

110 · LEITFADEN FÜR GETROCKNETE PFLANZEN

Efeu
Hedera helix

Hakea
Hakea cucullata

Calytrix
Calytrix sp.

Wurmfarn
Dryopteris filix-mas

Steinkraut
Alyssum sp.

Hirtentäschel
Capsella sp.

Moos
Mnium sp.

Rotbuche
Fagus sylvatica

GRÜN UND BRAUN · 111

Reseda
Reseda lutea

Bambus
Arundinaria sp.

Grevillea
Grevillea sp.

Gänsefuß
Chenopodium sp.

Mooskraut
Selaginella sp.

**Braut in Haaren;
Jungfer im Grünen**
Nigella damascena

Goldrute
Solidago canadensis »Lemore«

Moos
Grimmia pulvinata

Gartenfuchsschwanz
Amaranthus caudatus »Viridis«

112 · LEITFADEN FÜR GETROCKNETE PFLANZEN

Eukalyptus
Eucalyptus niphophila

Kiefer
Pinus sylvestris

Binse
Juncus sp.

Hortensie
Hydrangea macrophylla

Leucodendron
Leucodendron sp.

Dryandra
Dryandra sp.

Schilf, Rohr
Phragmites australis

GRÜN UND BRAUN · 113

Bambus
Arundinaria sp.

Leucodendron
Leucodendron stelligerum

Simse
Scirpus sp.

Zylinderputzer
Callistemon citrinus

Orangenblume
Choisya ternata

Hakea
Hakea sp.

Schilf; Rohr
Phragmites australis

114 · LEITFADEN FÜR GETROCKNETE PFLANZEN

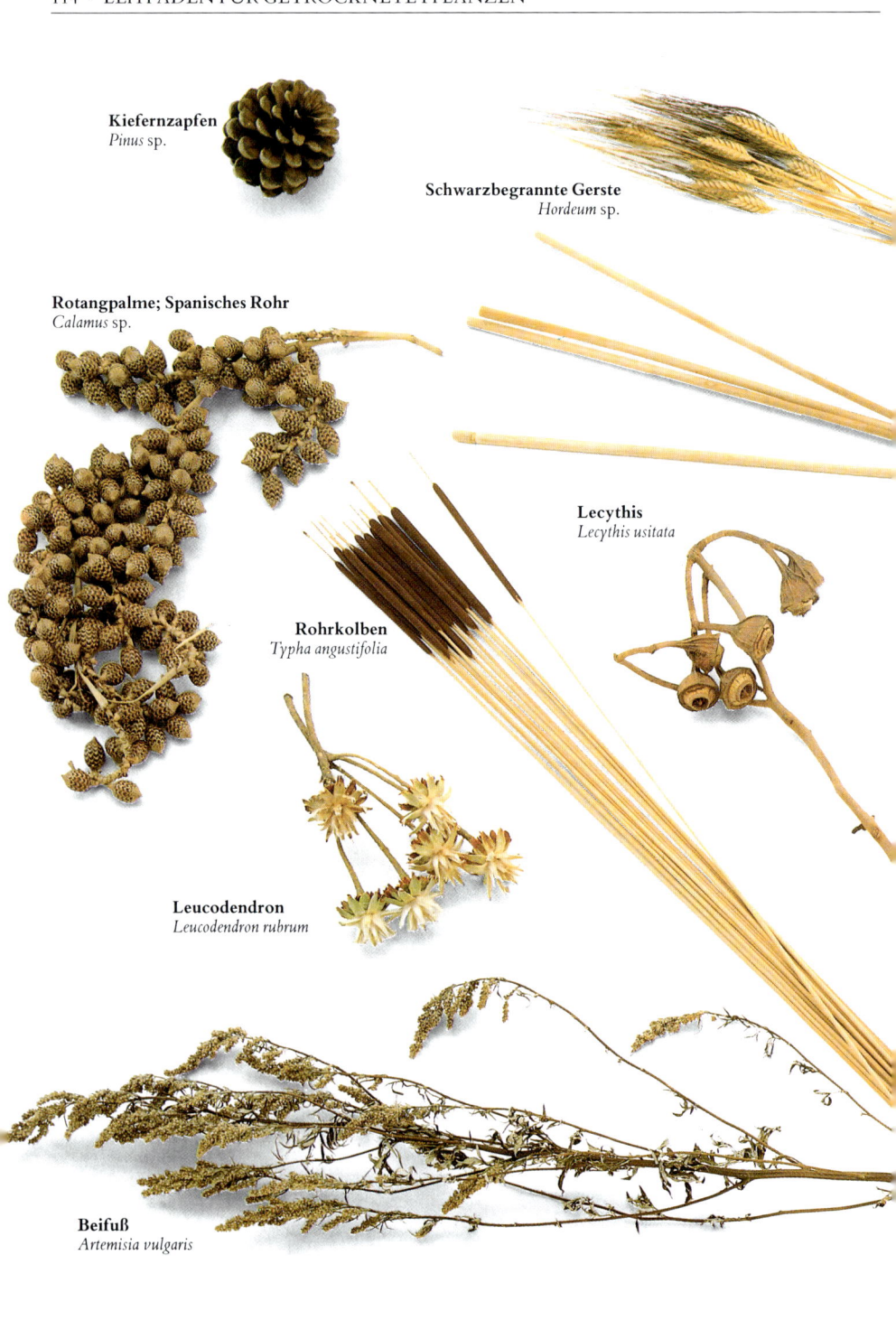

Kiefernzapfen
Pinus sp.

Schwarzbegrannte Gerste
Hordeum sp.

Rotangpalme; Spanisches Rohr
Calamus sp.

Lecythis
Lecythis usitata

Rohrkolben
Typha angustifolia

Leucodendron
Leucodendron rubrum

Beifuß
Artemisia vulgaris

GRÜN UND BRAUN · 115

Kiefernzapfen
Pinus sylvestris

Kiefernzapfen
Pinus ayacahuite

Lärchenzapfen
Larix sp.

Sumpfeiche
Quercus palustrus

Rohrkolben
Typha latifolia

Indische Lotusblume (Frucht)
Nelumbo lucifera

Schilf; Rohr
Phragmites australis

**Sandbirke;
Weißbirke**
Betula pendula

Flattergras
Milium sp.

Artischocke
Cynara scolymus

**Jungfer im Grünen;
Braut in Haaren**
Nigella damascena

Zwiebel
Allium aflatunense

Hopfen
Humulus lupulus

GRÜN UND BRAUN · 117

Papyrusstaude
Cyperus papyrus

Schwingel
Festuca sp.

Segge
Carex sp.

Leucodendron
Leucodendron sp.

Blasenspiere
Physocarpus sp.

Blau und Violett

Lavendel
Lavandula spica

Ackerrittersporn
Delphinium consolida

Kugeldistel
Echinops ritro

Meerlavendel
Limonium sp.

Kugeldistel
Echinops ritro

Hortensie
Hydrangea macrophylla
»Générale Vicomtesse de Vibraye«

BLAU UND VIOLETT · 119

Edeldistel
Eryngium sp.

Edeldistel
Eryngium sp.

Kugeldistel
Echinops ritro

Meerlavendel
Limonium sp.

Zwergrose
Rosa »Lilac Paleander«

Blaue Hortensie
Hydrangea macrophylla

Malvenfarbene Statize
Limonium sinuatum

Rittersporn
Delphinium elatum cv.

Eisenhut
Aconitum napellus

Amarant
Amaranthus sp.

Astilbe
Astilbe davi

Kornblume
Centaurea cyanus

BLAU UND VIOLETT · 121

Rosa-violette Statize
Limonium sinuatum

Violette Statize
Limonium sinuatum

Rittersporn
Delphinium sp.

Astilbe
Astilbe davidii

Kornblume
Centaurea cyanus

Amarant
Amaranthus sp.

122 · LEITFADEN FÜR GETROCKNETE PFLANZEN

Weiß, Beige und Silber

Pampasgras
Cortaderia selloana

Meerlavendel
Limonium sp.

Blaugummibaum
Eucalyptus globulus

Strohblume
Helichrysum sp.

Kreuzkraut
Senecio greyi

Akazie
Acacia sp.

Königskerze
Verbascum sp.

Wollziest; Eselsohren
Stachys lanata

WEISS, BEIGE UND SILBER · 123

Myrtenheide
Melaleuca sp.

Olearia
Olearia sp.

Stirlingia
Stirlingia latifolia

Cephalipterum
Cephalipterum drummondii

Strohblume
Helichrysum sp.

Pithocarpa
Pithocarpa corymbulosa

Strohblume
Helichrysum sp.

Römische Kamille
Anthemis nobilis

Hasenohr
Bupleurum sp.

124 · LEITFADEN FÜR GETROCKNETE PFLANZEN

Schleierkraut
Gypsophila sp.

Silberne Strohblume
Helichrysum sp.

Kingia
Kingia australis

Sonnenfli
Helipterum manglesii

Sonnenflügel
Helipterum sp.

Serruria
Serruria sp.

Strohblume
Helichrysum cordatum

Cremefarbener Rittersporn
Delphinium sp.

Lachnostachys
Lachnostachys sp.

WEISS, BEIGE UND SILBER · 125

Sonnenflügel
Helipterum sp.

Meerlavendel
Limonium sp.

Weißer Rittersporn
Delphinium sp.

Cremefarbene Statize
Limonium sp.

Papierknöpfchen
Ammobium sp.

Ixodia
Ixodia sp.

Baumwolle
Gossypium herbaceum

Agonis
Agonis juniperina

Pampasgras
Cortaderia selloana

126 · LEITFADEN FÜR GETROCKNETE PFLANZEN

Akanthus
Acanthus spinosus

Xylomelum
Xylomelum angustifolium

Nelke (Frucht)
Dianthus sp.

Funkie
Hosta sp.

Silberdistel
Carlina acaulis
»Caulescens«

Hortensie
Hydrangea macrophylla

Strohblume
Helichrysum bracteatum

Rainkohl
Lapsana sp.

Muschelblume
Moluccella laevis

Weiße Teerosen-Hybride
Rosa
»Jack Frost«

WEISS, BEIGE UND SILBER · 127

Sphagnummoos
Sphagnum sp.

Bärenklau
Heracleum sphondylium

Zwiebel
Allium sp.

Gänsefuß
Chenopodium sp.

Klatschmohn (Frucht)
Papaver rhoeas

Verticordia
Verticordia sp.

Pampasgras
Cortaderia selloana

Cacalia
Cacalia sp.

Sonnenflügel
Helipterum sp.

Aphyllanthes
Aphyllanthes sp.

128 · LEITFADEN FÜR GETROCKNETE PFLANZEN

Eukalyptus
Eucalyptus tetragona

Silberblatt
Lunaria rediviva

Banksia
Banksia prionotes

Prachtscharte
Liatris sp.

Eukalyptus
Eucalyptus cinerea

Känguruhblume
Anigozanthos sp.

Clematis
Clematis sp.

Waldrebe
Clematis vitalba

Meer-lavendel
Limonium sp.

Protea
Protea sp.

Flechte
Cladonia sp.

Weiteres Trockenmaterial

Das auf den vorhergehenden Seiten abgebildete, nach Farben geordnete Pflanzenmaterial ist bei weitem keine vollständige Aufzählung aller zum Trocknen geeigneter Pflanzen. Weitere Blumen und zusätzliches Beiwerk sind in nachstehender Tabelle aufgeführt. Die leicht zu überblickende Aufzählung der verfügbaren Farben soll Ihnen helfen, ein Arrangement erfolgreich zu planen.

	ROT	ROSA	ORANGE	GELB	BRAUN	GRÜN	BLAU	VIOLETT	WEISS	CREMEWEISS	SILBER
llium afflatunense Zwiebel		•									
lstroemeria ligtu Inkalilie	•	•	•	•							
maryllis belladonna Belladonnalilie	•	•						•			
naphalis yedoensis Perlpfötchen									•		
nemone coronaria Kronenanemone	•			•			•	•			
stilbe arendsii Astilbe		•			•					•	
pleurum sp. Hasenohr						•					
amellia japonica Kamelie	•							•			
entaurea macrocephala Flockenblume					•						
hoisya ternata Orangenblume									•		
orylus avellana Haselnuß					•						
ytisus scoparius Besenginster		•		•	•				•		
ahlia sp. Pompondahlie				•							
elphinium consolida Ackerrittersporn		•					•	•			
aeagnus pungens Ölweide						•					
ucalyptus ficifolia Eukalyptus						•	•				
entiana sinoornata Enzian							•				
omphrena globosa Kugelamarant									•		
elleborus sp. Christrose		•				•					
is foetidissima Schwertlilie	•										
ochia sp. Besenkraut, Feuerbusch											•
lium sp. Lilie		•	•	•					•		
agnolia sp. Magnolie		•	•						•		
ahonia japonica Mahonie					•						
cea pungens glauca Stechfichte											•
lygonatum multiflorum Salomonssiegel									•		
lvia sp. Salbei		•						•			
ntolina sp. Heiligenkraut				•							•
dum spectabile Fetthenne		•									
rticordia nitens Verticordia				•							
nthorrhoea sp. Grasbaum					•						
eranthemum sp. Papierblume								•	•		
nnia elegans Zinnie	•		•	•				•			

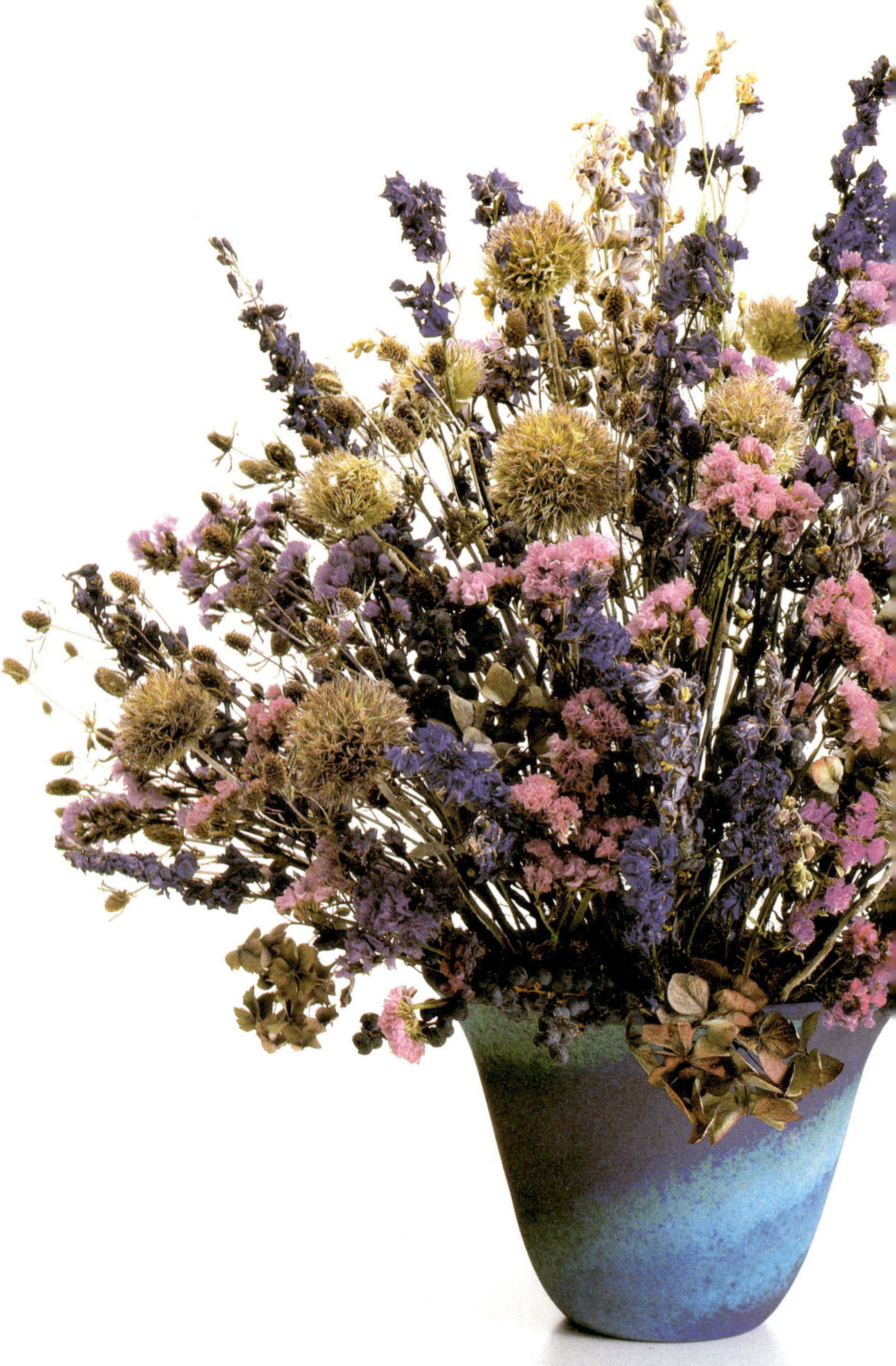

Kapitel 5

Gestalten mit Trockenblumen

Für das Gestalten mit Trockenblumen gelten keine festen Regeln – die Natur ist auch hier der beste Lehrmeister. Ob man nun eine einzelne Pflanze oder eine ganze Gruppe betrachtet, immer bringt sie vollendete Formen hervor. Diese Formen sollten Sie beim Arrangieren von Blumen vor Augen haben. Bevor Sie Gefäß und Pflanzenmaterial auswählen und sich für eine bestimmte Form des Arrangements entscheiden, sollten Sie sich zunächst über den Standort Gedanken machen. Welche Größe darf das Gebinde haben? Wird es von allen Seiten zu sehen sein? Vor welchem Hintergrund wird es stehen? Erst danach folgt die Auswahl des Gefäßes. Natürliche, schlichte Gefäße sind vielseitig verwendbar. Oft verlangen aber Form und Struktur einer Vase eine ganz bestimmte Form und Struktur des Arrangements. So sehen Trockenblumen mit warmen, glühenden Farben in Kupfer-, Messing- oder Terrakottabehältern herrlich aus. Hingegen kommen weiße Blumen oder solche mit eher blassen Farben in Silber- und Steingefäßen gut zur Geltung.

Vollendung durch das Gefäß
Diese Komposition blauer und violetter Farbnuancen ergänzt eindrucksvoll die blauen und türkisfarbenen Bänder, die sich auf der glockenförmigen Vase in Spiralen aufwärts winden. Das prächtige Arrangement enthält u. a. Kugel- und Edeldisteln, Statizen und Rittersporn.

Stilrichtung

Jedes Blumenarrangement – ob eine Girlande oder der Strauß in der Vase – enthält eine Vielzahl von Gestaltungselementen, deren Gesamtheit einen bestimmten Stil ausmacht. Form, Farbe und Struktur des Arrangements ergeben zusammen mit dem Gefäß und der Umgebung, in der es einmal stehen wird, einen Gesamteindruck – den speziellen Stil.

Das Zwanglose an Trockenblumen

Getrocknete Blumen wirken von sich aus natürlich und zwanglos. Auch wenn die Gestaltung strengen Formprinzipien folgt, wird der diesen Blumen eigene Stil das Arrangement doch stark beeinflussen und ihm immer einen Hauch von Ungezwungenheit geben.
Oft erweist es sich aber als vorteilhaft, den

Einfaches Arrangement fürs Schlafzimmer
In einer dreigeteilten, zierlichen Porzellanschale treiben auf einem Meer hellblauer Ritterspornblüten eine Goldbandlilie und einige sandgetrocknete Rosen. Das Arrangement – ideal für ein romantisches Schlafzimmer – bringt einen Hauch von Sommer in den Raum.

zwanglosen Eindruck der Trockenblumen noch zu betonen. So gehören beispielsweise Gebinde, die die Ungezwungenheit eines Sommergartens in sich tragen, mit zu den schönsten. Rustikale Gefäße kommen der Ausstrahlung von Trockenblumen am nächsten und sind daher für solche Arrangements bestens geeignet. Körbe aller Art, Kisten und Tröge aus Holz, Terrakotta- und Steingutschalen oder Keramiken in schlichtem Design – alle diese Behältnisse können für natürlich wirkende Arrangements aus Trockenblumen verwendet werden.

Sorgfältige Planung

Die Gestaltung eines natürlich wirkenden Arrangements mag einfach erscheinen, tatsächlich bedarf es aber einer sorgfältigen Planung, damit es keinen gekünstelten Eindruck macht. Am Anfang steht eine klare Linienführung: Rundungen müssen markant gestaltet und Geraden deutlich herausgearbeitet werden. Denn die Umrißlinien sind die Basis eines jeden

Arrangements, durch sie erhält es die nötige Form. Gleichgültig, ob die Formgebung durch Stengel, Blätter, Samenstände oder die Blüten selbst erfolgt – sie steht immer an erster Stelle, und erst dadurch werden die Konturen ausgefüllt. So ist es leichter, das Arrangement zu vollenden, ohne dabei von der Form abzuweichen.

Entwickeln Sie Ihren eigenen Stil

Jeder von uns hat seinen eigenen Geschmack. Wenn wir z. B. eine Illustrierte oder ein Buch über Pflanzen aufschlagen, sprechen uns ganz bestimmte Bilder, Formen und Farben an. Auf diese Eindrücke können wir bei der Gestaltung eines Arrangements aus Trockenblumen zurückgreifen.
Machen Sie sich Notizen über Pflanzen und Farben, die Ihnen besonders gefallen. Merken Sie sich beim Besuch eines Gartens Kombinationen von Blüten und Blättern oder Baum- und Strauchformen, die Ihnen ins Auge fallen. Einige dieser Gewächse kann man bestimmt selbst anpflanzen und trocknen oder getrocknet kaufen, falls kein Garten vorhanden ist.

Der Stil des Zimmers

Glücklicherweise eignen sich viele Arrangements aus Trockenblumen selbst auch für auffällig eingerichtete Wohnungen. Die markanten Formen der Schafgarbe, das duftige Schleierkraut, die imposanten Samenstände von Mohn oder Rohrkolben – all dies paßt sowohl zu Chrom und Glas eines sachlich modernen Raumes als auch zum gemütlichen, warmen Holz eines Bauernhauses.
Allerdings hat auch jeder Raum seinen eigenen Stil und bestimmt dabei die Art des Arrangements. Im Arbeitsraum Küche bietete es sich z. B. an, Trockensträuße an der Decke aufzuhängen. Dort sind sie zum einen aus dem Weg, zum andern aber ein attraktiver, alle Blicke auf sich ziehender Schmuck.
Das Wohnzimmer ist gewöhnlich ein Raum für Tischarrangements. Gibt es einen offenen Kamin, kann die Feuerstelle während der Sommermonate auch reizvoll hinter einem großen Trockenblumengesteck verborgen werden. Das Schlafzimmer, in eher sanftem Stil, eignet sich mehr für Arrangements in zarten, gedämpften Farben.

Passend zur Einrichtung (ganz oben und oben)
Das kräftige Gelb der Wand (ganz oben) wiederholt sich in den Farben des Arrangements, das im Sommer den stilvoll eleganten Kamin verdeckt. Es besteht aus einer Vielzahl von Pflanzen, darunter gelbe Sonnenflügel, Mimosen, goldene Schafgarbe und großblütige Flockenblumen. Im Gegensatz dazu ergänzt das auffällige Arrangement aus Bambus und Hortensienblüten (unten) die Formen und Farben des gewagt modernen Interieurs.

Farbe

Da eine solche Fülle von Pflanzen konserviert werden kann, ist die für Trockenblumenarrangements verfügbare Farbpalette recht eindrucksvoll. Außerdem lassen sich durch unterschiedliche Farbkombinationen überaus vielfältige Effekte erzielen.

Farbkombinationen

Um ein Gefühl für Farben zu entwickeln, sollte man beim ersten Arbeiten mit Trockenblumen zunächst mit verschiedenen Farbkombinationen und -anteilen experimentieren.
Generell gilt, daß Farben, die im Farbenkreis nahe beieinanderliegen, sich zu schlichten, gleichwohl reizvollen Kombinationen verbinden. Rot und Orange, Orange und Gelb, Gelb und Grün, Grün und Blau oder Blau und Violett verschmelzen miteinander. Farben mit größerem Abstand im Farbenkreis lassen sich ebenfalls gut kombinieren, sind in ihrer Wirkung aber wesentlich auffälliger. Rot kontrastiert angenehm mit Gelb, Orange mit Grün, Gelb mit Blau und Grün mit Violett.
Zusammenfassend läßt sich sagen: Je weiter zwei Farben im Farbenkreis voneinander entfernt liegen, desto spektakulärer ist die Wirkung, die mit ihnen erzielt werden kann. So setzen Kompositionen aus roten und grünen, roten und blauen, orangefarbenen und violetten oder gelben und purpurroten Blumen äußerst markante Akzente. Fügt man einem Farbton seine Komplementärfarbe in geringem Umfang zu, so wird dadurch die dominierende Farbe noch verstärkt. Durch einen Tupfer leuchtendes Rot erscheint z. B. ein grünes Arrangement noch grüner.

Farbtöne und -schattierungen

Pastellfarben sind Grund- oder Mischfarben von gedämpfter Intensität. Um Pastelltöne mit Ölfarben herzustellen, müßten Sie Weiß – die Farbe des Lichtes – mit Grund- bzw. Mischfarben kombinieren. Zartrosa, Pfirsich und Aprikose, Lila, Zitronengelb oder helles Eisblau sind Pastellfarben. Durch Zusatz von Schwarz – der Farbe der Finsternis – erhalten Sie die eher dunklen Töne Braun, Rost, Grau, Marineblau oder Pflaume.
Pastelltöne sind bei Trockenblumen besonders häufig. So gibt es z. B. von eher blassen bis hin zu leuchtenden Nuancen eine Fülle rosafarbener Blumen, die sich alle zum Trocknen eignen (s. Blumen und Blattwerk von A–Z, S. 206–234).

Farbenwahl

Wenn Sie sich für Farben entscheiden, die im Farbenkreis eng beieinanderliegen, werden Ihnen kaum Fehler unterlaufen. Mit ein bißchen mehr Mut schaffen Sie allerdings die interessanteren Arrangements und imposante Effekte. Haben Sie keine Hemmungen, alle möglichen Farben zu kombinieren oder auch nur einen einzigen Farbton zu verwenden. Verlieren Sie aber die beabsichtigte Wirkung nicht aus den Augen. Ein großes Tafelgesteck wird vermutlich immer lebhafte Farben verlangen.

Grün und Rot
Anregung für dieses Arrangement aus dunklen Rosenblüten und -blättern war ein französischer Fayence-Teller aus dem 18. Jahrhundert. Die eine hellere Rose scheint alle Farben zu verstärken. Im Blau der Kornblumen findet sich das Blau des Dekors wieder.

Harmonie aus warmen Farben (oben**)**
Das Besonderes dieses leuchtenden Sommerarrangements sind die rosa Pfingstrosen, die chemisch getrocknet wurden. Den Hintergrund dazu bilden rote Rosen, Leimkraut, dunkelrosa Zwiebelblüten sowie Akazienblätter.

Stille Harmonie (unten)
Dieses elegante Arrangement aus verschiedenen Nuancen einer Farbe enthält u. a. Silberdisteln, Hortensien, Strohblumen, Muschelblumen, Schleierkraut und Silberblatt.

Das richtige Gefäß

Die meisten Arrangements aus Trockenblumen benötigen ein dekoratives Gefäß – z. B. einen Korb, eine Vase, eine Untertasse, eine Schüssel oder ähnliches. Der Auswahl des Gefäßes kommt eine große Bedeutung zu, und in einem gelungenen Arrangement verschmelzen Gefäß und Pflanzen zu einer Einheit, deren Wirkung immer eindrucksvoller ist als die der Einzelkomponenten. Dazu muß aber eine Harmonie in Größe, Farbe, Form und Struktur entstehen. Pflanzen und Gefäß sollten zusammen so natürlich wirken, als ob beide schon immer für einander bestimmt gewesen wären.

Als Gefäße stehen Behältnisse verschiedenster Art zur Auswahl. Sie müssen weder teuer noch wasserdicht sein. Vermutlich findet sich auch bei Ihnen eine Fülle von Gefäßen, an die Sie im Zusammenhang mit Trockenblumenarrangements noch nie gedacht haben.

Legen Sie sich eine Sammlung von Behältern in unterschiedlicher Form und Größe, die Ihnen gefallen, an. Denken Sie aber daran, daß sich Blumen in Gefäßen, deren Hals ein wenig enger ist als der übrige Teil, leichter arrangieren lassen.

Je einfacher ein Gefäß, desto größer die Auswahl an Trockenblumen, die man verwenden kann, ohne daß es zu einer Disharmonie zwischen Pflanzen und Behältnis kommt. Gefäße aus Glas, Metall und Terrakotta sind meist schlichter als Keramikgefäße und erlauben daher die Verwendung verschiedenster getrockneter Pflanzenmaterialien.

Vielfalt der Gefäßarten

Glasgefäße, wie z. B. Wassergläser, Krüge oder Schüsseln, finden Sie wahrscheinlich in der Küche. Sie sollten generell mit Moos, Blüten oder Blättern ausgekleidet werden, da die Stiele getrockneter Pflanzen weniger attraktiv aussehen als die ihrer frischen Gegenstücke. Einfache rechteckige, quadratische oder zylindrische Formen aus klarem Glas sind optisch anspruchslos und eignen sich daher am besten. Buntes Glas grenzt die möglichen Farben bereits stark ein, so daß mehr Einfallsreichtum gefragt ist. Am schwierigsten läßt sich mit geschliffenem Bleikristall arbeiten, das, wie fei-

Alte Truhe (links)
Das wunderschöne, bemalte Papier im Innern der Truhe wird bewußt gezeigt. Seine Farben und die wunderbar tiefen Farben des Teppichs führen fast zwangsläufig zu den hier verwendeten Pflanzen – Hafer, Farn, Strohblumen, Kugeldisteln und Rittersporn. Die legere Anordnung soll die natürliche, entspannte Atmosphäre des Raums noch betonen.

DAS RICHTIGE GEFÄSS · 137

Glas für ein besonderes Arrangement
Die glatte, zylindrische Glasschale betont die Verschiedenheit von Strukturen. Ein Mooskern preßt die Felder aus Zimtstangen, Eßkastanien, Linsen, Teigwaren, Lavendelblüten, Sonnenblumenkernen und Maiskolben an die Glaswand. Segmente aus Tannenzapfen, Mohnkapseln und Nigella schließen das Arrangement nach oben ab.

…es Porzellan, meist formvollendete Arrangements erfordert.
Sehr gut lassen sich Behälter aus Holz verwenden, da Holz dem Charakter der Trockenblumen am nächsten kommt. Aus den vielfältigen Möglichkeiten, die sich anbieten, kann man z. B. die bauchige Salatschüssel aus Olivenholz oder ein kleines, mit Einlegearbeiten verziertes Kästchen wählen. In einer groben Holzkiste, in der Setzlinge angezogen wurden, könnte ein moosbewachsener Waldboden nachgeahmt werden. Sie läßt sich aber auch mit kleinen, leuchtend gefärbten Strohblumen füllen, deren Blütenköpfchen gerade noch über den Kistenrand ragen. Nutzen Sie für besondere Arrangements die Eigenart der verblichenen Farben von altem, bemaltem Holz oder der glänzenden Oberfläche von lackierten Holzdosen und Kästchen aus Japan oder Indien. Körbe werden wegen ihrer natürlichen Ausstrahlung ebenfalls gerne verwendet – seien es Papierkörbe, Einkaufskörbe, ein alter Nähkorb, ein einfacher Brotkorb oder, für Arrangements auf dem Boden, ein schwergewichtiger Reisekorb. Versuchen Sie es auch einmal mit Keksdosen, Puddingformen, ausgedienten Kupferkasserollen, gußeisernen Kochtöpfen oder mit einem alten silbernen Krug, einem Zinnpokal oder einer Blumenstilvase aus Messing.
Halten Sie Ausschau nach Keramiken mit interessanter Glasur, glänzenden bzw. patinabedeckten Metallgefäßen und solchen aus Kristall. Holen Sie sich Tontöpfe, wenn möglich mit moosigem Überzug, aus Ihrem Garten. Terrakotta-Untersetzer lassen sich in phantastische Trockenblumengärten verwandeln. Auch in der Küche finden sich nützliche Dinge: Töpfe, Krüge und Becher, Zuckerdosen oder sogar eine Teekanne, die wegen ihres zerbrochenen Deckels nicht mehr benutzt wird.
Im Garten stoßen Sie am ehesten auf Gefäße aus Stein, wie z. B. Tröge oder Urnen. Gefüllt mit üppigen Arrangements aus Trockenblumen sehen sie großartig aus. Die neutrale Farbe des Steins ordnet sich fast jeder beliebigen Farbkombination von Blüten und Blättern unter.

138 · GESTALTEN MIT TROCKENBLUMEN

Kränze

Viele Arrangements kommen ohne Gefäß aus, bedürfen dann aber einer Unterkonstruktion.
Ein kreisförmiges Arrangement wie der Kranz basiert entweder auf einem im Blumenladen gekauften Kupferdrahtgestell oder einer selbstgemachten Kranzunterlage aus engmaschigem Draht und Moos (s. S. 183). Darüber hinaus kann man auch verholzte Triebe von Rebe, Clematis, Waldgeißblatt, Kiwi oder biegsame Birken- und Weidenruten zu einem Kranz flechten (s. S. 184). Die Enden müssen gut eingearbeitet werden, damit eine stabile Unterlage entsteht, auf der dann die Trockenblumen nach Wunsch befestigt werden können. Ein solcher Rutenkranz sieht allerdings auch ohne Blumenschmuck sehr reizvoll aus, wenn er sorgfältig ausgeführt wird.

Unterlage aus Stroh
(unten)
Dieser einfache Kranz besteht aus hellrosa und cremefarbenen Strohblumen, Kornblumen und Schleierkraut. Elegante rosa Bänder vollenden das Werk.

Erntekranz
(unten)
Die Farben dieses Kranzes (Anleitung gegenüber) erinnern an die milde Wärme des Herbstes.

Rebholzunterlage
(rechts)
Kleine Heubüschel, rote Rosen, Kornblumen, Schafgarbe sowie Papierblumen wurden mit Bast befestigt.

Rebenholzkranz
(rechts)
Ein Geflecht aus Rebtrieben bildet die Grundlage dieses ganz besonderen, mit Rosenblättern, Tannenzapfen und Moos dekorierten Kranzes. Eng in dieses Rutengeflecht schmiegt sich ein mit Eiern gefülltes, von einem Vogel bewachtes Nestchen aus Heu.

KRÄNZE · 139

Anleitung für einen kleinen Kranz

1 Benötigt wird ein trockener Moosreif (s. S. 183). Hopfenzweige, Papierköpfchenblüten, gelbe Rosen und Hafersträußchen werden angedrahtet und die Andrahtstellen mit Blumenband umwickelt (s. S. 191).

2 Die Blüten des Papierköpfchens bilden den Untergrund des Kranzes. Die Stiele werden durch das Moos gestoßen, auf der Rückseite umgebogen und wieder ins Moos gesteckt.

3 Man bestimmt den Aufhängepunkt des Kranzes und stellt das Gebinde fertig, indem abwechselnd Haferstäußchen, Hopfenzweige, Rosen und weitere Papierköpfchen im Moos befestigt werden.

Geflochtener Strohkranz
(links)
Ein lockeres Geflecht aus blauem und altrosa Rittersporn, Lavendel und Hafer bedeckt nur die eine Hälfte des Strohzopfes und läßt die andere sichtbar.

Eingeflochtene Bänder
(unten)
Zwischen die Rebholztriebe werden rosa Bänder geflochten und mit einer Schleife gekrönt. Sträußchen aus Hortensien, pfirsichfarbenen Rosen und Schleierkraut befestigt man ebenfalls am Holz.

Sphagnumunterlage
(unten links)
Ein Fächer aus Gräsern, Mohnkapseln und Leucadendronzapfen bedeckt den grünen Untergrund nur teilweise.

Hängende Arrangements

Bänder aus Trockenblumen, hängende Sträuße oder Girlanden geben einem Raum oder Treppenaufgang ein neues Aussehen und sind ideale Dekorationen für besondere Anlässe. Ein mit Blumensträußchen und Bändern verzierter Zopf auf beiden Seiten des Kamins oder entlang eines Deckenbalkens sieht besonders reizvoll aus. Mehrere Blumensträuße, die man zu einem auffälligen, großen Blütenball bindet und an der Decke aufhängt, sind ein imposanter Blickfang. Die rustikale, kettenförmige Girlande auf einer Draht-Heu-Unterlage dekoriert eine Wand hervorragend. Zierlichere Girlanden aus Wickeldraht bieten sich als Schmuck von Türen und Bildern an, können aber ebensogut für Treppengeländer verwendet werden.

Hängender Blütenball

Ein großer, leuchtender Strauß, den man in eine Kugel aus Blüten und Blättern verwandelt, verzaubert einen Treppenaufgang oder die Zimmerecke. Besonders imposant wirkt es, wenn man Trockenblumen von unterschiedlicher Farbe und Struktur zwanglos arrangiert.

Anleitung
1 *Für diesen wunderschönen Blütenball (gegenüber) benötigen Sie Steckdraht, einen 3,5-cm-Vorhangring, Schere, rote Zylinderputzer, rosa Strohblumen, rosa und gelbe Rosen, grünen Amarant, zwei verschiedene Hasenohrarten, Meerlavendel und Leucadendron meridianum. Die verschiedenen Pflanzen werden beim Binden jeweils in kleinen Büscheln zusammengefaßt, so daß im fertigen Strauß immer eine größere Fläche von jeder Farbe erscheint. Legen Sie sich alles zurecht, bevor Sie anfangen.*

2 *Den Vorhangring in bequemer Höhe aufhängen und die Pflanzen mit Draht zu kleinen Sträußen binden. Lange Drahtenden stehenlassen; mit diesen die Sträuße nacheinander so am Vorhangring befestigen, daß die Blumenstiele knapp unterhalb des Ringes hängen.*

3 *Fügen Sie auf diese Art weitere Sträußchen hinzu, beachten Sie dabei aber deren Position im fertigen Arrangement. Der Meerlavendel dient hauptsächlich als Füllpflanze, während die spitzen Zylinderputzer und der Amarant die bauchigen Konturen etwas auflockern.*

Fertiger Blütenball
Abschließend müssen noch kleine Korrekturen an einzelnen Sträußchen vorgenommen werden, dann kann der imposante Blütenball in seine endgültige Position hochgezogen werden. Der Vorhangring ist jetzt nicht mehr zu sehen.

Hängende Sträuße

Sträuße aus Trockenblumen oder Blumen, die erst noch trocknen müssen, sehen an einer Wand, einem Dachbalken oder an der Tür eines Küchenschrankes wunderschön aus. Will man einen bunten Strauß aus Trockenblumen an die Wand hängen, so müssen Größe und Farbe – ähnlich wie bei einem Bild – wohlüberlegt sein, damit er an diesen Platz paßt und eins wird mit seiner Umgebung. Schon ein einzelner Strauß kann wirkungsvoll sein, man kann aber ohne weiteres mehrere aufhängen.

Ein bunter Strauß

1 *Dieser sonnige Strauß enthält cremefarbene Strohblumen, Frauenmantel, weißen Rittersporn, Helichrysum italicum, Glanzgras, Dill und grüne Hortensien. Da der fertige Strauß von unten zu sehen sein wird, sollten Sie dies beim Binden berücksichtigen und ihn entsprechend betrachten. Zunächst werden jeweils kleine Büschel langstieliger Blumen und Gräser zu einem lockeren Strauß zusammengefaßt. Binden Sie diesen unterhalb der Blütenköpfe fest mit Schnur ab. Wenn alles eingebunden ist, kann man die Schnur unter einem Band verbergen.*

2 *Fertigen Sie einen zweiten, dichteren Strauß an. Dieser wird mit dem ersten so zusammengebunden, daß seine Blüten etwas tiefer liegen.*

3 *Abschließend fügt man am unteren Ende des Straußes Hortensienblüten ein und verbirgt die Schnur mit einer Schleife.*

HÄNGENDE ARRANGEMENTS · 143

Strukturenvielfalt
Dieser hängende Strauß zeichnet sich durch eine Fülle unterschiedlicher Strukturen des verwendeten Pflanzenmaterials aus. Weißes Schleierkraut akzentuiert die in Gruppen zusammengefaßten, aprikose-rosafarbenen Rosen und den spitz zulaufenden Limonium suworowii. *Einen Ausgleich zum grünen Amarant und* Limonium caspia *schaffen rosa Hortensien.*

Sonniger Strauß
Hier sehen Sie den nach der Anleitung auf der gegenüberliegenden Seite gefertigten Strauß – ein angenehmes, willkommenes Schmuckstück für jeden Raum. Krönender Abschluß und Ergänzung für Blumen und Gräser ist die gelbe Satinschleife.

Blumenbänder

Blumenbänder können klein und zierlich, eventuell nur wenige Zentimeter lang sein, wie z. B. bei einem Stirnband für die Braut. Es gibt sie aber auch in Form langer Blumengirlanden, die sich als Dekoration für Tische, Türen oder Bogengänge eignen oder als Schmuck von Geländern und Balustraden verwendet werden können. Stirnbänder haben gewöhnlich eine feine Drahtunterlage (s. S. 185). Feste, robuste Girlanden von größerer Länge bauen häufig auf einem Draht-Moos-Kern (s. S. 183) auf. Die hier gezeigten Blumenbänder sind beide ca. 2 m lang und somit recht auffällige Dekorationen. Sie sind biegsamer als die Maschendrahtgirlanden und lassen sich z. B. bei einer Hochzeit leicht um Pfosten und Säulen winden.

Ausschmücken eines geflochtenen Bandes

1 *Ein dicker Bastzopf wird in der gewünschten Länge angefertigt (s. S. 185), das Zopfende fest mit Bast umwickelt und hübsch zurechtgemacht. Aus blauen Hortensien und leuchtendgelben* Helichrysum italicum *bindet man ein Sträußchen (s. S. 190) und befestigt es knapp unterhalb des Zopfanfangs, indem man den Bindedraht durch den Zopf sticht und die Enden umbiegt. Fertigen Sie nun weitere Blumensträußchen an.*

2 *Für die kleinen Büschel aus blauen Plastikbändern nehmen Sie ein Stück Band doppelt, umwickeln es wie gezeigt mit Draht und schneiden die Enden in schmale Streifen. Der Bindedraht wird oberhalb der Sträußchen durch den Zopf gestochen und die Enden umgebogen. Wenn man die Bändchen über einen Messerrücken zieht, werden sie lockig und verstärken den verspielten Eindruck.*

HÄNGENDE ARRANGEMENTS · 145

Ein Band aus Blumen entsteht

1 *Einige rote Rosen, blaßrosa Rittersporn und der zierliche Bambus* Arundinaria nitida *werden in einem lockeren, dem etwas wilden Aussehen der Bambusblätter angepaßten Sträußchen zusammengestellt. Binden Sie den Strauß am oberen Ende der Stiele mit Wickeldraht ab. Der Draht selbst wird ein paarmal um den Knoten geschlungen, darf aber noch nicht abgetrennt werden.*

2 *Die Stiele werden fest zusammengehalten und von oben nach unten mit Draht umwickelt. Man führt die Drahtspule durch die letzte Schlinge und zieht den Draht fest.*

3 *Fertigen Sie einen weiteren Strauß, und legen Sie ihn versetzt auf den ersten, so daß sich die Blüten teilweise überdecken. Nun werden die Stiele beider Sträuße fest mit Draht umwickelt.*

Geflochtenes Band
Auf dem Zopf werden kleine Grüppchen von Blumen und Bändern in verschiedenen Abständen befestigt. Einige Bänder hängen über das Zopfende herab, den Zopfanfang schmückt eine fransige Bastschleife, unter der die Schnur verborgen ist.

Ein Band aus Blumen
Die Länge des fertigen Bandes ist abhängig von der Zahl der Blumensträußchen und von seiner späteren Verwendung. Seine Zwanglosigkeit macht dieses Gebinde zu einer idealen Dekoration von Einrichtungen im rustikalen Stil.

Girlanden

Eine Girlande aus getrockneten Blumen ist nichts anderes als ein Blumenband, das zwischen zwei Punkten aufgehängt wird. Gewöhnlich werden Girlanden nur für besondere Anlässe gefertigt, z. B. für eine Einladung während der Feiertagszeit, für eine Hochzeit oder eine Taufe. Lange, weiß gedeckte, mit feinen Speisen beladene Tische sehen mit Girlanden, die in sanftem Bogen auf die Tischenden zulaufen, noch einladender aus. Durchgänge, Alkoven, Regale, Treppengeländer, Kamine oder Deckenbalken erhalten durch Blumengirlanden ein neues Gesicht. Dabei spielt es keine Rolle, welche Art Girlande Sie wählen.

Eine lange Girlande herzustellen ist ohne Zweifel zeitaufwendig. Daher ist der große Vorteil von Trockenblumen ihre Haltbarkeit, denn man kann sie ohne Probleme im voraus verarbeiten und vermeidet dadurch die Aufregung, noch in letzter Minute vor dem Eintreffen der Gäste fertig werden zu müssen. Außerdem werden diese Girlanden noch lange, nachdem der letzte Gast das Haus verlassen hat, hübsch aussehen.

Bindedrahtgirlande

1 *Eine Möglichkeit, Girlanden anzufertigen besteht darin, Blumensträußchen – hier z. B. aus Hortensien, Rosen, Hafer und Schleierkraut – auf einen Draht zu binden. Je nach Länge der Girlande wickelt man Draht von der Spule und knüpft am Ende eine Schlinge. Trennen Sie den Draht noch nicht ab, da später die Sträußchen daran befestigt werden. Binden Sie nun einen kleinen Strauß, wobei der Hafer etwas hervorstehen sollte, und schneiden Sie die zu langen Stiele ab.*

2 *Das Sträußchen wird so auf die Drahtschlinge gelegt, daß sie von den Blüten verborgen wird. An dieser Schlinge kann später die fertige Girlande aufgehängt werden.*

3 *Halten Sie die Stiele an den Draht, umwickeln Sie das Ganze fest mit Draht von der Spule, und schließen Sie mit einem einfachen Knoten ab.*

4 *Die folgenden Sträußchen werden auf dieselbe Weise so am Draht befestigt, daß sie jeweils die Stiele des vorhergehenden bedecken.*

HÄNGENDE ARRANGEMENTS · 147

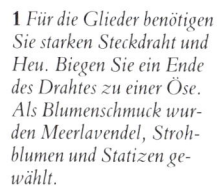

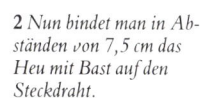

Fertige Girlanden (unten)
Die obere Bindedrahtgirlande in Pastelltönen wirkt zerbrechlich, ist aber überraschend stabil. Die Kettengirlande (darunter) hingegen wirkt eher rustikal; beschneiden Sie nötigenfalls das Heu so, daß die einzelnen Glieder erkennbar sind. Unschöne Enden von Girlanden verbirgt man unter einem Band.

Kettengirlande

1 *Für die Glieder benötigen Sie starken Steckdraht und Heu. Biegen Sie ein Ende des Drahtes zu einer Öse. Als Blumenschmuck wurden Meerlavendel, Strohblumen und Statizen gewählt.*

2 *Nun bindet man in Abständen von 7,5 cm das Heu mit Bast auf den Steckdraht.*

3 *Formen Sie aus dem Draht ein Oval. Das Drahtende wird in die Öse eingehängt und umgebogen. Dann befestigt man das überstehende Heu mit Bast an der Verbindungsstelle.*

4 *Schmücken Sie den Ring nun mit Blumen, wobei die Stiele einfach unter den Bast gesteckt werden. Fertigen Sie erst alle Ovale an, bevor jedes Oval mit dem vorhergehenden zur Kette verbunden und geschlossen wird.*

Blumenschmuck an der Decke

Die Idee, die Decke mit Sträußen getrockneter Blumen zu dekorieren, entspringt dem herrlichen Bild zum Trocknen aufgehängter Schnittblumen. Sofern die Zimmer- oder Korridordecke gute Trocknungseigenschaften hat (s. S. 198), können tatsächlich frisch geschnittene Sträuße verwendet werden, die dann trocknen und zur bleibenden Zierde werden. Zur Trocknung muß die Luft zwischen den Sträußen gut zirkulieren können. Daher darf man frisch geschnittene Blumen nicht dicht an dicht hängen wie die Trockensträuße in unserem Beispiel.

Blumenschmuck an der Decke erfordert eine ausreichende Raumhöhe. Ist diese nicht gegeben und hängen die Pflanzen in Kopfhöhe, kann man das Arrangement auch auf eine Ecke, z. B. über einem Schreibtisch, beschränken. Will man die gesamte Decke schmücken, werden Haken in die Wände geschraubt und Drähte gespannt, an denen man die Sträuße aufhängt. Die Drähte sind im fertigen Arrangement dann nicht mehr zu sehen. Soll die Aufhängung jedoch sichtbar sein, wählt man besser Bambus- oder Messingstäbe, Eisenröhren oder eine Kette.

Dekoration der Decke
An zwei gegenüberliegenden Wänden werden 15 cm unter der Decke Haken im Abstand von 25 cm angebracht. Zwischen jedem Hakenpaar spannt man einen starken, kunststoffummantelten Draht. Richten Sie Blumensträuße her, und binden Sie diese etwa 5 cm unter den Stielenden ab. Die Spanndrähte werden nach und nach durch die Sträuße verdeckt. Bunt gemischte Farben sehen hübsch aus, man erzielt jedoch die beste Wirkung, wenn neben den Farben auch die Formen und Strukturen der Sträuße variieren.

HÄNGENDE ARRANGEMENTS · 149

Großflächiger Blumenschmuck für die Wand

In größerer Zahl an der Wand aufgehängte Sträuße oder Kränze eröffnen für Trockenblumen ganz neue Möglichkeiten. Bei genügend Platz entsteht ein vielgestaltiger Wandbehang. Obwohl nur zweidimensional, hat er – wie unten gezeigt – die gleiche Wirkung wie eine dicht mit Pflanzen behangene Decke. Ein solches Arrangement ist ebenso Blickfang wie ein seltener Teppich oder eine Tapete, bringt aber außerdem ein Stück Natur ins Haus.

Vor einer weißen Wand kommen die vielfältigen Farben und Strukturen von Trockenblumen am besten zur Geltung. Vor einem andersfarbigen Hintergrund müssen Sie die Farben jedoch sehr sorgfältig auswählen – sie sollten nicht nur miteinander, sondern auch mit der Farbe der Wand harmonieren.

Ein Wandbehang aus Trockenblumen
Auf Höhe der Oberkante des Arrangements werden in gewünschter Entfernung Haken angebracht, an die man jeweils eine Kette aufhängt. An den Kettengliedern können Sie nun die Bambusstäbe als Querstangen befestigen. Bevor Sie die Sträuße an die Stangen binden, sollten Sie das Arrangement zunächst am Boden zusammenstellen. Die Ketten sollten zum Schluß unter den Blumen verborgen sein.

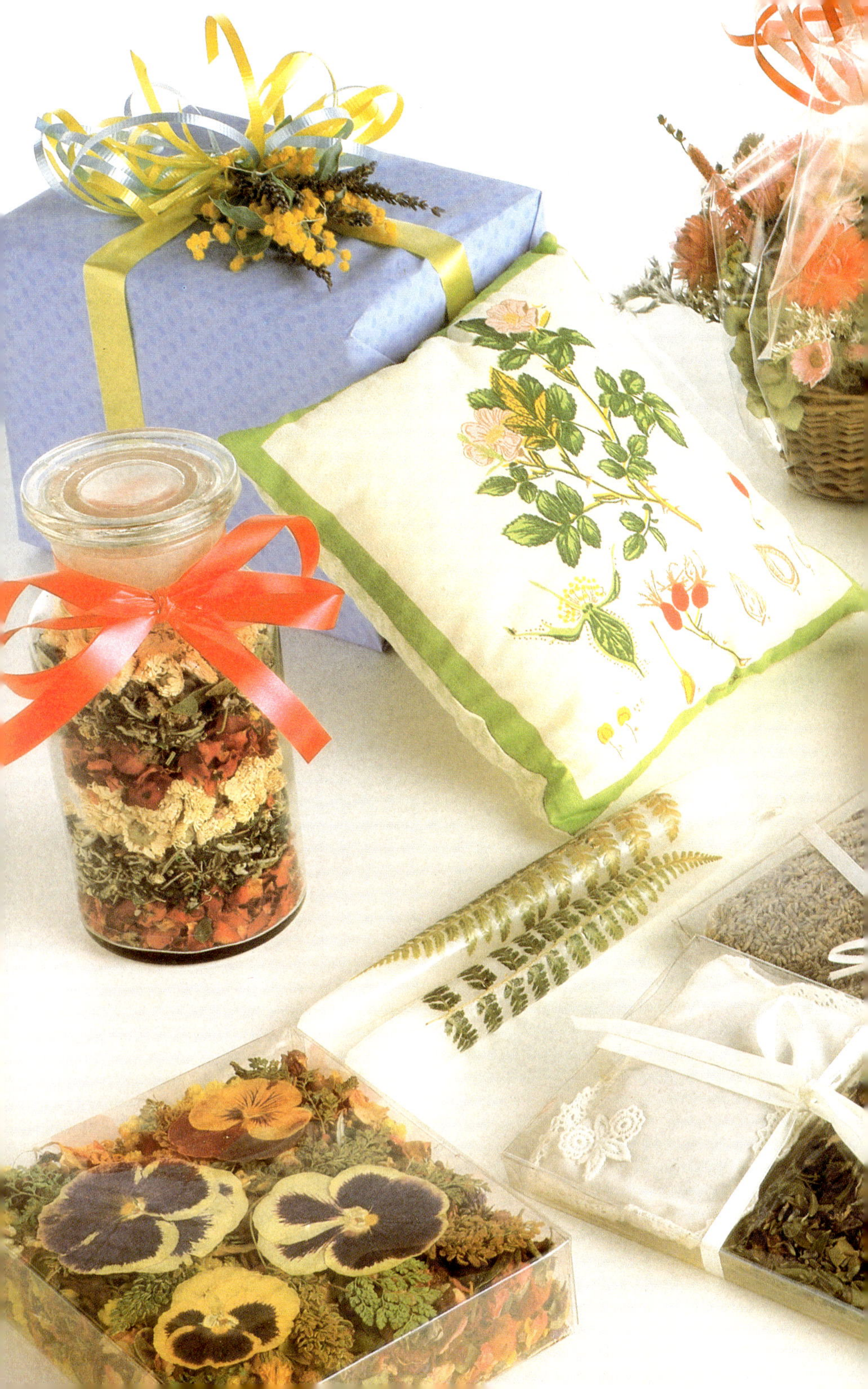

KAPITEL 6

IDEEN FÜR BLUMEN-SCHMUCK

Arrangements aus getrockneten oder gepreßten Pflanzen müssen sich keinesfalls auf die üblichen Gestecke beschränken. Bei allen hier vorgestellten Ideen stehen andere Eigenschaften als das äußere Erscheinungsbild der Blumen im Vordergrund. Beispielsweise ist bei kandierten Blüten oder einem Blütenpotpourri der Duft von gleicher oder sogar größerer Bedeutung als das Aussehen. Auch kühle, nach Zedern- und Sandelholz duftende Bettwäsche hat ihren Reiz noch nicht verloren. In jedem Fall können aus diesen Ideen wunderschöne Geschenke für Freunde oder andere liebe Menschen entstehen. Mit ein paar Einfällen und etwas Überlegung werden diese kleinen Andenken gemeinsame Erinnerungen wachrufen. Ein Sträußchen oder ein gerahmtes Bild aus gepreßten Blumen erinnert an den geliebten Garten oder einen gemeinsamen Sommerurlaub. Ein Baum aus Trockenblumen läßt Raum für gemeinsame Träume.

Geschenke aus Trockenblumen

Trockenblumen sind nicht nur als Arrangement ein hübsches Präsent, sondern sie eignen sich auch zum Dekorieren und Parfümieren anderer Geschenke. Versuchen Sie sich einmal an Duft- und Kräuterkissen, Blütenmischungen oder duftenden, hübsch verzierten Kerzen. Mit gepreßten Blüten und Blättern können Sie die Dosen und Kästchen der Blütenmischungen oder Grußkarten schmücken.

Biedermeiersträußchen

Ein Biedermeiersträußchen ist ein wunderschönes Geschenk und außerdem vergleichsweise einfach anzufertigen. Im Gegensatz zum fächerförmigen, flachen Bukett haben diese Sträuße runde Konturen, so daß sie von allen Seiten und auch von oben hübsch aussehen. Man kann sie sowohl in eher strengem als auch legerem Stil gestalten.
Wählen Sie für den Strauß Pflanzenmaterial von unterschiedlicher Farbe und Struktur. Dies eröffnet die Möglichkeit, das Gebinde später entweder zu belassen, wie es ist, oder auf mehrere Arrangements zu verteilen. Getrocknetes Material sollte Pflanze für Pflanze eingebunden werden. Zum attraktiven Blickfang wird Ihr Strauß, wenn sich Pflanzen mit runden und Pflanzen mit länglichen Blüten- oder Fruchtständen ergänzen. Ein wichtiger Gesichtspunkt ist auch die Größe des Straußes. Am schönsten wirken oft kleine, kompakte Sträußchen, daher sollten sowohl Blumen als auch Beiwerk nicht zu groß sein.

So entsteht ein Biedermeiersträußchen

1 Benötigt werden weißer Rittersporn, angedrahtete, lila Hortensienblüten, Samenstände der Glockenblumen, Zittergras und rosa Statizen. Zunächst bindet man nur zwei Blumen mit Wickeldraht zusammen. Weitere Pflanzen werden einzeln, Stück für Stück, zugefügt und eine runde Kuppel geformt. Ein legeres Aussehen erhält das Sträußchen, wenn die Blüten auf unterschiedlicher Höhe abschließen.

2 Im folgenden werden weitere Blumen, jeweils etwas nach unten versetzt, so eingebunden, daß der darunterliegende Bindedraht verdeckt wird.

3 Überprüfen Sie, bevor Sie die Stiele abschneiden und den Draht festziehen, ob alle Pflanzen richtig angeordnet wurden. (Der fertige Strauß ist auf der gegenüberliegenden Seite zu sehen.)

STRÄUSSE · 153

Das Binden einer Schleife

1. Man legt das Band in Form einer Acht, beläßt dabei aber ein langes Bandende. Halten Sie die Acht zwischen Daumen und Zeigefinger, wickeln Sie weiteres Band ab, und legen Sie eine zweite Acht über die erste.

2 Schneiden Sie nun das Band so ab, daß beide Enden gleich lang sind. Dann faltet man den Mittelpunkt der beiden Achten zwischen Zeigefinger und Daumen, umwickelt dieses Stück unterseits mit Draht und verknotet.

3. Alle Bindedrähte des Straußes werden unter einem anderen Band verborgen, das fest um die Stiele geschlungen wird. Legen Sie dann die Schleife so auf das Band, daß eine Enden ober- und unterhalb hervorschauen.

4 Die Schleife wird nun am Strauß befestigt, indem man die Enden des Bandes über der Schleife verknüpft. Überprüfen Sie, ob alle Bandenden die gleiche Länge haben, und zupfen Sie die Schleife in die richtige Form.

Legerer Strauß
Hier sehen Sie den nach der Anleitung auf S. 152 gefertigten Strauß. Zum Abschluß erhielt er eine hübsche, pfirsichfarbene Schleife, die das Arrangement vervollkommnet und die Bindedrähte verbirgt.

Bäumchen aus Trockenblumen

Ein »Miniaturbaum« aus getrockneten Blumen kann als frei auf dem Boden stehendes Arrangement sehr imposant aussehen. Kleinere Ausführungen auf einem niedrigen Tisch ähneln einem Bonsai-Bäumchen.

Überlegen Sie zunächst, welche Größe der Baum haben soll, aber berücksichtigen Sie dabei auch das Interieur. Was die Form des Baumes betrifft, sollten Sie sich – sofern Sie nicht ein kunstvolles, geometrisches Arrangement kreieren wollen – von der Natur leiten lassen. So kann die Gestalt einer Eiche, eines kegelförmigen Lorbeerbaumes, einer Tanne oder die lockere Krone einer Magnolie Anhaltspunkte liefern. Haben Sie sich für eine bestimmte Form und Größe entschieden, muß das passende Gefäß gefunden werden. Die Wahl des Gefäßes ist sehr wichtig, und am schönsten sieht es aus, wenn Sie ein Gefäß von ausreichender Größe verwenden. So wird der Eindruck vermittelt, als würde der Baum tatsächlich im Topf wachsen.

Kugelbaum und Wäldchen (gegenüber)
Der kugelförmige, recht auffällige Baum (rechts) besteht aus tiefrot gefärbten Strohblumen und Teilen von purpurrotem Hahnenkamm. Für das »Blätterdach« des Wäldchens wird eine rautenförmige Steckmasse mit Goldrute bedeckt und a Birkenzweige aufgespießt.

Kegelförmiger Baum

1 *Die Anleitung für die Basis finden Sie auf Seite 187. Für die »Baumkrone« wird auf einen Steckmassekern Sphagnummoos befestigt, und die Stiele der getrockneten Pflanzen werden durch das Moos in den Kern gesteckt: zunächst als Hintergrund Frauenmantel, dann rote Rosen, angedrahteter Hahnenkamm und schließlich kleine Zweige.*

2 *Verkeilen Sie den Blumentopf im äußeren Gefäß, und legen Sie trockene Grimmia pulvinata um die Stammbasis.*

BÄUMCHEN AUS TROCKENBLUMEN

Gepreßte Pflanzen

Viele Blumen, Gräser und Blätter verlieren beim Pressen kaum etwas von ihrer Farbenpracht und ihrem zarten Äußeren. Narzissen, Blaustern, Kissenprimel und Schneeglöckchen sehen gepreßt sehr hübsch aus. Ebenso alle margeritenähnlichen Blumen und kleine Triebe von Purpurglöckchen, Vergißmeinnicht, Schleierkraut oder Montbretien. Schlecht pressen lassen sich hingegen fleischige Pflanzen und Blumen mit gefüllten Blüten, wie z. B. Rosen und Pfingstrosen. Deren üppige Blüten sehen meist wenig schön aus, da sich die Blütenblätter stark überlappen. Dies ist zwar auch bei trichterförmigen Blüten der Fall, jedoch können diese zu eindrucksvollen Mustern verwendet werden.

Blumenpressen kann man kaufen, aber ebenso leicht selbst herstellen. Kleine Pflanzen lassen sich auch zwischen den Seiten eines schweren Buches, große unter einer wenig begangenen Stelle des Teppichs pressen. Legen Sie das Material grundsätzlich zwischen saugfähiges Papier, so daß es gleichzeitig getrocknet und gepreßt wird.

Für eine Blumenpresse sägt man aus Sperrholz zwei Rechtecke von 30×20 cm und durchbohrt sie an den Ecken. Dann steckt man durch die Löcher einer Platte lange Schrauben, füllt die Presse und preßt beide Platten mit Flügelmuttern zusammen.

Eine besonders reizvolle Art der Präsentation gepreßter Pflanzen ist ein gerahmtes Blumenbild. Das Material wird auf einem hochwertigen Karton – möglichst weiß oder cremefarben – arrangiert. Zum Befestigen gibt man auf die Rückseite der Pflanzen entweder einen winzigen Tropfen Klebstoff auf Latexbasis oder besprüht sie mit Kunststoffkleber. Da sich die Pflanzen jetzt nur noch sehr schwer verschieben lassen, sollten sie auf Anhieb richtig liegen. Wählen Sie einen einfachen Rahmen, der nicht von der Anmut der Pflanzen ablenkt.

Bild aus gepreßten Blättern
Die Eleganz dieses einfachen Arrangements liegt in der einseitigen Ausrichtung aller Blätter. Verschiedene Farben und Strukturen wecken das Interesse.

GEPRESSTE PFLANZEN · 157

Blütenkollektion

Stiefmütterchen, Hortensien, Wiesenkerbel und eine Anemone werden von einer Borte aus Rosenblättern umsäumt. Für Borten eignen sich neben Rosenblättern auch Farne, die silbernen Blätter des Senecio maritimus und die Triebe des kleinblättrigen Efeus. Blüten und Blätter sollten nicht zu nah am Rand des Kartons liegen, da sie sonst vom Rahmen verdeckt werden. Mit einem breiten Rand vermeiden Sie dies am ehesten. Anstoß zu diesem Bild gab eine Stickerei, aber auch Blumengemälde können Ideen für einen Entwurf liefern. Feste Regeln für die Gestaltung eines Bildes aus gepreßten Pflanzen gibt es nicht. Lassen Sie sich von der Wuchsform der Pflanzen leiten, und erinnern Sie sich der Anordnung von Blüten und Blättern in der Natur.

Gebrauch einer Blumenpresse

Auf das untere Brett der Blumenpresse wird zunächst ein Karton und darauf gefaltetes Löschpapier gelegt. Zwischen dieses gibt man vorsichtig das Pflanzenmaterial, das man mit einem weiteren Karton abdeckt. Auf diese Weise wird die Presse Schicht für Schicht befüllt. Wichtig ist der Karton zwischen den Löschblättern, da er verhindert, daß sich eine Schicht auf der anderen abzeichnet.

Blüten mit fleischiger Mitte

1 *Karton und Löschpapier kommen zuunterst in die Presse. Die Blüten werden auf der unteren Hälfte des gefalteten Löschpapiers ausgebreitet. In die obere Hälfte schneidet man Löcher, die exakt über dem verdickten Zentrum der Blüten liegen müssen. Wenn Sie das Löschpapier nun schließen, bedeckt es zwar die Blütenblätter, läßt aber das Innere der Blüten frei.*

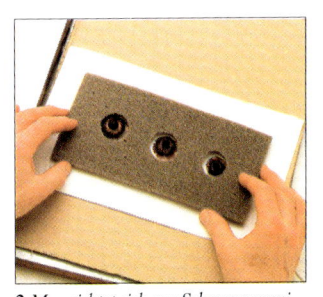

2 *Man richtet sich aus Schaumgummi eine Platte, die so dick ist wie die fleischige Mitte der Blüten, schneidet entsprechend dem Löschpapier Löcher heraus und legt die Platte vorsichtig auf. Schaumgummioberseite und Blütenmitte müssen nun in einer Ebene liegen. Abschließend folgt ein Karton. Die Blumenpresse kann mit mehreren Schichten gefüllt werden.*

Potpourri

Rosenblätter, Lavendel, Mimosen, Federnelken, Lilien, Jasmin, Veilchen und Geißblatt behalten lange nach dem Trocknen ihren Duft. Durch Zusatz von Kräutern, Gewürzen, Samen, Rinden, Ölen und Sorptionsmitteln entsteht ein Potpourri mit intensiverem Duft. Ein Potpourri kann auf trockene oder nasse Art hergestellt werden. Unabhängig von der Herstellungsmethode sollten die Blumen geerntet werden, sobald die Knospen sich öffnen. Möglichst an schönen Tagen, nachdem der Tau abgetrocknet ist.

Naßmethode Das Pflanzenmaterial wird auf saugfähigem Papier, z. B. Löschpapier, zwei Tage angetrocknet. Wenn dann die Blütenblätter etwas eingeschrumpft sind, schichtet man es abwechselnd mit Salz in einen Topf. Dieses Gemisch rührt man zwei Wochen lang jeden Tag kräftig um – danach sollte es von krümeliger Konsistenz sein. Sorptionsmittel wie Iriswurzeln und Tonkabohnen, Gewürze und ätherische Öle werden zugesetzt und der Topf luftdicht verschlossen. Den Inhalt läßt man nun etwa 6 Wochen durchziehen.

Trockenmethode Das Pflanzenmaterial wird vollkommen getrocknet (Dauer je nach Material 10 Tage oder mehr), mit Sorptionsmitteln, Gewürzen und Ölen vermischt und zur »Reife« in einen Topf gefüllt. Der verschlossene Topf muß 6 Wochen lang täglich geschüttelt werden.

In kleinen Schalen kann das Potpourri überall im Haus verteilt werden. Besonders dekorativ wirkt es, wenn man einige große, buntgefärbte, trockene Blütenblätter zufügt. Potpourris erfüllen die Luft mehrere Monate mit einem Wohlgeruch, der nach dieser Zeit mit ätherischen Ölen aufgefrischt werden kann.

Bauerngartenallerlei

Gewürzmischung

Lavendelmischung

Frühlingsmischung

ZUTATEN

Frühlingsmischung
(Trockenmethode)
Je 1 Tasse: Pelargonienblätter mit Zitronenduft, Verbenenblätter, Mimosenblüten, Myrtenblätter
abgeriebene Schale von 2 Zitronen
¼ Tasse Irispulver
je 4 Tropfen: Zitronell-, Rosen- und Pelargonienöl

Bauerngartenallerlei
(Naßmethode)
5 Tassen duftende rosa Rosenblüten
je 2 Tassen: Ringelblumen, Päonien
je 1 Tasse: Bergamottblüten, Federnelken, Blüten des Waldgeißblattes
4 Tassen Salz; ½ Tasse Piment
⅓ Tasse Irispulver
je 6 Tropfen: Rosen-, Pelargonien- und Bergamottöl

Lavendelmischung
(Trockenmethode)
3 Tassen Lavendelblüten
2 Tassen hellrosa Rosenblätter
je 1 Tasse: Zitronenbalsamblätter, Leptospermumblätter, süßer Waldmeister
abgeriebene Schale von 2 Zitronen
¼ Tasse Irispulver
4 Tropfen Lavendelöl

Gewürzmischung
(Naßmethode)
je 1 Tasse: Wacholderbeeren, Lorbeeren, Myrten- und Sandelholzzapfen, Hagebutten, Bergamottblüten, Rosenblüten
je 2 Teelöffel: gemahlener Zimt, Nelken
1 Tasse Salz
je ½ Tasse: zerkleinerte Ingwerwurzeln, zerstoßenes Piment, Anissamen, rote Flechte, Patschuli
abgeriebene Schale von 3 Orangen und 3 Limonellen

Duftende Gartenmischung
(Naßmethode)
je 2 Tassen: hellrosa Rosenblüten, Limonellenknospen, weißer Flieder
je 1 Tasse: Sommerjasmin-, Maiglöckchenblüten, Lippiablätter, Kamilleblüten, weiße Nelken, Myrtenblätter, Pelargonienblätter
4 Tassen Salz
6 Tropfen Verbenenöl
4 Tropfen Maiglöckchenöl
30 g Benzoegummi

Rosenmischung (Trockenmethode)
8 Tassen getrocknete rosa Rosenblüten
1 Teelöffel gemahlene Nelken
je 2 Teelöffel: gemahlenes Piment, Zimt und Iris
4 Tropfen Rosenöl

Waldmischung (Trockenmethode)
4 Tassen Zedernäste
2 Tassen Zedernrindenspäne
1 Tasse Sandelholzspäne
2 Teelöffel Irispulver
je 4 Tropfen: Zedernöl, Sandelholzöl

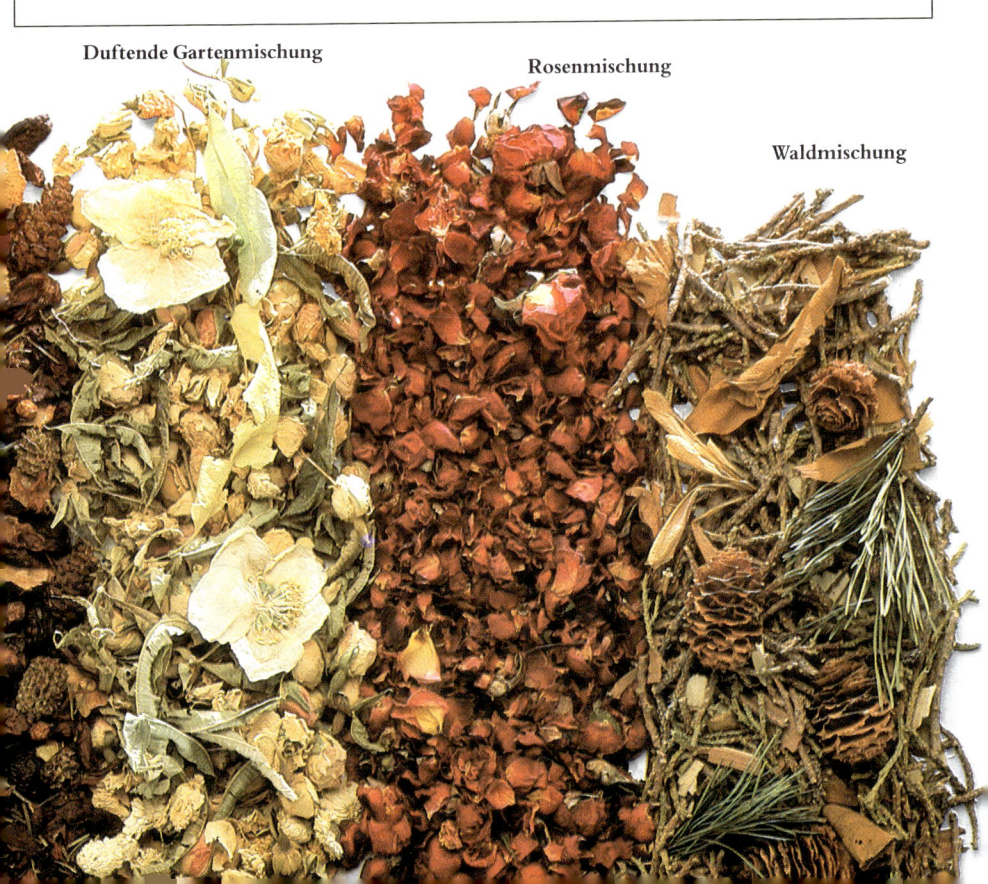

Duftende Gartenmischung

Rosenmischung

Waldmischung

Kandierte Blüten

Kandierte Blüten sind einfach herzustellen und schmecken so herrlich, wie sie aussehen. Fast jede Blüte läßt sich kandieren. Am besten gelingen Veilchen, Kissenprimel und duftende Rosenblätter – Zitrusblüten dürfen auf keinen Fall fehlen. Da duftende Blüten beim Kandieren nur wenig von ihrem Aroma verlieren, sind sie besonders wohlschmeckend. Kirsch-, Apfel- und Birnenblüten sind, ebenso wie die Blüten von Akazie und Holunder, angenehm in Duft und Geschmack.

Auch kandierte Blätter können, z. B. als Kranz auf einer Torte, sehr hübsch aussehen. Ein feiner Schokoladekuchen mit einer Füllung und Glasur aus frischer Minze wird noch köstlicher, wenn Sie ihn mit einem Kranz aus kandierten Minzeblättern verzieren. Zitronenblätter und duftende Pelargonienblätter sind für diesen Zweck ebenfalls bestens geeignet. Wohlschmeckend sind auch kandierte Stengelstückchen der Engelwurz *(Angelica archangelica)*.

KANDIERTE BLÜTEN · 161

Versichern Sie sich genauestens, daß Sie keine giftigen Pflanzen verarbeiten. Auch die Größe der Blüten will wohlüberlegt sein, damit sie auch zur jeweiligen Speise paßt. Die Verwendung zu großer Blüten und Blätter ist ein Fehler, der häufig gemacht wird.

Gummiarabikum oder Eiweiß

Beim Kandieren hat man die Wahl zwischen zwei Methoden: Bei der einen verwendet man Gummiarabikum, um das Pflanzenmaterial zu konservieren, bei der anderen hingegen Eiweiß. Mit Gummiarabikum kandierte Blüten und Blätter sind sehr lange haltbar. Z. B. werden Veilchen- oder Rosenblüten, mit denen man Konfekt verziert, auf diese Weise kandiert. Wenn das Pflanzenmaterial also über viele Monate halten soll, verwenden Sie am besten Gummiarabikum. Dazu löst man im sprudelnden Wasserbad 12 g Gummiarabikum unter ständigem Rühren in einer viertel Tasse kaltem Wasser. Anschließend den Topf von der Platte nehmen und die Lösung auskühlen lassen. Währenddessen wird aus 100 g Zucker und ¼ Tasse Wasser eine Zuckerlösung hergestellt und auf 80° C erhitzt. Dann den Topf von der Platte nehmen, und die Masse ebenfalls abkühlen lassen.
Die Gummiarabikumlösung wird mit einem Pinsel auf beide Seiten der Blätter und Blüten aufgetragen. Anschließend verfährt man mit der Zuckerlösung in gleicher Weise und bestreut Blüten und Blätter zuletzt noch mit Zucker. Achten Sie darauf, daß alles auch vollkommen mit Zucker bedeckt ist. Das Ganze muß nun auf einem fettabweisenden Papier trocknen.
Mit Eiweiß kandierte Blüten sehen schöner aus als die mit Gummiarabikum präparierten. Ihre Haltbarkeit ist allerdings begrenzt. Sie sollten nach 4–5 Tagen verbraucht sein. Dies dürfte jedoch keine Probleme bereiten, da Kuchen und Torten meist kein langes Leben haben. Wie beim Kandieren mit Eiweiß vorzugehen ist, entnehmen Sie der Arbeitsanleitung rechts.

Köstliche Blüten (links)
Diese köstliche, mit Zuckerglasur überzogene Biskuittorte ist mit kandierten Blättern und Blüten verziert, die nach der Eiweißmethode hergestellt wurden. Die süß duftenden Veilchen, die kleinen, blauen Borretschblüten und die gelben Blüten der Alpenaurikel sind eßbar. Die hübschen, herzförmigen Veilchenblätter dienen hingegen nur zur Zierde.

Kandieren mit Eiweiß

1 *Man schlägt das Eiweiß, bis es eine glatte, schaumige Konsistenz hat, und trägt es dann mit einem Pinsel vorsichtig auf die Blütenblätter auf. Ober- und Unterseite sollte vollständig, aber nur mit einer dünnen Schicht Eiweiß überzogen werden. Auf keinen Fall dürfen die Blütenblätter durchnäßt sein.*

2 *Die Blüten werden gleichmäßig mit Zucker bestreut. Überschüssigen Zucker schüttelt man ab, so daß die Blüten unter der Zuckerschicht gut zu erkennen sind. Sie werden auf ein Kuchengitter gesetzt, das mit fettabweisendem Papier belegt ist, und an einen warmen Platz gestellt. Nach ein paar Stunden ist das Eiweiß angetrocknet.*

Einfache kandierte Kamelienblüte (Camellia japonica »Adolphe Anderson«).

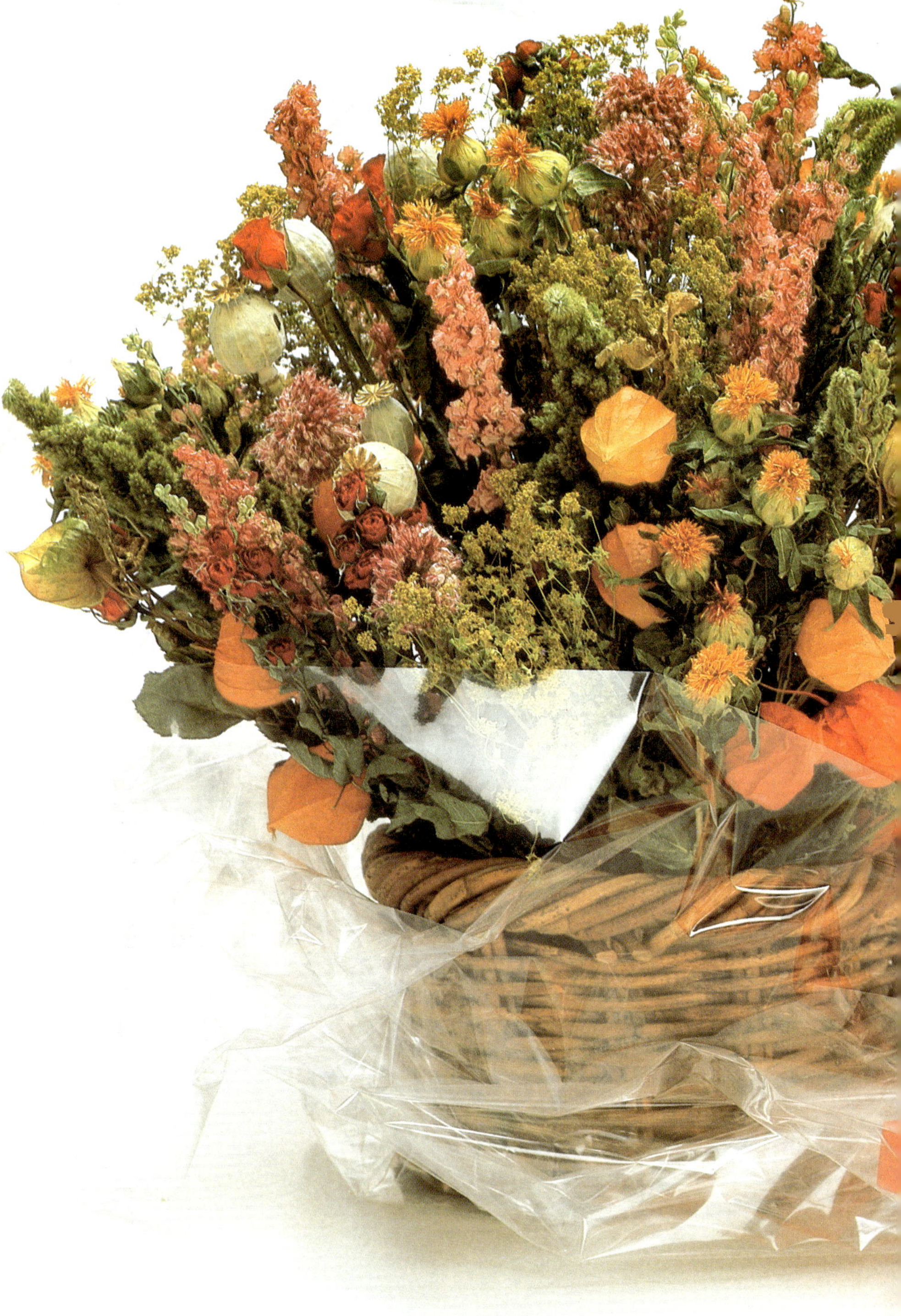

KAPITEL 7

TROCKEN-BLUMEN FÜR BESONDERE ANLÄSSE

Was wäre ein Leben ohne Höhepunkte? Feste wie Weihnachten und Ostern sind die Fixpunkte eines Jahres, zwischen denen Geburtstage, Hochzeiten und Taufen außerdem für Abwechslung sorgen. All dies sind Anlässe zum Feiern – und Feste machen das Leben erst schön. Wo jedoch gefeiert wird, dürfen Blumen nicht fehlen.

Arrangements aus Trockenblumen haben gegenüber Schnittblumen bei solchen Festen den großen Vorteil, daß sie schon frühzeitig vorbereitet werden können. Denken Sie nur daran, wie viele Dinge noch in letzter Minute zu erledigen sind!

Arrangements, die in diesem Kapitel gezeigt werden, lassen sich natürlich alle nach Ihren persönlichen Vorstellungen umwandeln. Sie sollen nur zu neuen Ideen inspirieren.

Geburtstagskorb
In Zellophan eingepackt und mit roten und rosa Satinbändern geschmückt, ist dieser Korb ein herrliches Geschenk für dunkle Wintertage. Er duftet nach einem Potpourri (s. S. 158–159) und ist mit roten Rosen, Mohn, rosa Rittersporn, Lampionblumen, Saflor und Frauenmantel gefüllt.

Valentinstag

Grußkarten zum Valentinstag gab es in England schon im 16. Jahrhundert. Dies waren kunstvolle, mit Papierspitzen verzierte Karten, auf die man einen Vers zu schreiben pflegte. Inzwischen ist diese Tradition auch in Deutschland übernommen worden. Valentinskarten lassen sich leicht selbst herstellen, indem man einfach eine Karte mit einer Borte aus gepreßten Blüten, z. B. Veilchen und Kissenprimeln, beklebt und ein kleines Gedicht darauf schreibt.

Rote Rosen sind seit langem ein Symbol der Liebe und werden auch heute am Valentinstag gern überreicht. Natürlich beruht dies nicht auf einem alten Brauch, da Rosen in kühlem Klima zu dieser Jahreszeit nicht blühen und bis vor kurzem nur für viel Geld außerhalb der Saison erhältlich waren.

Rosen lassen sich sehr gut trocknen. Insbesondere rote Rosen behalten ihre intensive Farbe für viele Monate, vorausgesetzt, man trocknet sie richtig. Schon eine einzelne Rose auf einem Geschenk macht dieses zu einer bleibenden Erinnerung. Ein Trockenblumenarrangement mit vielen roten Rosen, wie das Herz im Bild unten, ist dagegen ein eindeutiger Liebesbeweis.

VALENTINSTAG · 165

Herstellen des Rosenherzes

1 Fertigen Sie einen 1,15 m langen moosgefüllten Maschendrahtkern (s. S. 183) mit einem Durchmesser von 2,5 cm; außerdem zwei dünnere Stücke von 38 cm bzw. 10 cm Länge. Biegen Sie das lange Stück zu einem Herz, und verbinden Sie die Enden mit Draht. Nun werden silberbesprühte Zweige der Glockenheide so angeordnet, daß sie sich leicht überlappen, und festgebunden. Der Kern muß vollständig bedeckt sein.

2 Die beiden kurzen Stücke (38 cm bzw. 10 cm) werden im rechten Winkel aneinandergelegt, so daß sie ein »T« bilden, und mit Draht verbunden. Für die Pfeilspitze knicken Sie einfach das kurze Stück entsprechend ab.

3 Auf etwa ⅔ der Länge des Pfeilschaftes werden kleine Getreidebüschel mit Draht aufgebunden. Beginnen Sie mit den kurzen Büscheln am oberen Ende. An der Pfeilspitze befestigt man zwei Büschel mit Bast.

Valentinsherz

Dieses Herz aus roten Rosen ist wirklich ein besonderes Geschenk zum Valentinstag. Silberbesprühte Glockenheide bedeckt den herzförmigen Kern, während der Pfeil mit Getreideähren geschmückt wurde. Sie benötigen für dieses Arrangement 80 rote Rosen.

4 Der Pfeil wird von hinten diagonal durch das Herz geschoben, bis seine Spitze 5–7,5 cm herausragt. Befestigen Sie ihn knapp unterhalb der Spitze und kurz vor dem Schaftende mit Draht. Verbergen Sie den Bindedraht des Pfeils unter einer silbernen Schleife.

5 Schmücken Sie das Herz nun mit Rosen, deren Stiele auf eine Länge von 3,5 cm gekürzt und spitz angeschnitten wurden. Versuchen Sie die Rosen möglichst gleichmäßig zu verteilen, und schneiden Sie zum Schluß alle überstehenden Stiele ab.

Hochzeit

An diesem wichtigen Tag im Leben vieler Menschen spielen Blumen eine große Rolle. Ein Brautbukett aus frisch geschnittenen Blumen sieht zwar wunderschön aus, wird aber leider sehr schnell welk. Hingegen läßt sich ein Strauß aus Trockenblumen über viele Jahre als Andenken aufbewahren. Außerdem können Arrangements aus Trockenblumen dann angefertigt werden, wenn Sie Zeit dafür haben – wenn nötig sogar schon Wochen vor dem Fest. Entscheiden Sie sich beim gesamten Blumenschmuck für einen Farbenschwerpunkt. Das heißt aber nicht, daß für alle Arrangements die gleichen Blumen verwendet werden müssen, doch sollten ihre Farben und Strukturen ähnlich sein. Eine Hochzeit ganz in Weiß sieht sehr schön aus, meist kombiniert man aber weiße und pastellfarbene Blumen oder wählt sogar bunte Kompositionen.

Für die Gestaltung des Brautbuketts gibt es vielfältige Möglichkeiten. Zwei Anforderungen sollte das Bukett jedoch immer erfüllen: Es muß für die Braut gut zu halten sein und in der Größe so gewählt werden, daß es zwar auffällt, aber nicht dominiert. Heute sind Brautbuketts kaum länger als 50 cm, meist tropfenförmig arrangiert und variieren im Stil von ausgesprochen klassisch bis betont leger. Manche Braut trägt jedoch lieber einen Strauß im Arm oder hat ein Biedermeiersträußchen in der Hand. Letztere sind auch für Brautjungfern ideal. Atmosphäre bekommt der Hochzeitsempfang durch üppige Girlanden, die z. B. das Buffet oder die Säulen eines Baldachins schmücken. Mit ihrer zauberhaften Wirkung belohnen sie uns reich für den Aufwand bei der Herstellung. Man kann aber auch Tischgestecke oder Arrangements für Blumensäulen anfertigen.

Arrangement für den Empfang
Diese zarte Farbkomposition in einer nachgebildeten Steinvase besteht aus folgenden Pflanzen (viele angedrahtet, s. S. 189): Sonnenflügel, Anigozanthos, *Schleierkraut, wilder Bambus, feine Gräser und Banksiablätter. Das Bukett wird von Steckmasse gehalten, die ca. 20 cm über den Vasenrand ragt.*

HOCHZEIT · 167

Herstellen eines Brautbuketts

1 *Pflanzen andrahten, mit Band umwickeln. Für den überfallenden, auf der Rückseite flachen Teil des Buketts (ca. ¾ der Gesamtlänge) Pflanzen Stück für Stück mit Wickeldraht einbinden, Drähte mit Band abdecken.*

2 *Weitere Pflanzen hinzufügen, damit dieser Teil des Buketts an Breite gewinnt und die gewünschte Länge erreicht. Durch Umknicken der Stiele entsteht ein »Griff«.*

3 *Oberhalb des überfallenden Bukettteils Pflanzen nun mehr in Form eines Sträußchens einbinden. Angedrahtete Stiele erleichtern das Arbeiten. Wickeldraht abschneiden und befestigen. Stiele auf 17,5 cm einkürzen.*

4 *Fertigen Sie eine Schleife (s. S. 153). Stiele mit gleichem Band von oben nach unten umwickeln, den Bandanfang zum Verknoten länger belassen.*

5 *Nun die Stiele in entgegengesetzter Richtung mit dem Band umwickeln, die Enden verknoten und die Schleife einbinden.*

Ungezwungene Eleganz (rechts)
Trotz der bewußt unregelmäßig gehaltenen Konturen hat das vollendete Arrangement Stil.

168 · TROCKENBLUMEN FÜR BESONDERE ANLÄSSE

Das Fest kann beginnen (rechts)
Blumengirlanden schmücken den Tisch mit der Hochzeitstorte, wobei fließende, glänzende Bänder und Schleifen die Nahtstellen verbergen. Die Hochzeitstorte selbst ist mit Strohblumen und Rosenblüten umlegt, außerdem ziert ein kleines Sträußchen ihre Spitze. Neben der Torte liegt das Brautbukett. Auf dem Stuhl vor der Blumensäule finden sich Brautkranz und ein Sträußchen für die Brautjungfer, das sich für Brautjungfern jeden Alters eignet. Für ganz kleine Mädchen bieten sich aber auch Blumenkörbchen an, die leicht und einfach zu tragen sind. Bei 5–10jährigen ist auch ein hübscher, kleiner Blütenball beliebt.

Brautbukett (oben)
Das einfache Bukett paßt zum übrigen Blumenschmuck und besteht aus leuchtenden roten Rosen, Schleierkraut, hellrosa Strohblumen, gelben Anigozanthos, Hafer *und etwas Glockenheidengrün. Beginnen Sie mit den längsten Pflanzen, und achten Sie darauf, daß die Rosen keine Dornen mehr haben.*

HOCHZEIT · 169

Erntezeit und Erntedank

Mit dem Herbst kommt gleichzeitig eine gewisse Wehmut über den Verlust der langen, unbeschwerten Sommertage, aber auch das Gefühl, beschenkt worden zu sein. Wenn das Getreide eingebracht ist und die Abende kühler werden, ist die Zeit gekommen, für alles zu danken, was die Natur uns gab – eine Zeit, wie geschaffen für Feste.

Der Herbst ist auch die ideale Zeit für Trockenblumen. Die Büschel, die im Sommer und frühen Herbst geschnitten wurden, sind nun trocken und können verwendet werden. Es bereitet Freude, mit den Farben des Herbstes – glühendes Gold, Rostbraun und Orange – zu arbeiten. Denken Sie nur an die Glut tiefroter Pompondahlien, Goldruten, orangefarbener Lampionblumen oder aber an die vielen Farben der Hortensien. Auch Getreide, Gräser und vielerlei Samenstände sind nun reif.

In Geschäften und auf dem Markt findet man in dieser Zeit eine Fülle von Früchten und Gemüsen in leuchtenden Farben – rote Äpfel, goldene Birnen oder Kürbisse. Kombinieren Sie diese Vielfalt mit Trockenblumen in Girlanden oder Gestecken! Nutzen Sie die Schönheit der Natur, und heißen Sie Ihre Freunde mit einer Erntekomposition willkommen.

Geschmückte Diele (unten)
Eine Girlande und ein dazu passender Kranz auf Rebenholzbasis (s. S. 184) zieren gemeinsam die Tür. Links neben der Tür steht eine prächtige Gerstengarbe. Das Tischchen rechts schmücken unten einige kleine Arrangements, oben prangen ein goldener Kürbis, ein Krug mit reifer Gerste, Gräsern und Lampionblumen sowie ein Füllhorn aus Heu (s. S. 181).

ERNTEZEIT UND ERNTEDANK · 171

Herstellen der Erntegirlande

1 Grundlage ist ein heugefüllter Maschendrahtkern (s. S. 183); für die nötige Länge müssen eventuell mehrere Stücke zusammengefügt werden. Kleine Sträußchen aus Lampionblumen, Gerste und Heu werden angedrahtet (s. S. 190). Die Äpfel durchsticht man mit Draht, knickt das vorstehende Drahtende ab und zieht es zurück ins Kerngehäuse.

Herstellen der Garbe
Von einem großen Büschel dunkler Gerstenähren benötigt man etwa ¾ für den Kern der Garbe. Dieser wird Schicht für Schicht aufgebaut und jeweils mit Schnur abgebunden. Die übrigen Ähren bilden die äußere Schicht. Man ordnet sie so um den Kern an – der als stützende Säule dient –, daß sie sich spiralförmig darum winden. Die Schnur, mit der angebunden wird, verbirgt man unter einem geflochtenen Bastband (s. S. 185). Gräser, Binsen, Getreide und Schilf müssen nach der Blüte und dem Samenansatz geschnitten werden. Sie sollten jedoch noch grün sein. Man kann sie leicht trocknen, indem man sie flach auf Papier ausbreitet oder in eine Vase ohne Wasser stellt.

2 Die Stiele der Maiskolben mit starkem Steckdraht durchbohren und den Draht mehrmals um den Stiel schlingen. Alle Drähte mit Band abdecken (s. S. 178). Die Sträußchen werden auf dem Girlandenkern so angeordnet, daß sie sich überlappen, und dann befestigt, indem man die Drähte in den Kern steckt. Äpfel und Maiskolben in Abständen zufügen.

Weihnachten

Die Geburt Christi wird seit Anfang des 4. Jahrhunderts als Christ- oder Weihnachtsfest gefeiert. Schon unter dem römischen Kaiser Aurelian erlangte der 25. Dezember besondere Bedeutung als Geburtstag der unbesiegten Sonne, und bis heute birgt das Weihnachtsfest Elemente des römischen Sonnenjahres und germanischer Winterriten in sich.

Tannenzweige, bunte Lichter oder der Austausch von Geschenken sind Überreste aus vorchristlicher Zeit. Die Mistel, eine bedeutungsvolle Pflanze heidnischer Riten, erschien erst im häuslichen und kirchlichen Bereich, als Papst Gregor I. die Übernahme heidnischen Brauchtums ins Christentum zuließ.

Trockenblumen lassen sich allein oder auch kombiniert mit dem Grün von Kiefern, Fichten und Stechpalmen in Weihnachtsdekorationen wirkungsvoll einsetzen. Auch viele Koniferenarten können getrocknet werden, so z. B. die Eibe und verschiedene Kiefern.

Wenn Sie Trockenblumen und Tannengrün verwenden, haben Sie die Möglichkeit, Ihren Adventskranz, entsprechende Gestecke und Girlanden, ja sogar den Weihnachtsbaum schon einige Zeit vor den Festtagen zu richten. Gleichzeitig haben Sie die Gewißheit, daß alle Arrangements diese Tage gut überstehen. Wollen Sie jedoch z. B. bei einer Girlande aus getrocknetem Material nicht auf die leuchtenden, roten Beeren und die tiefgrünen Blätter der Stechpalme verzichten, sollten Sie diese erst kurz vor dem Fest hinzufügen. Sowohl Blätter als auch Beeren welken im warmen Raum schnell.

Weihnachtsfarben

Vor dem tiefen Grün der Tannenzweige kommen Trockenblumen mit leuchtenden Farben, wie rote Rosen, Lampionblumen, rote Strohblumen und Zylinderputzer, eindrucksvoll zur Geltung. Gleiches gilt für das kühle Weiß, die silbernen oder die hellblauen Töne von Schleierkraut, Rittersporn, Strohblumen, *Senecio*, Heiligenkraut oder Hortensie. Der Weihnachtsbaum kann in allen Farben geschmückt werden – farbenprächtige Kombinationen aus Blüten sehen immer schön aus. Gleichwohl kann ein Schmuck aus nur ein oder zwei Farben, beispielsweise Rot und Grün, Rosa und Silber oder Orange und Gold, ähnlich eindrucksvoll sein wie eine Dekoration in allen Farben des Regenbogens.

Blumenbänder oder Girlanden aus getrockneten Blüten und Blättern verleihen Ihrem Haus in der Weihnachtszeit einen festlichen Glanz. Offene Kamine, Türen, Treppen, Tische, Regale oder Bilder werden durch Girlanden (Anleitung s. S. 146–147) zu neuem Leben erweckt. Mit tiefgrünem Blattwerk erzielt man zusätzliche Effekte, aber auch Blumenbänder, die nur aus getrocknetem Material bestehen, sehen sehr reizvoll aus. Letztere können außerdem schon Tage vor dem Fest angefertigt werden – wann immer Sie Zeit dazu haben.

Aparter Weihnachtsbaum (oben und rechts)
Diesen ungewöhnlichen, zauberhaft wirkenden Baum zieren kleine Büschel aus mit Glimmerstaub bestreutem, trockenem Schleierkraut und silberne Körbchen, die getrocknete Hortensien (s. oben) enthalten. Aber auch anderer Baumschmuck aus Trockenblumen wirkt reizvoll. Man kann z. B. aus 4–5 leuchtend gefärbten Strohblumen kleine Kugeln anfertigen, um sie neben dem üblichen Glas- oder Papierschmuck aufzuhängen. Hübsch sehen auch einfache, bunte Sträußchen aus.

WEIHNACHTEN · 173

174 · TROCKENBLUMEN FÜR BESONDERE ANLÄSSE

Asymmetrische Girlande (oben)
Die asymmetrische Girlande über dem Kamin fällt sofort ins Auge. Sie wurde aus zwei Teilen gefertigt. Die einander überlappenden Sträuße (s. S. 146) bestehen aus getrockneten Kiefernästen, Strohblumen, Leptospermum, Zweigen mit silbern glänzenden Zäpfchen und gelbgeränderten, frischen Blättern der Stechpalme. Für die »Topfpflanze« vor dem Kamin wurde eine Maschendrahtkugel (s. S. 186) mit grüngefärbter Flechte bedeckt und mit roten, angedrahteten Beeren geschmückt.

WEIHNACHTEN · 175

…stlicher Schmuck
(…ben)
…eses Gebinde aus 60 cm
…gen Blautannenzweigen
…d silbernen, mit Zäpfchen
…setzten Lärchenästen wur-
… durch kleine Strohblu-
…nbüschel und rosa Kugeln
…änzt. Den Bindedraht
…bergen eine Schleife und
…skadenartig überfallende
…nder.

**…edosen-
…rrangement**
(…ben rechts)
…te und Eukalyptusblätter
…alten durch Silber und
…immerstaub ihr festliches
…ussehen.

…dventskranz
(…chts)
…menstände der Waldrebe,
…sen, Strohblumen, grüne
…ortensien, Flechten, Ago-
… und Asmundafarn wur-
…n auf eine Kranzunterlage
…s Maschendraht
… S. 183) aufgebunden.

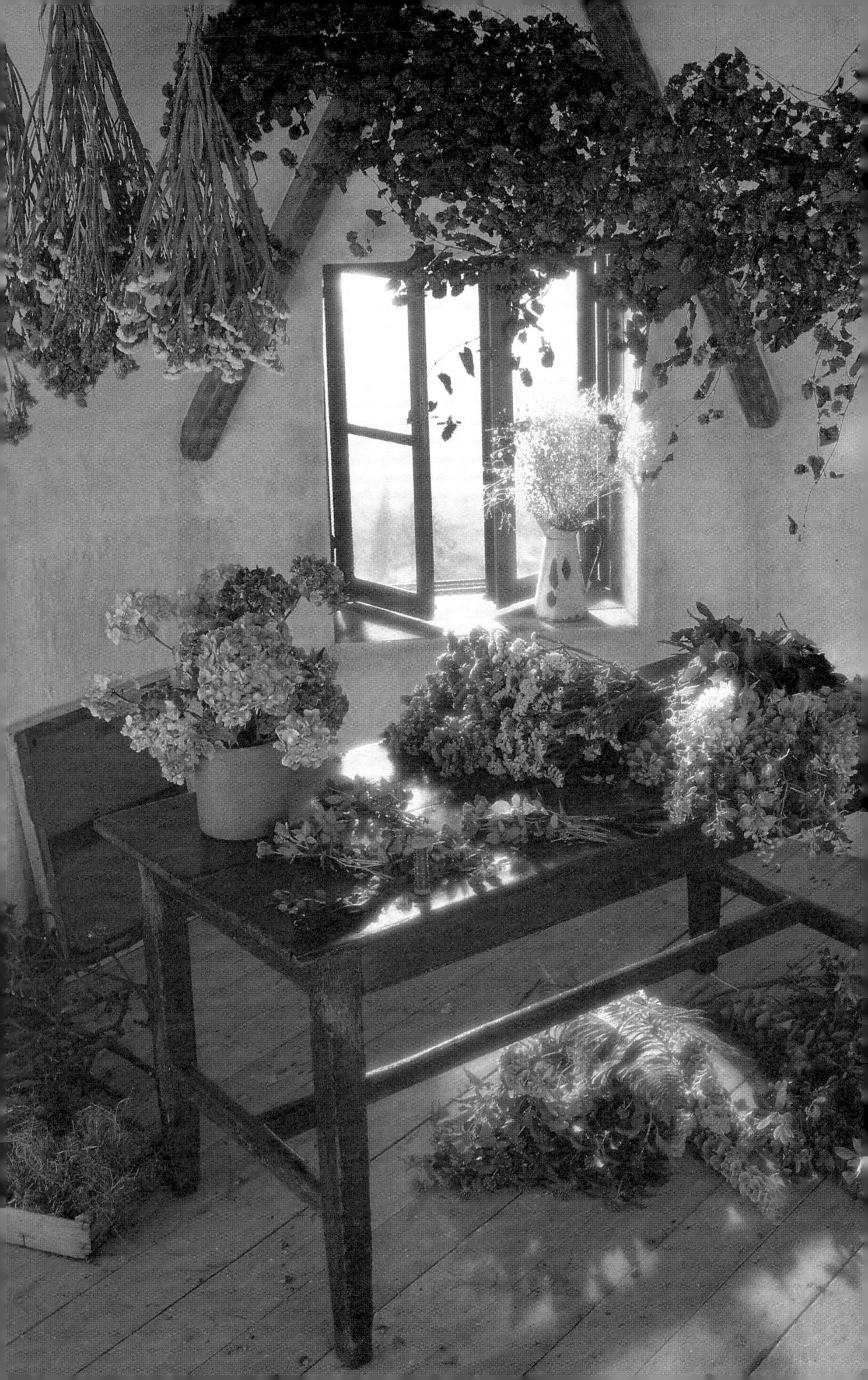

Kapitel 8

Arbeitsgeräte, Material und Techniken

Für die Gestaltung von Arrangements aus Schnitt- oder Trockenblumen sind nur wenige, einfache Werkzeuge und Materialien erforderlich. Alles was Sie benötigen, finden Sie in diesem Kapitel. Darüber hinaus werden notwendige, doch unkomplizierte Techniken erläutert. Diese sollte man beherrschen, um Arrangements – sei es in Gefäßen oder auf verschiedenen Unterlagen – fachgerecht anfertigen zu können. Mit etwas Übung können Sie alle gezeigten Arrangements angehen und sich auch an eigene Kreationen für die verschiedensten Anlässe wagen. Außerdem enthalten die folgenden Seiten Erläuterungen zum Lufttrocknen von Schnittblumen, Trocknen mit chemischen Zusätzen, Konservieren mit Glyzerin, Färben von Pflanzenmaterial sowie Lagern von Trockenblumen.

Ein idealer Arbeitsplatz

Die wenigsten von uns werden einen Raum speziell zum Behandeln, Trocknen, Lagern und Arrangieren von Blumen und Schnittgrün haben. Mit etwas Phantasie läßt sich aber auch ein kleines Plätzchen entsprechend nutzen; z. B. kann man ein hübsch bemaltes Hängeschränkchen in der Diele oder im Treppenhaus ohne weiteres für die Lagerung von Trockenblumen und anderem Pflanzenmaterial herrichten. Wichtig ist dabei lediglich eine gute Belüftung.

Arbeitsgeräte und Materialien

Das Angebot an Werkstoffen und Hilfsmitteln für Floristen ist groß. Viele Dinge werden jedoch nur in Ausnahmefällen benötigt. Im folgenden finden Sie die Materialien und Arbeitsgeräte, die für die Arrangements in diesem Buch verwendet wurden. In jedem Fall braucht man eine gute Schere, ein Messer mit starker Stahlklinge und Steckmasse. Die anderen Dinge sind mitunter hilfreich und können in Blumenläden oder anderen Geschäften erworben werden.

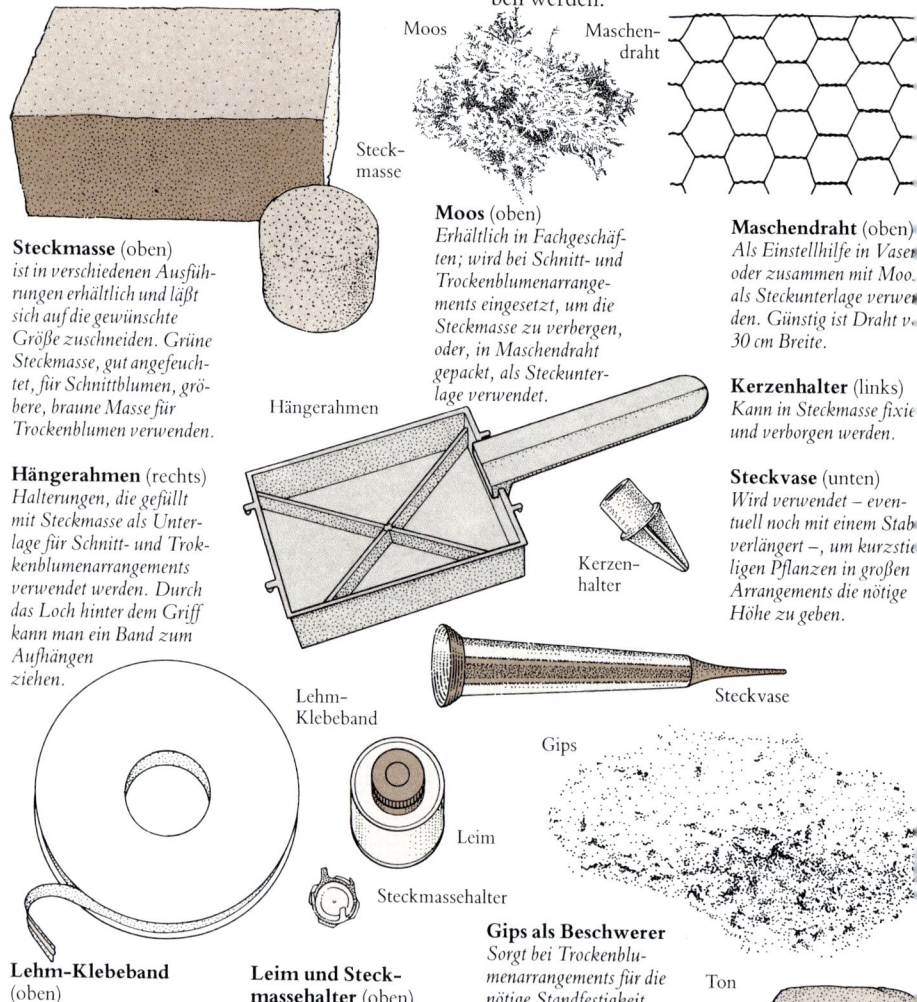

Steckmasse (oben)
ist in verschiedenen Ausführungen erhältlich und läßt sich auf die gewünschte Größe zuschneiden. Grüne Steckmasse, gut angefeuchtet, für Schnittblumen, gröbere, braune Masse für Trockenblumen verwenden.

Hängerahmen (rechts)
Halterungen, die gefüllt mit Steckmasse als Unterlage für Schnitt- und Trockenblumenarrangements verwendet werden. Durch das Loch hinter dem Griff kann man ein Band zum Aufhängen ziehen.

Moos (oben)
Erhältlich in Fachgeschäften; wird bei Schnitt- und Trockenblumenarrangements eingesetzt, um die Steckmasse zu verbergen, oder, in Maschendraht gepackt, als Steckunterlage verwendet.

Maschendraht (oben)
Als Einstellhilfe in Vasen oder zusammen mit Moos als Steckunterlage verwenden. Günstig ist Draht v. 30 cm Breite.

Kerzenhalter (links)
Kann in Steckmasse fixiert und verborgen werden.

Steckvase (unten)
Wird verwendet – eventuell noch mit einem Stab verlängert –, um kurzstieligen Pflanzen in großen Arrangements die nötige Höhe zu geben.

Lehm-Klebeband (oben)
In praktischen Rollen erhältlich. Haftet gut an glatten, nicht porösen Oberflächen. Hilfreich beim Fixieren von Steckmasse in Gefäßen.

Leim und Steckmassehalter (oben)
Wasserabweisender Leim wird zum Befestigen von Steckmasse in Gefäßen verwendet. Steckmassehalter dienen dem gleichen Zweck.

Gips als Beschwerer
Sorgt bei Trockenblumenarrangements für die nötige Standfestigkeit. Mit Wasser anrühren und trocknen lassen.

Ton (rechts)
Teurer als Gips, doch leichter zu bearbeiten.

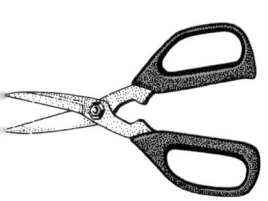

ARBEITSGERÄTE UND MATERIAL · 179

Blumenschere

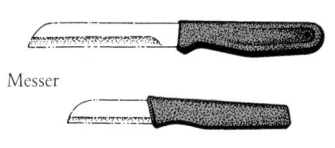

Messer

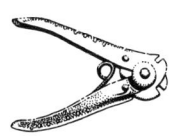

Drahtschere

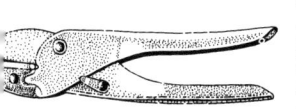

Rebschere

Scheren und Messer
Mit der Blumenschere kann das meiste Pflanzenmaterial und feiner Draht geschnitten werden. Man benötigt außerdem: ein Messer mit starker Klinge zum Schälen von Zweigen, ein Messer mit langer Klinge zum Abschneiden der Steckmasse, eine Baumschere für dickere Äste und eine Drahtschere für starken Draht.

Blumenband
Zum Umwickeln von Drähten und Andrahtstellen bei Schnitt- oder Trockenblumen zu verwenden. Blumenband ist in verschiedenen Materialien auf dem Markt: auf Kautschukbasis, in Grün, Weiß und Braun, oder aus leichterem Kreppapier in verschiedenen Farben.

Schnur, Binde- und Rosendraht (unten)
Zum Binden angedrahteter Stiele. Rosendraht ist silbern und in zwei Stärken erhältlich, der dickere Bindedraht ist schwarz. Die Schnur sollte fest, aber nicht zu dick sein.

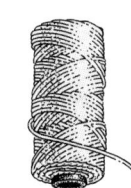

Schnur

Bindedraht

Rosendraht

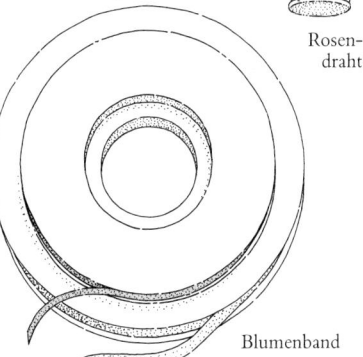

Blumenband

ttelfeiner
cm
ckdraht

Feiner
28 cm
Steckdraht

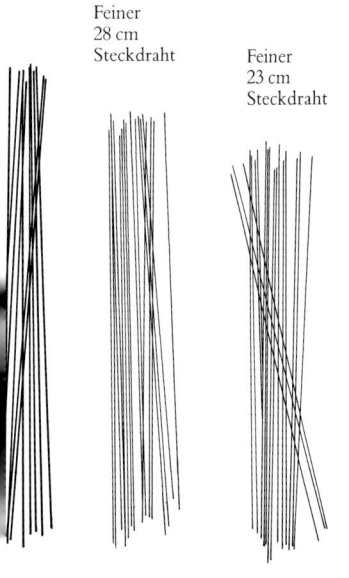

Feiner
23 cm
Steckdraht

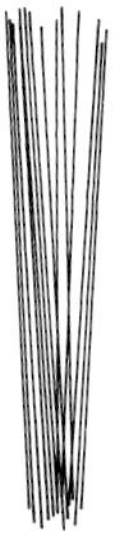

Feiner
15 cm
Steckdraht

Bast

15 cm
Rosendraht

Bast (unten)
Wegen seiner natürlichen Farbe für geflochtene Kränze oder Girlanden gut geeignet.

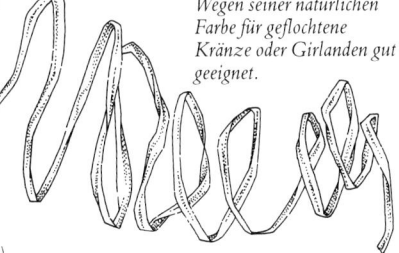

Steckdraht
Zum Andrahten. In schwarzer Farbe in mehreren Stärken und zwischen 10 cm und 50 cm lang; als silberner Rosendraht für feine Arbeiten in einer Länge von 15 cm erhältlich. Schwere Blüten unterstützt man mit Bambus, Schilfrohr oder ähnlichem.

Vorbereitung der Gefäße

Gefäße müssen nicht grundsätzlich für Blumen vorbereitet werden – manchmal sieht auch ein Strauß, der einfach in einen Krug gestellt wird, zauberhaft aus. Hilfsmittel, die die Pflanzen in entsprechender Stellung halten, erleichtern jedoch die Arbeit.

Steckmasse (s. S. 178) ist ein häufig verwendetes Hilfsmittel, das sich der Gefäßform gut anpassen läßt. Falls das Gefäß sehr groß ist, kann man auch zwei Stücke miteinander verbinden und mittels eines Steckmassehalters (s. S. 178) am Boden fixieren. Für Schnittblumen wird die Masse vor Arbeitsbeginn gut angefeuchtet und das Gefäß nach Fertigstellung des Arrangements mit Wasser aufgefüllt. Bei bauchigen Gefäßen bietet sich engmaschiger Draht als Alternative an. Schlichten Arrangements in Glasgefäßen geben Murmeln oder Kiesel den nötigen Halt.

Um in Glasgefäßen die feuchte Steckmasse zu verbergen, kleidet man sie am besten mit Moos aus. Auch die Stiele von Trockenblumen sind im allgemeinen keine Zierde und stören deshalb in Glasvasen. Hier läßt sich ebenfalls leicht Abhilfe schaffen, indem zwischen Glaswand und Steckmasse Blütenmischungen oder Moos gefüllt werden.

Manche Gefäße müssen mit Folie ausgelegt werden, bevor man Wasser einfüllen kann, andere wiederum sollten dem Interieur angepaßt oder verschönert werden.

Vorbereiten von Keramikgefäßen

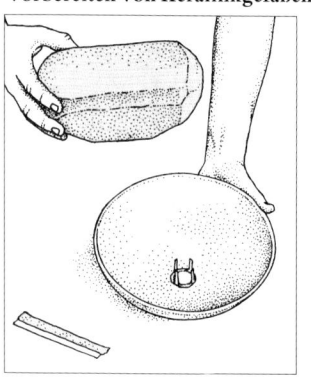

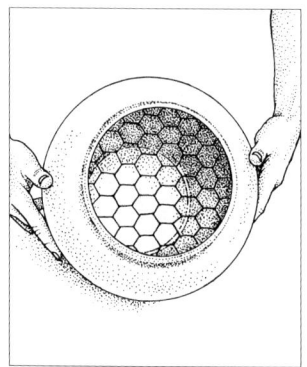

Ganz links: *In flachen Schalen befestigt man die passend zugeschnittene Steckmasse mit Leim (bei Schnittblumen muß wasserunlöslicher Leim verwendet werden). In bauchigen Gefäßen wird die Steckmasse auf einen Kunststoffhalter gespießt, der mit Klebeband am Boden fixiert wurde.*

Links: *Alternativ zur Steckmasse kann bei bauchigen Gefäßen Maschendraht verwendet werden. Er wird über der Gefäßöffnung gespannt, entsprechend zugeschnitten und ins Gefäß gedrückt, bis er zwischen den Wänden festklemmt.*

Auskleiden von wasserdurchlässigen Gefäßen

1 *Man stellt eine wasserundurchlässige Schale von entsprechender Größe in den Korb. Bleibt ein Zwischenraum, wird er mit Steckmasse aufgefüllt. In der Schale wird eine Steckmassehalterung mit Klebeband fixiert.*

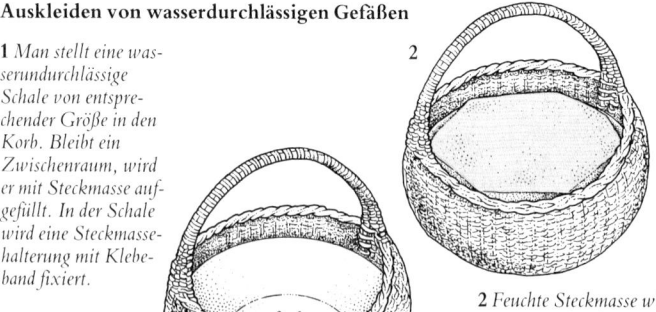

2 *Feuchte Steckmasse wird mit einem scharfen Messer für die Schale zurechtgeschnitten und auf den Kunststoffhalter gespießt.*

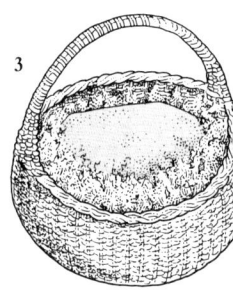

3 *Falls nötig, kann die Steckmasse in Schale und Zwischenraum mit feuchtem Moos abgedeckt werden.*

VORBEREITUNG DER GEFÄSSE · 181

Vorbereiten von Glasgefäßen

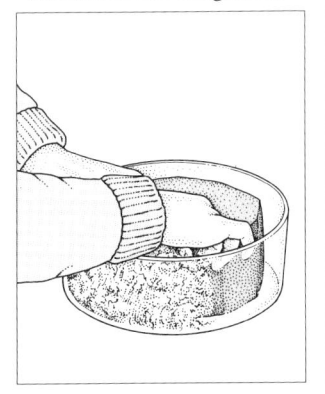

1 Befestigen Sie zwei Kunststoffhalter mit Klebeband im Gefäß. Die Steckmasse wird sorgfältig möglichst passend zugeschnitten. Falls mit Schnittblumen gearbeitet wird, muß die Masse angefeuchtet werden.

2 Die Steckmasse wird auf die Halterungen in der Mitte des Gefäßes gespießt und die Ober- und Außenseite mit feuchtem Moos abgedeckt. Bei größeren, zylindrischen Gefäßen für Trockenblumenarrangements sehen gepreßte Herbstblätter zwischen Glas und Moos recht hübsch aus.

Schmücken eines Gefäßes mit Papier

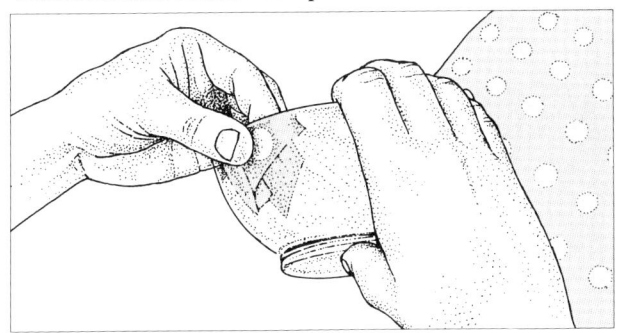

An die Innenseite eines durchsichtigen Gefäßes werden bunte Papierstreifen geklebt. Durch gegenseitiges Überlappen entsteht dabei eine Art Mosaik. Um ein Ablösen der Streifen zu verhindern, wird die Oberfläche lackiert. In das so ausgeschmückte Gefäß stellt man eine ähnlich geformte Vase.

Papierkorb als Vase

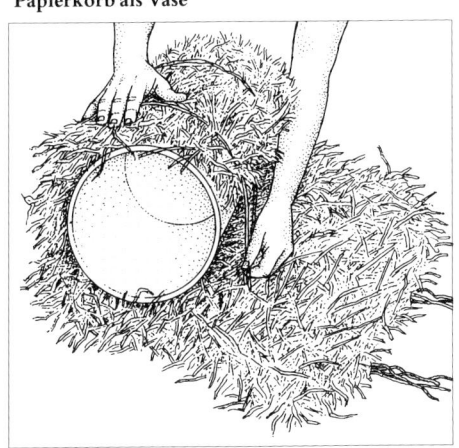

1 *Zwei Baststränge werden auf dem Boden ausgebreitet und mit einer dicken Heuschicht bedeckt. Nun rollt man den Papierkorb über die Heuschicht und preßt diese dabei mit den Baststreifen an die Korbwand.*

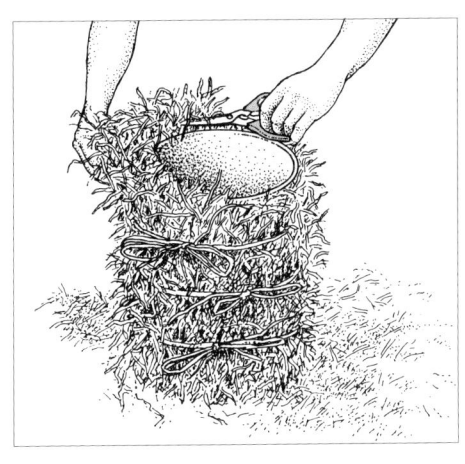

2 *Die Bastenden werden zu Schleifen gebunden. Damit das Heu nicht verrutscht, wird mit weiterem Bast umwickelt. Die letzten Korrekturen nimmt man mit der Schere vor. (s. auch das auf diese Weise heubedeckte Füllhorn auf S. 170).*

… ARBEITSGERÄTE, MATERIAL UND TECHNIKEN

Das Herstellen von Unterlagen

Damit Blumenarrangements überzeugen und befriedigen, sind gute Unterlagen erforderlich. Zeit, die man in Vorarbeiten investiert, wird später beim Arrangieren wieder eingespart. Zu diesen Vorbereitungen gehört auch die Herstellung von Kranz-, Kugel- oder Baumunterlagen, sofern man diese nicht kaufen will. Gekaufte Unterlagen sind im allgemeinen aus Kunststoff und Steckmasse, es werden aber auch verschiedene Drahtgestelle angeboten, auf die man Moos binden kann. Unterlagen nach einer der gezeigten Methoden selbst herzustellen befriedigt in der Regel am meisten, da die Ausführung dann den eigenen Vorstellungen entspricht.
Von Gemälden und Schnitzereien weiß man, daß Kränze aus Blüten und/oder Blättern als Wand- oder Türschmuck eine lange Tradition haben. Beliebt waren insbesondere süß duftende Blumen und aromatische Kräuter. Kranzunterlagen können auf verschiedene Weise hergestellt werden. Man kann sie aus biegsamen Ästen flechten oder eine Rolle aus Maschendraht mit Sphagnummoos füllen und zu einem Kranz verbinden. Überhaupt ist Maschendraht eine nützliche Angelegenheit: Er kann (mit Steckmasse) als Unterlage einer Trockenblumenkugel ebenso verwendet werden wie für dicke Girlanden aus Schnitt- oder Trockenblumen.
Zur Herstellung von Unterlagen für Kränze, Kugeln oder »Bäumchen« sind oft sehr saftige Pflanzenmaterialien erforderlich. Diese müssen erst vollständig getrocknet werden, bevor man sie mit Trockenblumen verarbeiten kann, da sonst das Arrangement sehr schnell verdirbt. Die Trockenzeit kann bis zu einer Woche betragen.

Gekauftes Drahtgestell als Kranzunterlage

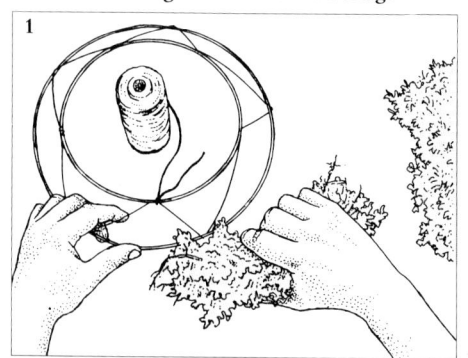

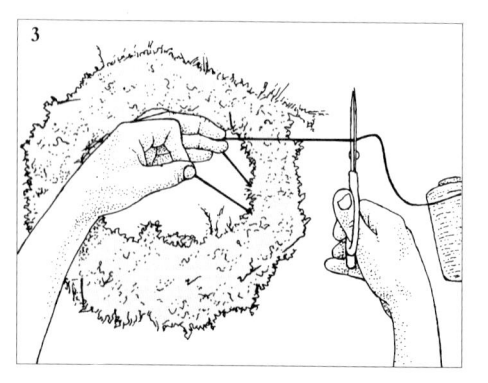

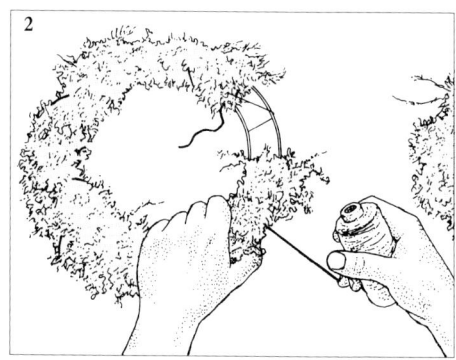

1 Die Schnur wird, wie gezeigt, am Drahtgestell festgebunden; Schnuranfang zum Verknoten länger belassen. Nehmen Sie dann eine Handvoll feuchtes Moos.

2 Halten Sie das Moos gegen das Gestell, und binden Sie es gut fest. Die Unterlage wird auf diese Weise mit sich überlappenden Moosbüscheln vollkommen bedeckt.

3 Das letzte Moosbüschel wird etwas unter das erste geschoben und eingebunden. Schneiden Sie nun die Schnur ab, und verknoten Sie beide Enden. Bevor das Moos für Trockenblumen verwendet werden kann, muß es allerdings erst vollkommen austrocknen.

DAS HERSTELLEN VON UNTERLAGEN · 183

Moosgefüllter Drahtreif als Kranzunterlage

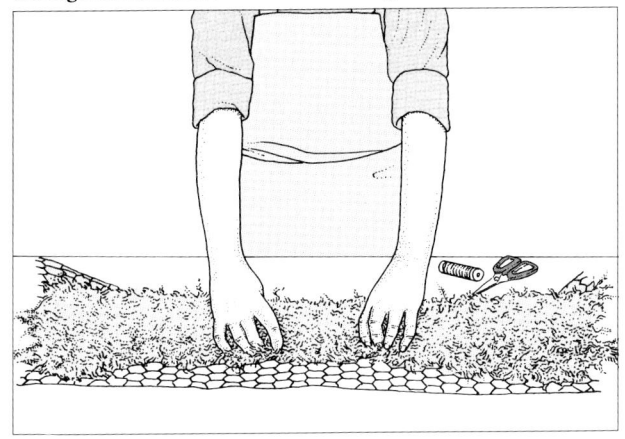

1 Der Maschendraht soll eine Breite von 30 cm und eine dem späteren Kranzumfang entsprechende Länge haben. Er wird ausgebreitet und auf einer Hälfte der Länge nach mit Moos belegt. Rollen Sie Draht und Moos nun fest auf, so daß eine ca. 7 cm dicke Rolle entsteht. Heraustehendes Moos und etwaige spitze Drähte steckt man beim Aufrollen nach innen.

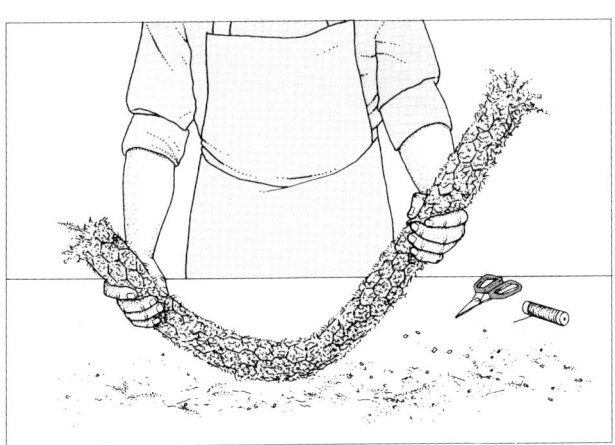

2 Formen Sie nun einen Kranz, indem Sie die Rolle Stück für Stück biegen. So erhalten Sie eine geschmeidige Kranzunterlage. Die Enden werden nicht überlappt, sondern sorgfältig zusammengebunden.

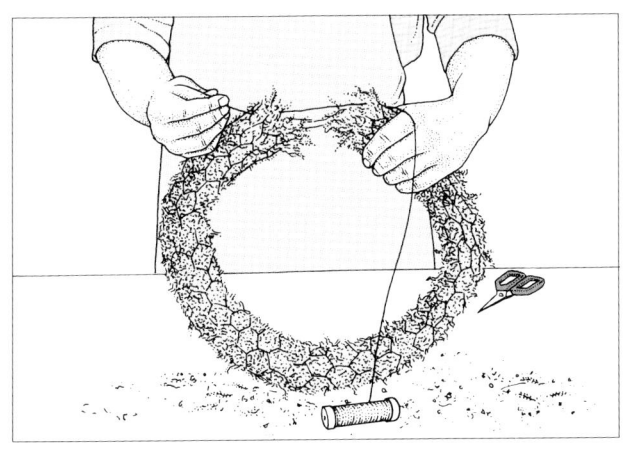

3 Wickeldraht wird an einem Ende der Rolle so befestigt, daß ein längeres Drahtende übersteht. Nun schließt man den Kranz mit Hilfe des Wickeldrahtes, verbindet die Drahtenden und verbirgt sie im Kranz. Spahgnummoos erhalten Sie in jedem Blumenfachgeschäft. Denken Sie daran, daß das Moos trocknen muß, bevor Sie es für Trockenblumen verwenden.

Rutenkranz

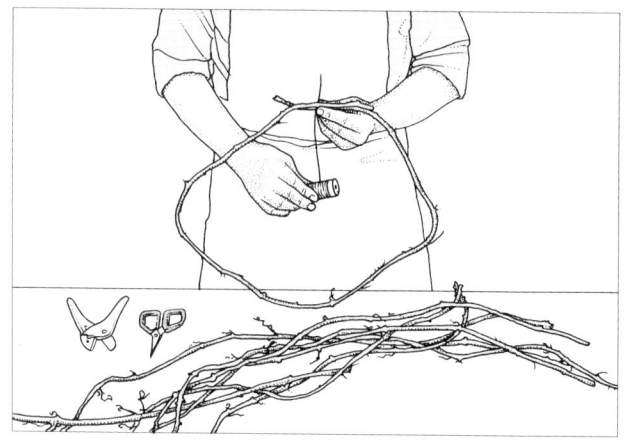

1 *Die Triebe verschiedener Kletterpflanzen und biegsame Zweige einiger Baumarten können für Kranzunterlagen verwendet werden. Die Zweige müssen geschmeidig sein und ungefähr eine Länge von 1,5 m haben. Kiwitriebe (Actinidia chinensis) und Weiden- bzw. Birkenruten ergeben besonders schöne Kranzunterlagen. Gleichgültig, welches Material Sie verwenden, formen Sie zunächst aus einer Rute einen Ring passender Größe, und verbinden Sie die Enden fest mit Wickeldraht.*

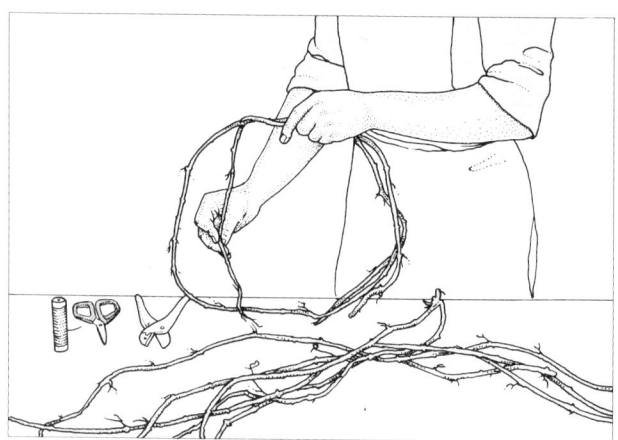

2 *Eine zweite Rute wird nahe der Bindestelle am ersten Ring befestigt und vorsichtig um diesen gewunden. Die Enden wiederum gut verwahren.*

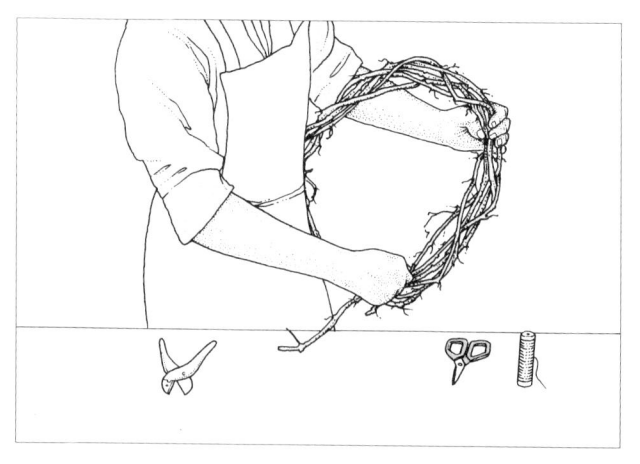

3 *Weitere Ruten werden eingeflochten, bis die erwünschte Stärke erreicht ist, wobei Lücken durch krumme Ruten durchaus entstehen dürfen. Entfernen Sie den anfangs verwendeten Draht, sobald der Kranz von alleine hält. Soll die Unterlage für Trockenblumen verwendet werden, muß sie vorher vollkommen durchgetrocknet sein. Ein Rutenkranz ist an sich schon dekorativ. Er darf daher durchaus zwischen den aufgesetzten Blüten zu sehen sein, oder man läßt sogar einen Teil unbedeckt, wodurch eine sehr dynamische Kreation entsteht.*

DAS HERSTELLEN VON UNTERLAGEN · 185

Zierliches Blumenkränzchen

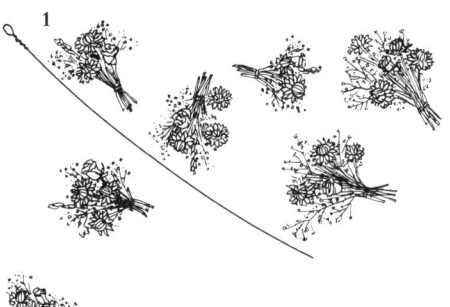

1 *Kleine Sträußchen herstellen. Zwei Steckdrähte, die 5 cm länger als der Kopfumfang sind, zusammendrehen. Am Ende eine Öse biegen und mit Blumenband abwickeln.*

2 *Sträußchen mit Wickeldraht aufbinden und den Draht mit Blumenband abdecken. Die Öse unter dem ersten Sträußchen, die Stiele jeweils unter den Blüten des nachfolgenden Sträußchens verbergen. 2,5 cm Draht sollten am Ende frei bleiben.*

3 *Nun einen Kranz formen. Das freie Drahtende durch die Öse stecken und umbiegen. Die Blüten des ersten Sträußchens sollten die Stiele des letzten verdecken.*

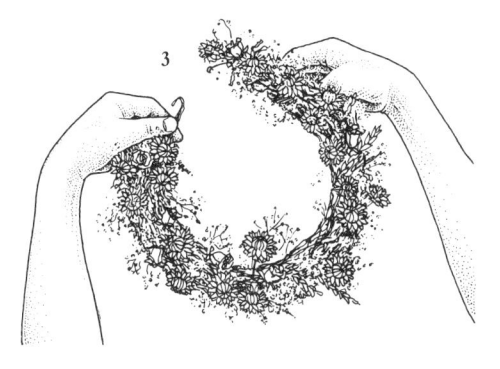

Bastzopf

1 *Einen Baststrang in der für die Kranzunterlage gewünschten Stärke an einer Halterung befestigen. Den Strang in drei gleiche Teile teilen, und abwechselnd jeweils den rechten bzw. linken Strang über den mittleren legen. Das Zopfende fest mit Bast umwickeln und beschneiden.*

2 *Ein Bastzopf läßt sich, wie unten gezeigt, als Kranzunterlage für Trockenblumen oder als Unterlage für Girlanden verwenden.*

Moosbedeckte Kugel

Moosbedeckte Kugeln werden meist für Hängearrangements verwendet. Sie können aber auch Unterlage für die Krone eines Bäumchens sein (s. gegenüber) oder eines Blütenballs, den die kleine Brautjungfer an einem Band trägt.

1 Ein 30 cm breiter Maschendraht wird etwas länger als der geplante Kugelumfang abgeschnitten. Nun häuft man Steckmasse auf das Drahtstück; für Trockenblumen sollte die Steckmasse trocknen, für Schnittblumen gut durchfeuchtet sein. Halten Sie die Steckmasse mit einer Hand fest, und heben Sie das eine Ende des Drahtstückes mit der anderen Hand an.

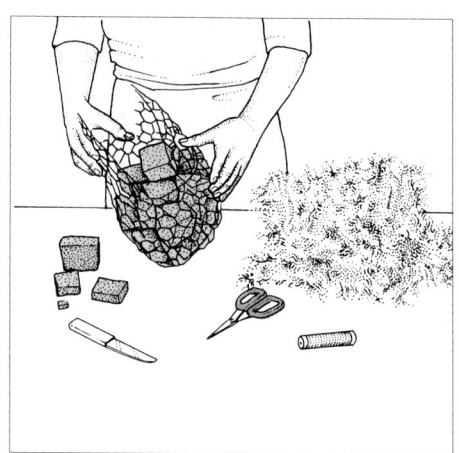

2 Das eine Drahtende wird weiterhin festgehalten, und die anderen werden nach und nach vorsichtig hochgebogen. Um die Kugelform herauszuarbeiten, muß eventuell Steckmasse zugefügt oder entfernt werden. Durch Modellieren werden unebene oder zu flache Stellen ausgeglichen, und die Form wird so nach und nach verbessert. Spitze Drahtenden biegt man nach innen.

3 Befestigen Sie nun Wickeldraht an der Kugel, wobei der Drahtanfang für die Fertigstellung etwas länger belassen werden muß. Moos (trocken für Trockenblumen, feucht für Schnittblumen) wird auf der Kugel verteilt und befestigt, indem man es mit Draht umwickelt. Dunkler Draht ist auf dem Moos kaum sichtbar – sparen Sie also nicht daran.

4 Beim Arrangieren steckt man Stiele und Drähte durch das Moos in die Steckmasse. Daher ist es wichtig, daß die Moosschicht stabil ist und gut hält. Wenn die gesamte Kugel mit Moos bedeckt ist, führt man den Wickeldraht zum Anfang zurück, verknotet die Enden und verbirgt sie im Moos.

DAS HERSTELLEN VON UNTERLAGEN · 187

nterlagen für Bäumchen
r die Krone eines Bäumchens kann man entweder die
gigen kegel- oder kugelförmigen Unterlagen verwenden
oder aber naturgemäße Formen wählen. Man bettet den
Stamm in Gips ein und sorgt so für eine sichere Verankerung und eine ausreichend schwere Basis.

in kleiner Tontopf wird zunächst mit Steckmassescheiben ausgekleidet, um zu verhindern, daß der Topf durch
 sich beim Trocknen ausdehnenden Gips gesprengt wird.
ihren Sie den Gips mit Wasser an, und füllen sie ⅔ des
pfes mit dieser zähflüssigen, cremigen Masse. Achten Sie
rauf, daß die Steckmassescheibchen nicht verrutschen.

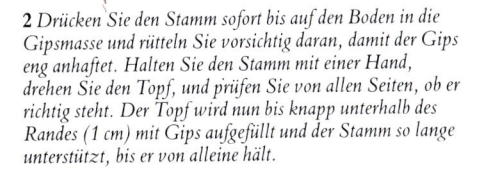

2 Drücken Sie den Stamm sofort bis auf den Boden in die
Gipsmasse und rütteln Sie vorsichtig daran, damit der Gips
eng anhaftet. Halten Sie den Stamm mit einer Hand,
drehen Sie den Topf, und prüfen Sie von allen Seiten, ob er
richtig steht. Der Topf wird nun bis knapp unterhalb des
Randes (1 cm) mit Gips aufgefüllt und der Stamm so lange
unterstützt, bis er von alleine hält.

3 Wenn kein weiterer Gips mehr benötigt wird, sollten Sie
etwas Wasser in das Gefäß füllen, in dem der Gips angerührt wurde. Damit wird vermieden, daß die Masse eintrocknet und das Gefäß zum Bersten bringt.
Die Steckmasseform für die Baumkrone wird nun vorsichtig
auf den Stamm gespießt. Kegel- oder Kugelformen aus
Steckmasse sind im Fachgeschäft erhältlich, können aber
auch selbst aus Blöcken herausgeschnitten werden. Als
Kugelform kann alternativ die auf S. 186 beschriebene,
moosbedeckte Kugel verwendet werden. Aus kurzen, feinen
Steckdrähten biegt man sich Heftklammern zurecht, um
damit das trockene Shpagnummoos an der Steckmasseform
zu befestigen.

Aufhängevorrichtung

Für jedes hängende Arrangement (wie z. B. Kränze, hängende Sträuße, Blütenbälle, Girlanden) benötigt man irgendeine Vorrichtung zum Aufhängen. Sie sollte sich in die Arbeit einfügen, so daß ihr Aussehen von keiner Seite beeinträchtigt wird. Ansonsten müssen Aufhängevorrichtungen nur eine Anforderung erfüllen: Das verwendete Material muß stark genug sein, um das Arrangement auch über längere Zeit halten zu können. In den hier aufgeführten Beispielen wurden Bast und Draht verwendet. Geflochtene Bastaufhänger sind stabiler als einfach angenähte, noch sicherer ist jedoch eine gut verankerte Drahtöse.

Geflochtener Bastaufhänger

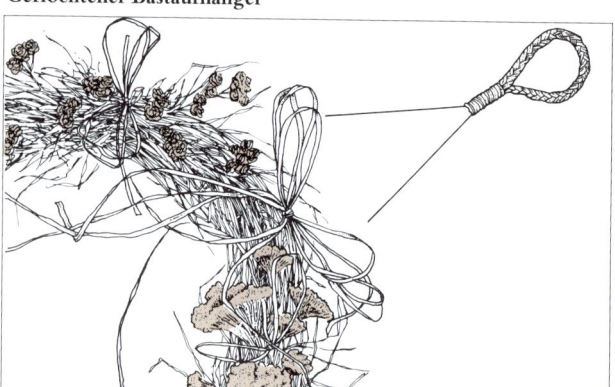

Gemäß der Anleitung auf S. 185 wird ein Bastzopf in der gewünschten Stärke und Länge geflochten. Man formt eine Schlaufe und umwickelt den Schnittpunkt fest mit Steckdraht, an dem man zur Verbindung mit einer Unterlage lange Enden beläßt. Für einfachere Aufhänger werden einige Baststreifen durch die Öse eines Steckdrahtes geführt und dort eingeklemmt, indem man die Öse zudreht. Nun benutzt man den Draht als Nadel und zieht den Bast durch die Unterlage. Schneiden Sie den Draht auf, und verknoten Sie den Bast.

Drahtöse

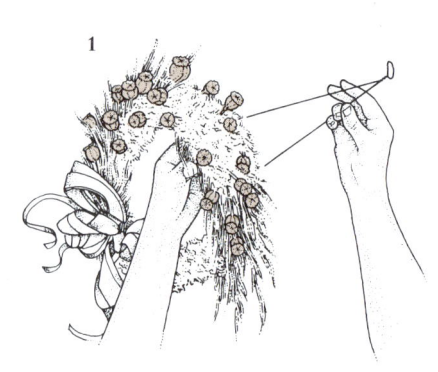

1 *Man umwickelt einen Steckdraht mit Blumenband (s. S. 179), biegt in der Mitte eine Öse zurecht und steckt den Draht mit beiden Enden durch die Rückseite der Unterlage.*

2 *Der Draht wird so weit wie möglich durchgezogen, die Enden werden nach rechts und links umgebogen und ins Moos gesteckt.*

3 *Die Drahtöse sitzt nun in der Mitte der Rückseite der Unterlage; die Drahtenden sind gut versteckt und gesichert.*

Andrahten von Pflanzenmaterial

isches Material wird im allgemeinen nur gedrahtet, wenn Blumen und Schnittgrün in ner ganz bestimmten Position gehalten wern sollen, wie es z. B. beim Brautstrauß, nem Kränzchen, dem Schmuck für das Chorstühl oder bei einer komplizierten Girlande r Fall ist. Hingegen müssen trockene Blüten und Blätter oft angedrahtet werden, um zu kurze oder sehr zerbrechliche Stiele zu ersetzen. Wählen Sie einen geeigneten Steckdraht (s. S. 179) – ausreichend biegsam, gleichzeitig aber auch fest und von entsprechender Länge. Der unansehnliche Draht wird mit Blumenband (s. S. 179) abgedeckt.

rlängern bzw. Stabilisieren von Stielen

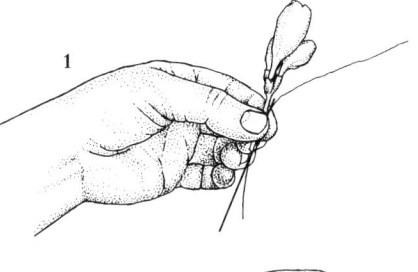

1 *Der Blumenstiel wird auf 2,5 cm eingekürzt. Halten Sie einen Steckdraht und einen feinen Rosendraht so an den Stiel, daß die längere Hälfte des Rosendrahtes nach oben zeigt.*

2 *Nun biegt man das lange Drahtende nach unten und beginnt, Blütenstiel, Steckdraht und das kurze Ende des Rosendrahtes fest zu umwickeln.*

3 *Damit der Stiel sicher hält, wird das Ganze auf einer Länge von 7,5 cm mit dem Rosendraht umwickelt, dann der Draht abgeschnitten und das Ende gut angedrückt.*

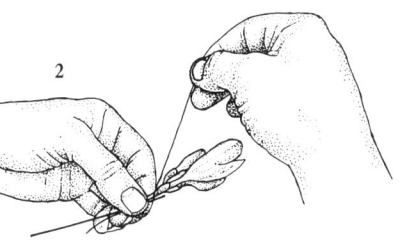

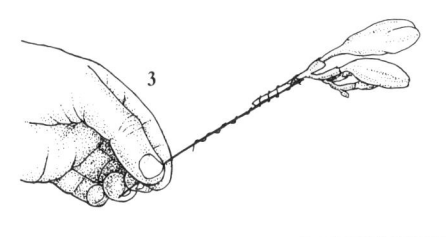

GEEIGNETE PFLANZEN
Blumen mit dünnen Stielen, wie z. B. frische Freesien

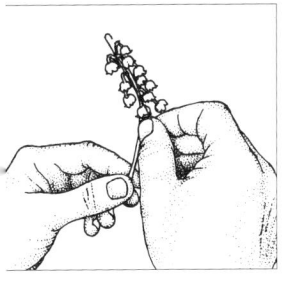

ndrahten von Maiglöckchen

1 Biegen Sie das Ende eines feinen osendrahtes zu einem 5 mm großen . Dieses wird an der Blütenspitze igehakt, so daß der Draht parallel zu n Blütchen am Stiel nach unten uft.

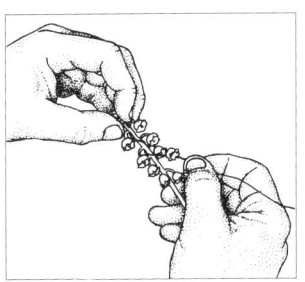

2 *Der Rosendraht wird nun sehr vorsichtig (damit der Stiel nicht bricht) zwischen den Blütchen um den Stiel geschlungen, bis der ganze Blütenstand umwickelt ist.*

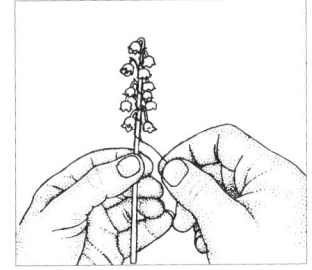

3 *Der Stiel wird, wie im obigen Beispiel, angedrahtet.*

WEITERE GEEIGNETE PFLANZEN *Kleine, überhängende Efeuzweige*

190 · ARBEITSGERÄTE, MATERIAL UND TECHNIKEN

Andrahten von Blüten: Methode 1

Wählen Sie einen Steckdraht von ausreichender Stärke, damit er die Blüten sicher trägt. Der Stiel wird auf 2,5 cm eingekürzt und der Draht entlang des Stiels in den Blütenboden gesteckt.

GEEIGNETE PFLANZEN
Rosen, Nelken, Spraynelken, kleine Lilien, Orchideen

Andrahten von Blüten: Methode 2

Zunächst wie Methode 1. Dann den Draht durch den Blütenkopf stechen und U-förmig umbiegen. Ziehen Sie den Draht nun nach unten, so daß der Haken durch die Blüte dringt, und verbinden Sie die Enden miteinander.

GEEIGNETE PFLANZEN
Einzelne Chrysanthemen, Rosen oder Strohblumen

Andrahten hohler oder gebrochener Stiele

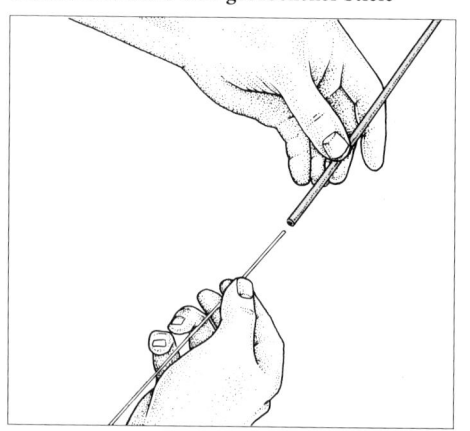

Verlängern und Ausbessern hohler Stiele ist auf ein und dieselbe Weise möglich. Ein Steckdraht von passender Länge und Stärke wird vorsichtig in den unversehrten Stiel eingeführt und das Ganze mit Blumenband umwickelt.

GEEIGNETE PFLANZEN
Hyazinthen, Ranunkeln, Rittersporn

Andrahten von Sträußen

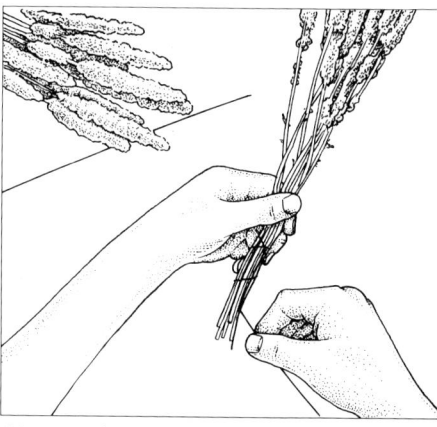

Man nimmt den Strauß in die eine Hand und drückt einen Draht mittlerer Stärke mit dem Daumen ans obere Ende de Stiele. Mit der anderen Hand knickt man den Draht etwa 5 cm unterhalb ab und umwickelt Drahtanfang und Stiele. Verbleibender Draht kann, falls nötig, zur Verlängerung der Stiele verwendet werden.

ANDRAHTEN VON PFLANZENMATERIAL · 191

Andrahten von Tannenzapfen

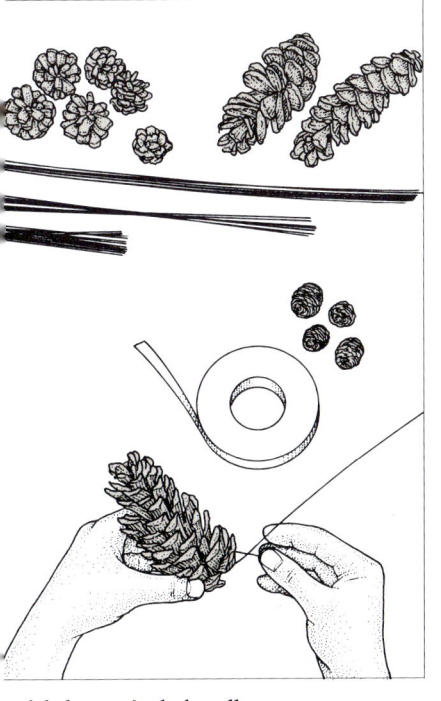

1 *Für Tannenzapfen benötigt man starken Steckdraht, den man zunächst einmal um den untersten Schuppenkranz windet. Das eine Drahtende sollte mindestens 5 cm herausragen, damit es ein weiteres Mal um den Zapfen geschlungen werden kann. Schließlich verknüpft man beide Enden miteinander, damit der Zapfen sicher hält.*

2 *Die miteinander verknüpften Drahtenden werden so nach unten gebogen, daß der lange Draht der Mitte der Zapfenbasis zu entspringen scheint. Man drückt das kurze Drahtende gut an und wickelt – wie unten beschrieben – den Draht in seiner ganzen Länge mit Blumenband ab.*

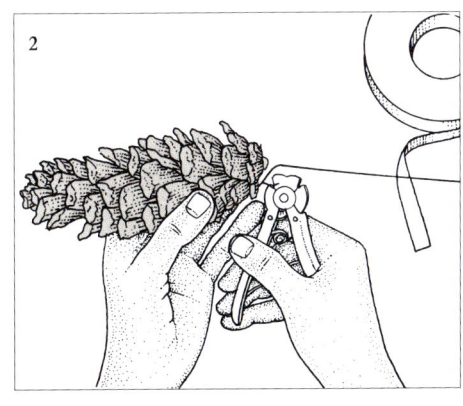

Umwickeln von Andrahtstellen

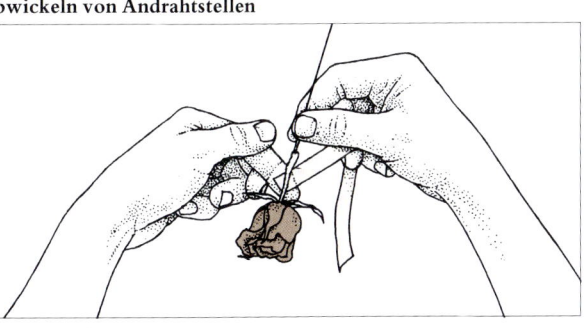

1 *Halten Sie die angedrahtete Blüte nach unten, und legen Sie ein Blumenband in der Länge des Drahtes schräg am Stiel an.*

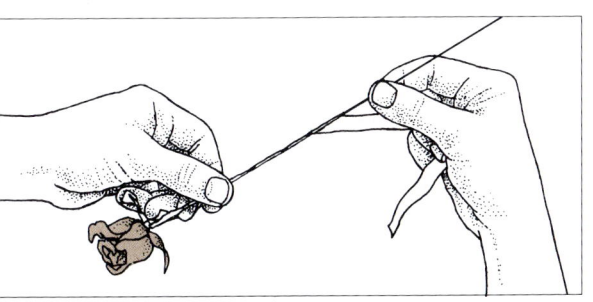

2 *Das Blumenband wird straff gespannt, durch Drehen des Stiels spiralförmig um den Draht gewickelt und mit ein paar Windungen befestigt.*

Behandlung und Pflege von Schnittblumen

Wenn Sie sich alle Pflanzen zurechtgelegt und das Gefäß bzw. die Steckunterlage vorbereitet haben, sollten Sie vor dem Arrangieren noch etwas Zeit auf die Behandlung des Pflanzenmaterials verwenden. Diese geringe Mühe wird durch längere Haltbarkeit und schöneres Aussehen der Pflanzen belohnt.

Ein schräger Anschnitt der Stiele vergrößert die wasseraufnehmende Oberfläche. Diese Maßnahme sollte in jedem Fall, auch bei gerade erst geernteten Blumen, durchgeführt werden. Abschneiden aller Blätter im unteren Stengelbereich hilft, Fäulnisbildung im Wasser zu vermeiden. Entfernen Sie auch die Dornen. Milchsaftführende Stengel werden abgeflammt, womit ein weiteres Ausfließen des Saftes unterbunden wird. Unterentwickelte Knospen, die sowieso nie blühen, sollte man abschneiden. Bei kräftigen Trieben von Stauden und bei Zweigen muß man die Enden der Länge nach aufspalten und die Rinde abschälen.

Auch »Ankochen«, so drastisch es klingt, ist eine Maßnahme, die sich bei manchen Pflanze günstig auswirkt. Vermutlich drückt hierbei aufsteigendes, heißes Wasser Luft nach unten aus den Stielen, wobei Luftblasen, die die Wasserversorgung von Blüten und Blattspitzen ve hindern, beseitigt werden. Ohne diese Behan lung würde manche junge Pflanze allzu schne welken, und auch bei Rosen, die die Köpfe hängenlassen, ist sie hilfreich.

Stellen Sie alle Pflanzen vor dem Arrangieren mehrere Stunden möglichst tief ins Wasser. Hohle Stiele füllt man zuvor mit Wasser auf.

Vorbereiten der Stiele

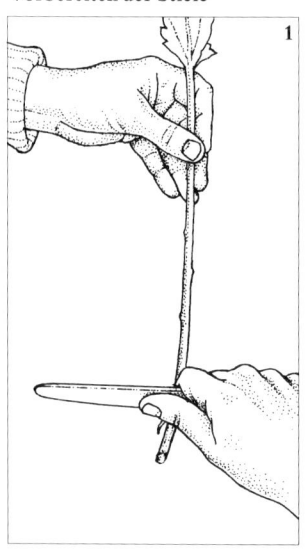

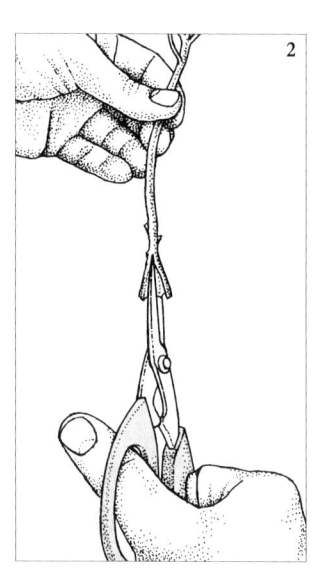

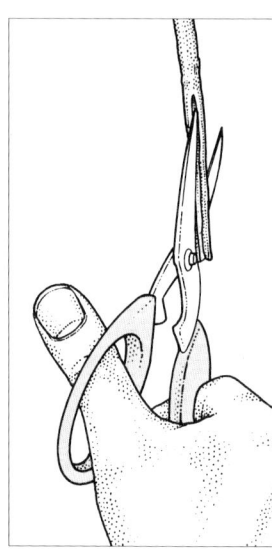

1 Schälen
Am Stengelende wird 5 cm breit die Rinde mit einem scharfen Messer oder einer Blumenschere abgeschält. Dadurch kann das Wasser schneller und besser aufgenommen werden.

2 Spalten
Mit einer Blumenschere wird der Stiel auf einer Länge von etwa 5 cm von unten nach oben gespalten.

3 Anschneiden
Der gespaltene Stiel wird schräg angeschnitten, um die wasseraufnehmende Oberfläche weiter zu vergrößern.

> **GEEIGNETE PFLANZEN**
> *Zum Schälen, Spalten und Anschneiden: verholzte Zwei z. B. Azaleen, Eukalyptus, Kamelien, Säckelblume*
> *Zum Spalten und Anschneiden: kräftige Stauden*

BEHANDLUNG UND PFLEGE VON SCHNITTBLUMEN · 193

Füllen hohler Stiele: Methode 1

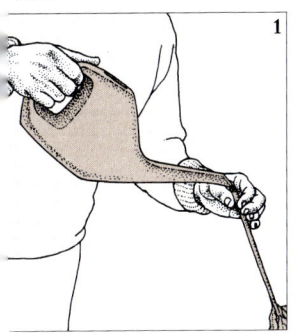

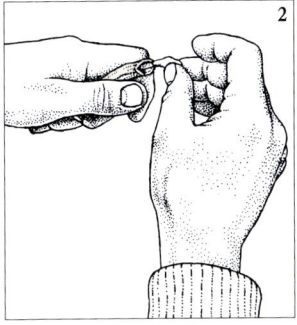

1 Um sicherzugehen, daß das Wasser die Blüte schnell erreicht, halten Sie die Blume mit dem Kopf nach unten, und füllen Sie den Stiel mit Wasser.

2 Wenn der Stiel gefüllt ist, verschließt man das untere Ende mit etwas feuchter Watte und stellt die Blume sofort in eine mit Wasser gefüllte Vase.

Füllen hohler Stiele: Methode 2

1 Füllen Sie die Stiele wie oben mit Wasser, und dichten Sie das Stielende gut mit dem Daumen ab.

2 Der Daumen bleibt auf dem Stielende, bis die Blume in die mit Wasser gefüllte Vase eingetaucht ist.

GEEIGNETE PFLANZEN FÜR BEIDE METHODEN
Amaryllis, Belladonnalilie, Lupinen, Rittersporn, Wiesenkerbel

Unterentwickelte Knospen

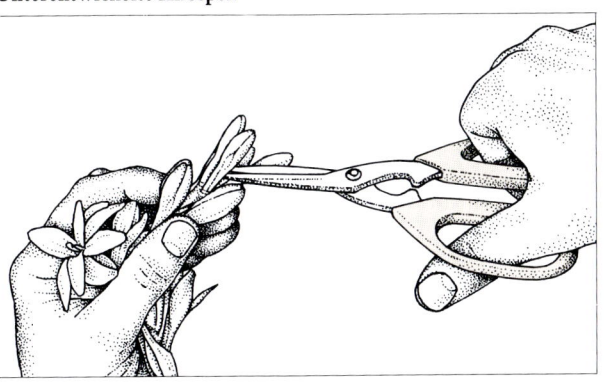

An einer langen Blütenrispe sollten die obersten Knospen, die kaum jemals zum Blühen kommen, mit einer Blumenschere entfernt werden. Dadurch können die unteren Knospen mehr Wasser aufnehmen und kommen eher zum Blühen. Wenn Sie sich etwas Zeit und Geduld nehmen, kann dies so durchgeführt werden, daß die Schnitte nur aus allernächster Nähe zu sehen sind.

GEEIGNETE PFLANZEN
Gladiolen, Spaltgriffel, Tuberosen

Abflammen milchsaftführender Stiele

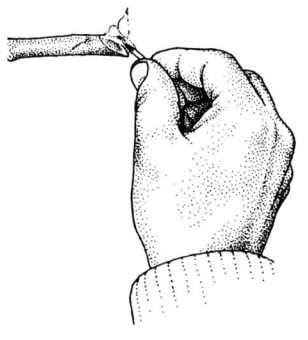

Um ein Ausfließen des Saftes zu verhindern, flammt man das angeschnittene Stielende ab. Verfärbungen des Wassers werden so vermieden und die Haltbarkeit der Pflanzen erhöht.

GEEIGNETE PFLANZEN
Euphorbien, Farn, Mohn

194 · ARBEITSGERÄTE, MATERIAL UND TECHNIKEN

Ankochen

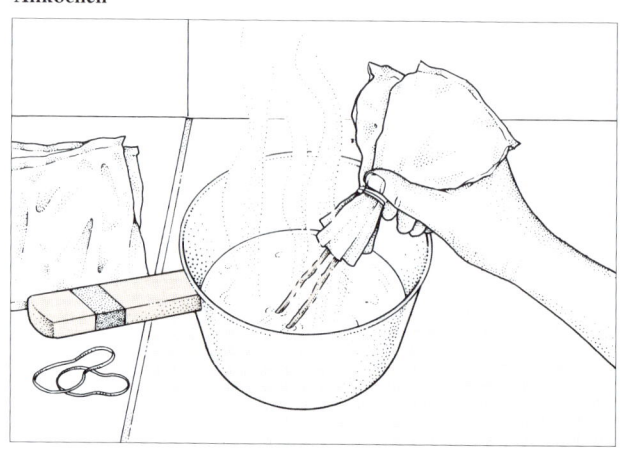

1 *Füllen Sie einen Topf etwa 5 cm hoch mit Wasser, und bringen Sie es zum Kochen. Zwischenzeitlich gieße Sie einen halben Eimer halbvoll mit lauwarmem Wasser. Nehmen Sie den Topf vom Herd, und tauchen Sie die Stielenden 20 Sekunden lang in das kochende Wasser. Damit Blüten und Blätter nicht durch den heißen Dampf in Mitleidenschaft gezogen werden, halten Sie die Stiele schräg. Kurzstielige Blumen können mit Plastiktüte und Gummiband geschützt werden.*

2 *Die Pflanzen werden dem kochende Wasser entnommen und sogleich ins lauwarme Wasser gestellt. Damit sich Blüten und Blätter richtig vollsaugen können, bleiben sie dort mehrere Stunden tief eingetaucht stehen, bevor man mit dem Arrangieren beginnt.*

GEEIGNETE PFLANZEN
Akanthus, Bambus, Beifuß, Eibisch, Engelwurz, Gerbera, Goldregen, Hahnenkamm, Hartriegel, Magnolie, Natternkopf, Pferdeeppich, Rosen, Rosenpappel, Schmetterlingsstrauch, Schwarzäugige Susanne, Sonnenblume, Trollblume, Wiesenkerbel, Wiesenknöterich

Erholungsbad für Blätter
Die meisten Blätter, aber auch manche Blüten können vor dem Arrangieren nochmals aufgefrischt bzw. wiederbelebt werden. Dazu taucht man sie entweder vollständig in ein Gefäß mit kaltem Wasser oder hält sie unter den Wasserhahn und läßt vorsichtig Wasser darüberlaufen. Bei großem Blattwerk muß dieser Vorgang eventuell in der Badewanne durchgeführt werden.

BEHANDLUNG UND PFLEGE VON SCHNITTBLUMEN · 195

Krumme Stiele

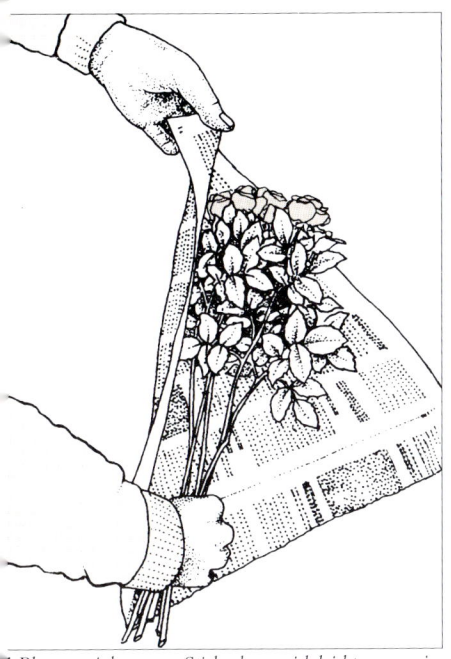

1 *Blumen mit krummen Stielen lassen sich leichter arrangieren, wenn man sie schräg anschneidet und anschließend jeweils 4–5 Stück) in Zeitungspapier wickelt.*

2 *Das Papier wird mit Klebeband befestigt, und die Sträuße werden in einen Eimer mit kaltem Wasser gestellt. Dort verbleiben sie über Nacht an einem kühlen Platz.*

> **GEEIGNETE PFLANZEN**
> *Euphorbien, Gerbera, Mohn, Rosen, Tulpen*

Pflege fertiger Arrangements

Entsprechend vorbehandelte Schnittblumen benötigen wenig Pflege. Um die Haltbarkeit eines Arrangements zu verlängern, sollten Sie allerdings einige grundsätzliche Dinge beachten. Z. B. dürfen Schnittblumen nicht unmittelbar neben einen Heizkörper oder direkt in die Sonne gestellt werden, da sie in der Wärme die Köpfe besonders schnell hängenlassen. Der Zusatz von Zucker und Blumenfrischhaltemitteln erhöht die Lebensdauer der Pflanzen. Regelmäßiges Wechseln des Wassers verhindert die Fäulnisbildung. Entfernen Sie stets die verwelkten Blüten, dann behält das Arrangement für längere Zeit sein frisches Aussehen.

Lufttrocknen von Pflanzenmaterial

Lufttrocknen ist die einfachste und wirksamste Methode der Konservierung von Pflanzenmaterial. So wurden auch die meisten Pflanzen der in diesem Buch gezeigten Trockenblumenarrangements luftgetrocknet. Je nach Pflanzenart kann das Material dazu kopfüber aufgehängt, aufrecht in ein Gefäß gestellt oder einfach auf dem Boden ausgebreitet werden.
Der ideale Raum zum Lufttrocknen ist kühl, trocken, dunkel und hat eine gute Luftumwälzung. Blumen lassen sich jedoch auch bei höheren Temperaturen und in Räumen ohne ständigen Luftaustausch, wie z. B. einem Küchenschrank, trocknen. Zwei Voraussetzungen sind allerdings unabdingbar: Zum einen muß der Raum trocken sein. Andernfalls kommt es zur Fäulnisbildung, besonders dort, wo sich Blüten oder Stiele berühren, wie z. B. an der Bindestelle eines Straußes. Zum andern muß er dunkel sein, damit die Blumen nicht ausbleichen.

Richtige Erntezeit

Alles Pflanzenmaterial sollte bei trockenem Wetter – vorzugsweise um die Mittagszeit, wenn kein Tau mehr liegt – geerntet werden. Im allgemeinen schneidet man es etwa vier Tage vor der Vollblüte. Rosen sind am schönsten, wenn man sie erntet, sobald sich die gefärbten Knospen zu öffnen beginnen.

Hängend trocknen

Material hängend zu trocknen, ist die üblichste Art der Lufttrocknung. Dazu entfernt man alle Blätter im unteren Stengelbereich, tupft die Stiele trocken und bindet immer mehrere Pflanzen mit Bast, Schnur oder Gummiband zu Sträußen zusammen. Damit diese später tatsächlich kopfüber hängen können, muß die Bindestelle knapp unterhalb der Stielenden liegen. Um zu vermeiden, daß sich Blüten, Samenstände und Blätter zu stark berühren, sollte jeder Strauß aufgefächert werden. Schließlich hängt man die Sträuße kopfüber an einer Schiene, einem Draht oder einer Schnur am Trockenplatz auf.

Aufrecht oder liegend trocknen

Manche Materialien kann man auch lufttrocknen, indem man sie einfach in eine leere Vase oder in eine Vase mit wenig Wasser stellt, das relativ schnell verdunstet. Wie bei der Lufttrocknung im Hängen werden die besten Ergebnisse an kühlen, trockenen, dunklen und gutdurchlüfteten Plätzen erzielt.
Das meiste Schnittgrün und auch einige immergrüne Pflanzen trocknen jedoch besser im Liegen. Moos und Tannenzapfen können in eine luftdurchlässige Kiste oder einen Korb gelegt werden. Große Blüten, wie z. B. Artischocken, setzt man auf einen engmaschigen Draht.

Bündeln von Schnittblumen

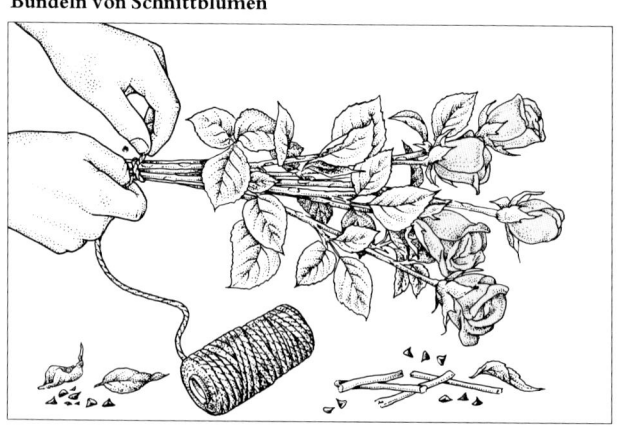

Entfernen Sie Blätter und Dornen im unteren Stengelbereich. Jeweils fünf Pflanzen werden zu einem Strauß zusammengefaßt, die Blüten etwas versetzt angeordnet und der Strauß mit Bast oder Schnur lose gebunden. Damit Blüten und Blätter sich nicht zu sehr berühren und die Luft beim Trocknen gut dazwischen zirkulieren kann, fächert man den Strauß noch etwas auf.

LUFTTROCKNEN VON PFLANZENMATERIAL · 197

Einsprühen von Gräsern und Binsen

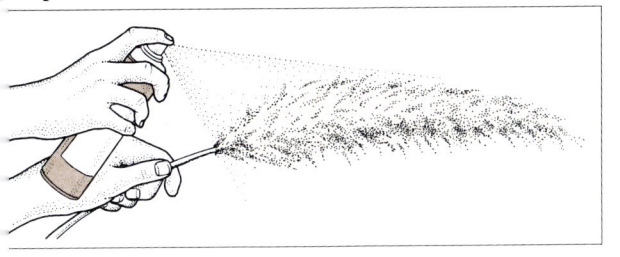

Die Samenstände mancher Gräser, wie z. B. Pampasgras oder Rohrkolben, brechen beim Trocknen auf, falls ihre Oberfläche nicht versiegelt wird. Daher besprüht man sie – möglichst im Freien – mit einem umweltschonenden Haarspray oder einem Sprühkleber

Aufhängevorrichtung zum Trocknen

Sträuße trocknet man am einfachsten an der Luft, indem man sie kopfüber aufhängt. Stäbe oder Drähte werden in Abständen von 25 cm an der Wand angebracht. Dabei muß zur Decke ein Abstand von 15 cm eingehalten werden, um eine gute Luftzirkulation zu ermöglichen. Die Sträuße können dann über die Stäbe gehängt oder mit Schnur bzw. Bast daran befestigt werden.

Bündeln angedrahteter Blüten

Blumen, die noch in frischem Zustand angedrahtet werden, lassen sich leicht zum Trocknen aufhängen. Fassen Sie etwa 10 Blüten zu einem Strauß zusammen, und umwickeln Sie ihn mit Gummiband. Die Stiele werden vorsichtig auseinandergebogen, damit sich die Blüten nicht berühren. Dann kopfüber zum Trocknen aufhängen.

198 · ARBEITSGERÄTE, MATERIAL UND TECHNIKEN

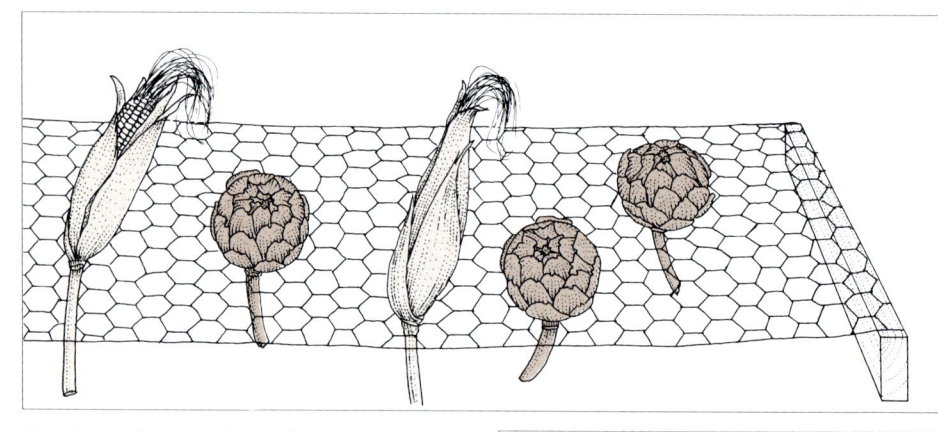

Trocknen am Stab
Kletterpflanzen wie Hopfen oder Waldrebe mit ihren attraktiven Samenständen können auf diese Weise schnell an der Luft getrocknet werden. Man erntet die Pflanzen im grünen Zustand und windet sie um einen Bambusstab.

Trocknen schwerer Blüten oder Samenstände
Engmaschiger Draht wird so gespannt, daß auch Material mit langen Stielen frei darin hängen kann. Stecken Sie die Stiele einzeln durch die Drahtmaschen. Die Blätter werden beim Trocknen an den Maiskolben belassen.

GEEIGNETE PFLANZEN
Artischocken, Lotus, Maiskolben, Protea, Silberdisteln, Zwiebeln

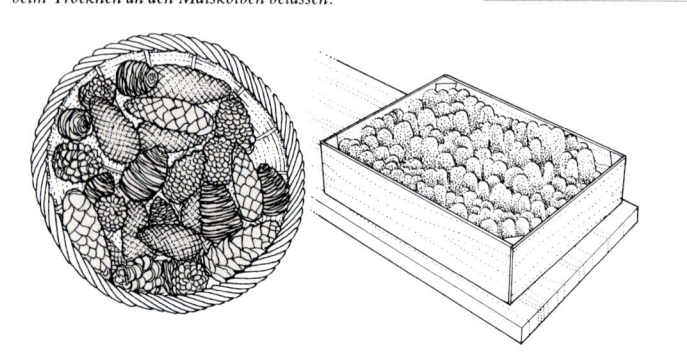

Zapfen
Lassen Sie Zapfen einige Tage bei Raumtemperatur liegen, bis sie zwischen den Schuppen getrocknet sind.

Moos und Flechten
Auf einer Schicht aus zusammengeknülltem Zeitungspapier locker ausbreiten.

LUFTTROCKNEN VON PFLANZENMATERIAL · 199

aufrecht trocknen

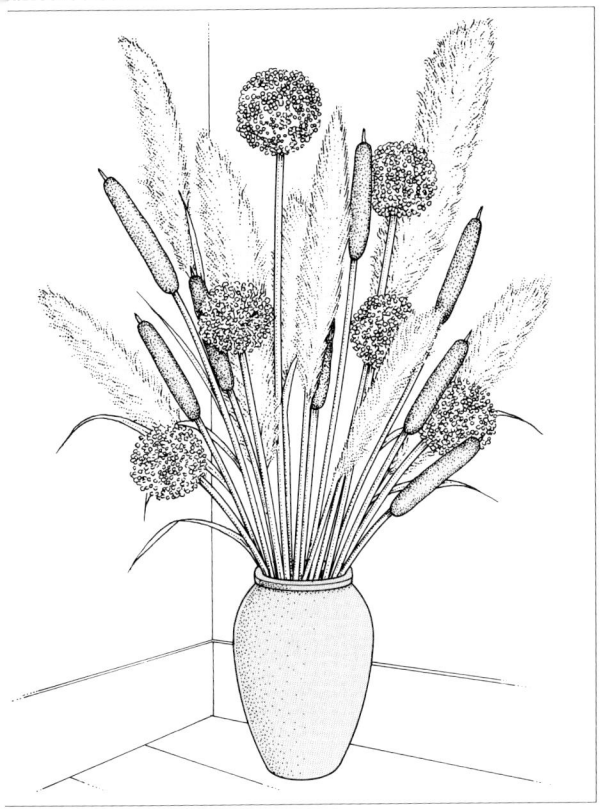

Abhängig vom Material, gibt es zwei Möglichkeiten, Pflanzen aufrecht an der Luft zu trocknen. Entweder gibt man sie in eine leere Vase oder in eine Vase, die etwa 5 cm hoch mit Wasser gefüllt ist. Die Stiele nehmen Wasser auf, das nach und nach verdunstet, und zurück bleiben vollständig ausgetrocknete Pflanzen.

GEEIGNETE PFLANZEN
Mit Wasser: Akazien, Hortensien, Lachenalia, Rittersporn, Schleierkraut
Ohne Wasser: Gänsefuß, Meerlavendel, Pampasgras, Rohrkolben, Zwiebeln

flach liegend trocknen

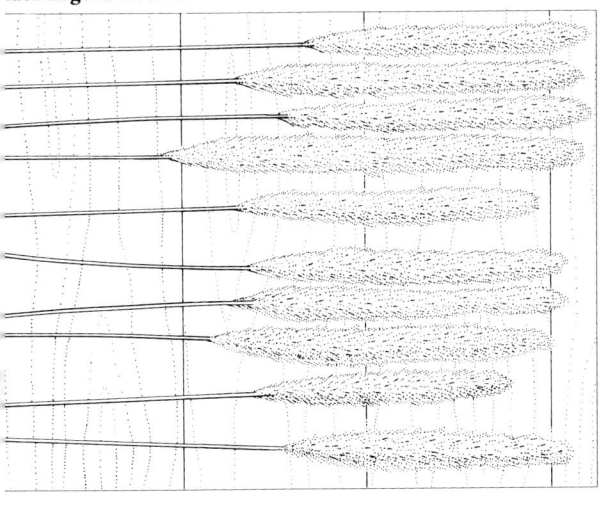

Legen Sie das Material auf eine saugfähige Unterlage – Pappe oder Zeitungspapier sind ideal. Breiten Sie es vorsichtig darauf aus, so daß die Luft gut um Blätter und Stiele streichen kann. Bei dieser Art der Trocknung schrumpfen die Blätter, behalten aber ihre Farbe und ihre natürliche Wuchsform – was bei aufrechter oder hängender Trocknung nicht der Fall ist.

GEEIGNETE PFLANZEN
Bambus, alle Gräser, Lavendel

Benutzung chemischer Mittel

Das meiste Pflanzenmaterial läßt sich mit Chemikalien wie Borax, Alaun und Kieselgel, aber auch mit feinem Sand sehr gut trocknen. Diese Mittel entziehen dem Material Feuchtigkeit, lassen es sonst aber weitgehend unverändert. Daher ähneln Pflanzen, die nach dieser Methode getrocknet werden, am ehesten in Farbe, Größe und Struktur ihren frischen Ebenbildern. Gleichwohl haben auch diese chemischen Mittel ihre Nachteile. Kieselgel trocknet am schnellsten, ist allerdings, obwohl die Kristalle im Ofen getrocknet und wiederverwendet werden können, sehr teuer. Zudem müssen die Pflanzenteile gut in das jeweilige Mittel eingebettet werden, was nicht immer einfach ist. Das Pflanzenmaterial wird durch diese Substanzen meist etwas spröde, weshalb man gut daran tut, Blütenköpfe und Blätter zuvor anzudrahten (s. S. 189).

Kieselgel

Kieselgel gibt es als weiße Kristalle oder mit einem Farbindikator. Dieser ist in trockenem Zustand blau und färbt sich bei Aufnahme von Feuchtigkeit rosa. Die Kristalle müssen in einem Mörser oder einer Kaffeemühle (hinterher gut reinigen!) auf wenigstens die Hälfte ihrer ursprünglichen Größe zerkleinert werden, damit sie die Blüten dicht umschließen.
Zum Trocknen benötigt man eine ausreichend große, luftdicht schließende Dose oder Kiste. Der Behälter wird mit einer Schicht trockener Kristalle gefüllt, die Blüten werden darauf gelegt und mit weiterem Kieselgel umgeben. Schließen Sie den Deckel, und dichten Sie mit Klebeband ab. Nach zwei Tagen sollten Sie kontrollieren, ob das Material fest ist und die Kristalle zum Teil rosa verfärbt sind. Getrocknete Pflanzen müssen möglichst bald entnommen werden, andernfalls werden sie zu spröde.

Borax, Alaun und feiner Sand

Borax und Alaun müssen mit feinem Sand vermischt werden: Auf drei Teile Borax bzw. Alaun kommen zwei Teile Sand. Mit diesem Mittel lassen sich Pflanzen etwa in 10 Tagen, in purem Sand in ungefähr drei Wochen trocknen.

GEEIGNETE PFLANZEN

Anemonen, Dahlien (kleine Sorten), Enzian, Freesien, Gerbera, Kamelien, Lilien, Narzissen, Nieswurz, Pfingstrosen, Ranunkeln, Rittersporn, Rosen, Zinnien.

Verwendung von Kieselgel

1 *Zum Trocknen mit Kieselgel sind Keksdosen gut geeignet. Man füllt eine Schicht Kieselgel in den Behälter und legt die Blüten vorsichtig darauf. Schwere Stiele überleben das Trocknen nicht, daher müssen entsprechende Blüten vorher angedrahtet werden (s. S. 190).*

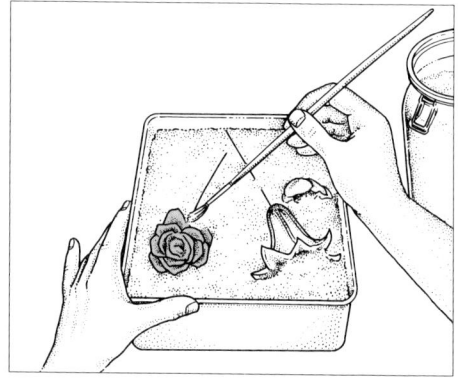

2 *Nehmen Sie nun einen Löffel, und bedecken Sie die Pflanze vollständig mit Kieselgel. Mit Hilfe eines Pinsels schiebt man Kristalle zwischen die Blütenblätter. Anschließend wird der Behälter für 48 Stunden luftdicht verschlossen.*

Präparieren mit Glyzerin

Bei dieser Methode wird das in der Pflanze enthaltene Wasser durch Glyzerin ersetzt, was die Pflanze über einen längeren Zeitraum haltbar macht. Obwohl auch manche Blüten auf diese Art konserviert werden können, sind Blätter doch besser geeignet. Mit Glyzerin präpariertes Material bleibt geschmeidig und wirkt dadurch recht natürlich. Leider kommt es bei dieser Methode oft zu starken Farbveränderungen in Richtung Dunkelbraun oder Khaki. Stellen Sie eine Lösung aus 40% Glyzerin und 60% heißem Wasser her. Zweige und Stengel von Stauden werden etwa 10 cm tief in die Lösung getaucht und bleiben so mindestens 6 Tage an einem kühlen, dunklen Ort stehen. Sobald sich an den oberen Teilen der Pflanze Glyzerintröpfchen zeigen, kann der Vorgang abgebrochen werden. Das Pflanzenmaterial wird der Lösung entnommen und gut abgespült.
Um einzelne Blätter zu präparieren, stellt man eine konzentrierte Lösung aus 50% Glyzerin und 50% Wasser her. Auch Blätter benötigen etwa 6 Tage, um eine ausreichende Menge an Glyzerin aufzunehmen.

> **GEEIGNETE PFLANZEN**
> *Zweige und Stengel: Hortensie, Lorbeer, Muschelblume, Ölweide, Rotbuche*
> *Blätter: Eukalyptus, Magnolie, Mahonie, Orangenblume, Schusterpalme, Stechpalme, Sumpfeiche*

Präparieren von Stengeln und Zweigen

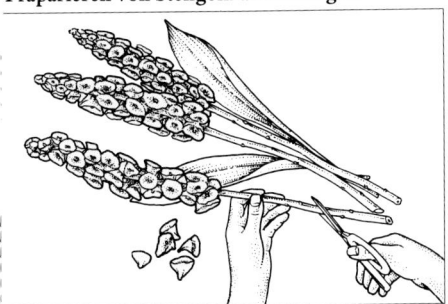

1 Entfernen Sie im unteren Stengelbereich alle Blätter und Äste. Verholzte Stengel werden etwa 5 cm aufgespalten und dann schräg angeschnitten.

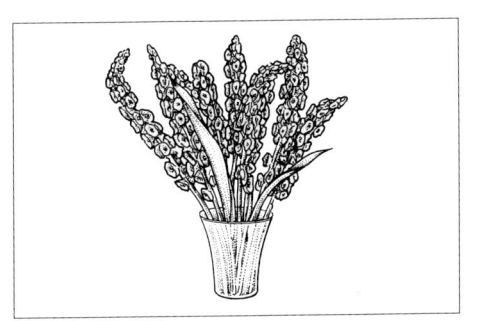

2 Die Stengel verbleiben 6–10 Tage an einem kühlen, dunklen Ort in der Glyzerinlösung. Hohle Stengel werden zuvor noch mit Draht verstärkt (s. S. 190).

Präparieren von Blättern

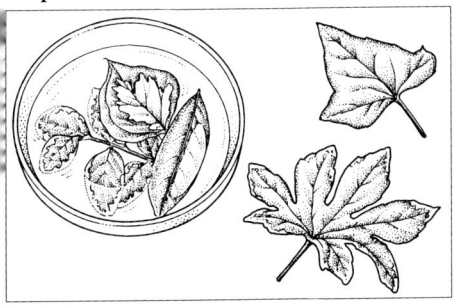

1 Einzelne Blätter oder kleine Zweige werden in Glyzerinlösung eingetaucht und an einen dunklen Platz gestellt.

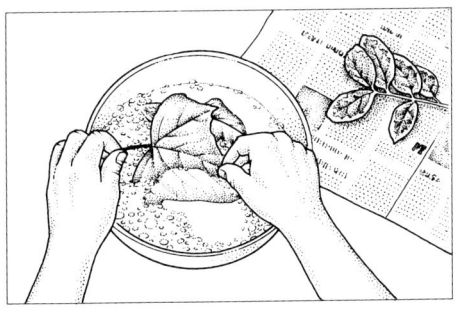

2 Sobald sich die Blätter dunkel verfärben, werden sie entnommen, mit Seifenwasser abgespült und trockengetupft.

Getrocknetes oder präpariertes Material färben

Manches festliche Arrangement lebt von leuchtend gefärbten Trockenblumen. Durch Färben können viele matt und etwas langweilig wirkende Pflanzen zu neuem Leben erweckt werden. Mehrere Färbemethoden stehen zur Auswahl.

Färben und Präparieren mit Glyzerin
Wird der Glyzerinlösung (s. S. 201) Farbe zugesetzt, so wird diese von der Pflanze zusammen mit dem Glyzerin aufgenommen. Die wenig schöne, oft schmutzigbraune Verfärbung, die beim Präparieren mit Glyzerin auftritt, kann auf diese Weise überdeckt werden. So erhält man mit grüner Farbe z. B. Blätter, die zwar dunkler sind als frische, aber weit attraktiver aussehen als ungefärbte.
Man kann Blättern auch einen künstlichen Farbton verleihen. Beispielsweise bekommen Eukalyptusblätter durch rote Farbe ein herbstliches Aussehen, Lindenblüten und Rotbuchen durch Rostbraun einen warmen, milden Glanz. Alternativ können natürlich auch Bleichmittel zugesetzt werden. Die Pflanzen erscheinen dann eher pastellfarben.

Färben und Lufttrocknen
Stellt man Pflanzen zum Lufttrocknen (s. S. 199) in wenig Wasser, so kann diesem Farbe zugesetzt werden. Das Material nimmt die Farbe zusammen mit dem Wasser auf, bevor es zu trocknen beginnt. Getrocknete Pflanzen von neutralem Äußeren lassen sich in Arrangements am besten verarbeiten. Versuchen Sie daher die Pflanzen in einem Farbton zu färben, der ihrem natürlichen Aussehen nahekommt. Blau ist im allgemeinen eine recht problematische Farbe, durch die die Pflanzen meist unnatürlich erscheinen.

Färben durch Sprühen und Bemalen
Der Handel bietet für Schnitt- und Trockenblumen eine breite Palette spezieller Sprühfarben an, von denen manche ganz natürlich sein können. Meerlavendel wird beim Trocknen grauweiß und kann mit natürlich wirkendem Hellgelb oder Rosa besprüht werden. Die Kombination beider Farben ergibt einen attraktiven Pfirsichton.
Leuchtende Farbsprays und schnelltrocknende Lacke bieten sich für farbenprächtige Festdekorationen an. Intensiv rot, rosa oder tiefgrün gefärbt, sind Mohnkapseln und Nigella-Samenstände wunderschön. Tannenzapfen, Nüsse und die feinen Dolden von Liebstöckel, Wiesenkerbel, Koriander und Fenchel sehen großartig aus, wenn man sie mit Gold- oder Silberfarbe besprüht und mit Glimmer bestreut. Auf der noch feuchten Farbe bleiben die funkelnden Glimmerkristalle gut haften. Für alltägliche Arrangements verwendet man jedoch besser unauffällige, natürlich wirkende Farben.

Farbspray

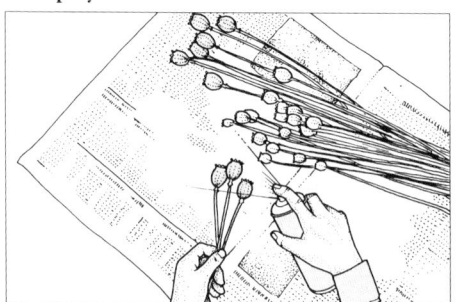

Nehmen Sie 3 oder 4 Mohnblumen, und besprühen Sie die Samenkapseln rundum mit roter Farbe – ein heiteres, festliches Dekor für jede Gelegenheit.

Glimmer

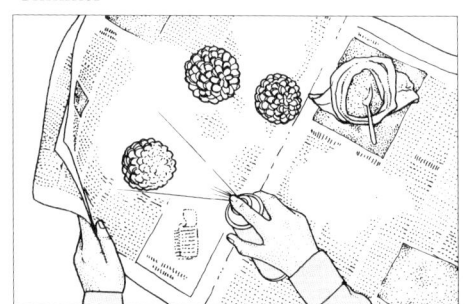

Mit Silberfarbe besprühte und – für besonderen Glanz – mit Glimmer bestreute Tannenzapfen sind ein attraktiver Tisch- oder Weihnachtsbaumschmuck.

Getrocknetes und präpariertes Material aufbewahren

Wenn Sie eigenes Material ernten, trocknen oder pressen, werden Sie gelegentlich mehr produzieren, als Sie momentan verbrauchen. Um das Material über einen längeren Zeitraum aufbewahren zu können, muß man es behutsam behandeln.
Einen Blumenstrauß kann man nach dem Trocknen einfach an der Decke hängen lassen. Er darf allerdings keiner direkten Sonne ausgesetzt sein. Ebenso kann Material, das in einem Küchenschrank oder ähnlichem getrocknet wird, dort verbleiben.
Die gängigste Verpackung zur Aufbewahrung von Trockenblumen sind verschließbare Pappschachteln. Diese stellt man an einen kühlen, trockenen, vorzugsweise gut durchlüfteten Platz. Zuvor muß unbedingt nochmals geprüft werden, ob die Pflanzen vollkommen trocken sind. Falls sich auch nur eine Pflanze darunter befindet, die noch etwas Feuchtigkeit enthält, breitet sich rasch Fäulnis aus. Pappschachteln für den Transport von Schnittblumen werden besonders gern verwendet.
Luftgetrocknetes Material muß so gelagert werden, daß Blüten, Blätter oder Samenstände keinerlei Druck ausgesetzt sind. Mehrere Lagen aus gefaltetem Seiden- oder Zeitungspapier können dazu verwendet werden, die einzelnen Sträuße voneinander abzuschirmen. Stabile Materialien, wie Tannenzapfen oder Artischokkenblüten, brauchen keinen besonderen Schutz und werden am besten in Körben oder Kisten an einem kühlen, trockenen Platz aufbewahrt. Mit Glyzerin präparierte Pflanzen lagert man wie luftgetrocknete. In keinem Fall darf aber präpariertes und getrocknetes Material zusammen in eine Kiste gepackt werden. Präparierte Pflanzen enthalten immer einen Rest an Feuchtigkeit, wodurch getrocknete Blumen und Blätter schnell verderben würden.
Gepreßte Pflanzen legt man abwechselnd mit Seiden-, Zeitungs- oder Löschpapier in eine Kiste und stellt diese an einen kühlen, trockenen Ort.

Aufbewahren von Trockenblumensträußen
Luftgetrocknetes und mit Glyzerin präpariertes Material kann auf dieselbe Weise gelagert werden – allerdings niemals zusammen. Die Pflanzen müssen so liegen, daß kein Druck auf Blüten, Blätter oder Samenstände ausgeübt wird. Wickeln Sie zerbrechliche Sträuße zuerst in Seidenpapier. Dann wird das Material, getrennt durch Streifen aus gefaltetem Seiden- oder Zeitungspapier, so aufeinandergepackt, daß die Stiele der einen Lage die Blüten der folgenden Lage nicht berühren.

204 · ARBEITSGERÄTE, MATERIAL UND TECHNIKEN

Einwickeln von zerbrechlichen Sträußen

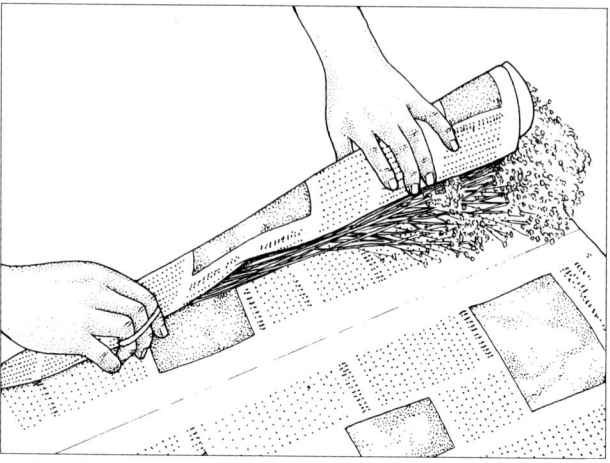

1 Sträuße aus empfindlichen Blumen, z. B. Rosen, muß man vorsichtig in Seiden- oder Zeitungspapier einwickeln, bevor sie in eine Kiste gepackt werden. Dadurch wird der Druck benachbarter Sträuße vermindert. Rollen Sie das Papier locker in Tütenform um den Strauß. Falten Sie aber den Rand etwas nach innen, damit die »Blumentüte« besser hält.

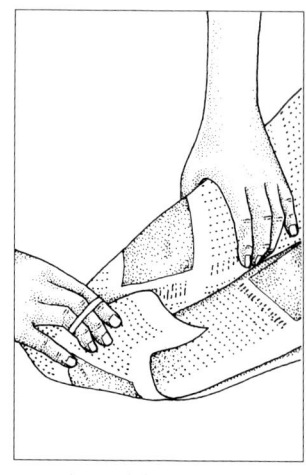

2 Vor dem Aufrollen schlägt man die untere Ecke des Papiers ein. Der fertig eingewickelte Strauß wird mit einem Klebeband oder Gummiband gesichert – dabei die Stiele nicht zerdrücken!

Einwickeln von einzelnen Hortensienblüten

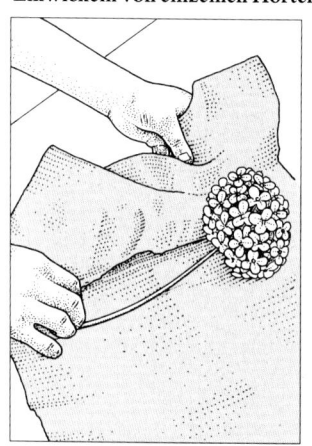

1 Sowohl die kugeligen als auch die flachen Blütenstände der Hortensien sind in getrocknetem Zustand sehr zerbrechlich. Bevor man sie zum Aufbewahren einzeln aufhängen kann, ohne die Blütenblätter zu beschädigen, muß jede Blüte separat eingewickelt werden. Legen Sie hierzu die Pflanze auf ein großes Stück Seidenpapier.

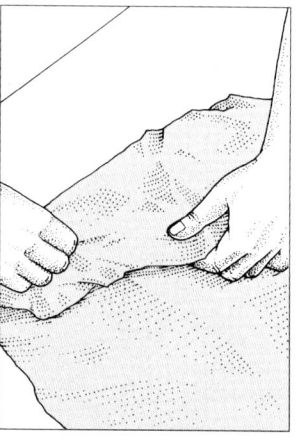

2 Das Seidenpapier wird locker in Tütenform um die Pflanze gewickelt. Dabei muß sehr behutsam vorgegangen werden, damit die fragilen Blüten nicht zerbrechen. Anschließend befestigt man das Papier vorsichtig, aber sicher mit etwas Klebeband. Bewegen Sie die Hortensienblüten beim Einwickeln so wenig wie möglich!

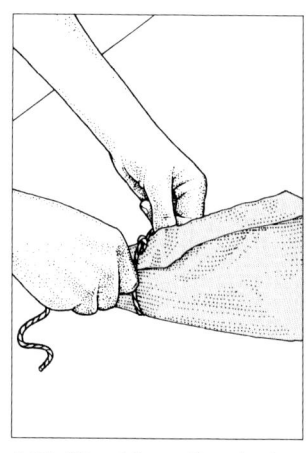

3 Die Tüte wird etwa 10 cm über dem Stielende mit einer längeren Schnur oder einem Baststreifen abgebunden. Knüpfen Sie eine Schleife, und hängen Sie die Pflanze kopfüber an einem kühlen, trockenen, gut durchlüfteten Platz auf – in feuchter Atmosphäre wäre die Arbeit bald ruiniert.

AUFBEWAHREN VON GETROCKNETEM UND PRÄPARIERTEM MATERIAL · 205

Einwickeln schwerer Samenstände

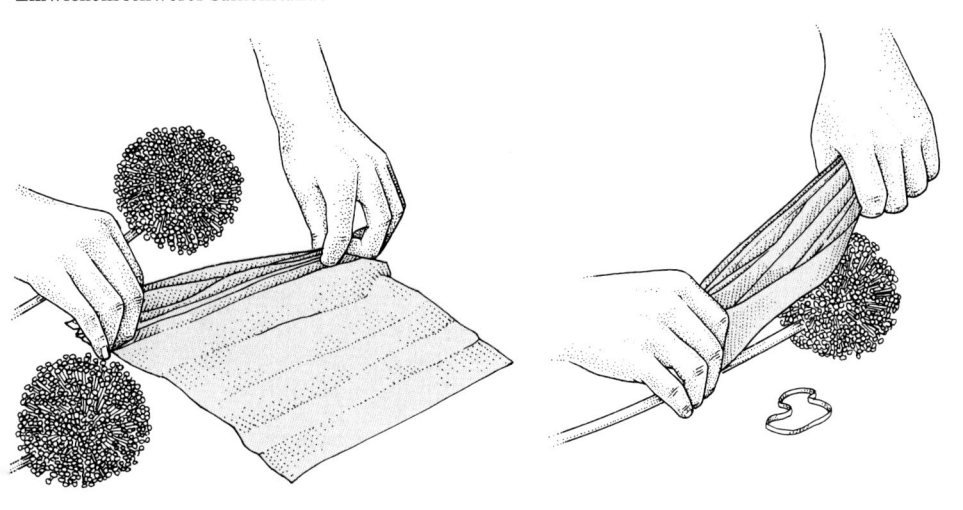

1 Um empfindliche, an dickeren Stielen angebrachte Samenstände schützen zu können, wird zunächst Seidenpapier von 18–20 cm Breite und 60 cm Länge in Falten gelegt.

2 Man hält das gefaltete Papier etwa 5 cm unter den Samenstand und fächert die Falten behutsam auf, so daß eine Art Halskrause entsteht.

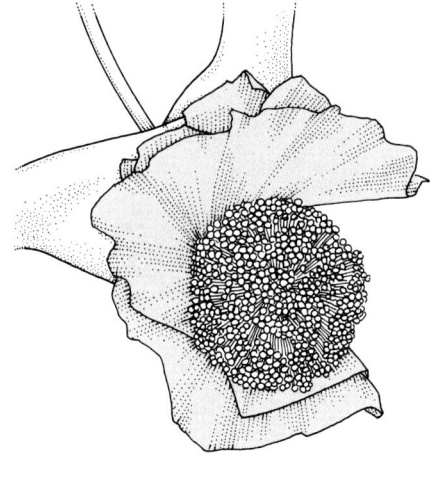

3 Die Seidenpapier-Hülle wird von einer Schnur oder einem Baststreifen zusammengehalten, die genau unterhalb der Stelle, wo sich die schützende Halskrause um den Samenstand öffnet, angebracht wird.

4 Die einzeln eingewickelten Samenstände werden aufrecht in einen leeren Behälter gestellt und an einem trockenen Platz aufbewahrt. Der Behälter darf nicht zu dicht gefüllt werden, damit die »Päckchen« einander nicht berühren.

GEEIGNETE PFLANZEN
Bärenklau, Rohrkolben, Zwiebel, große Gräser wie Pampasgras

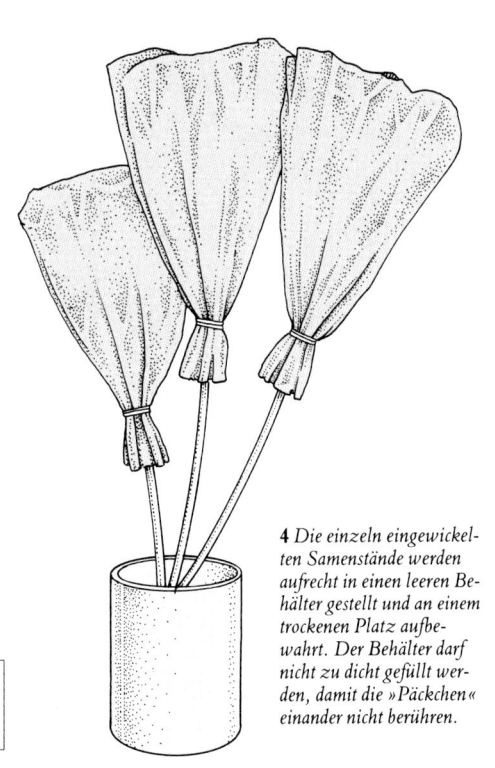

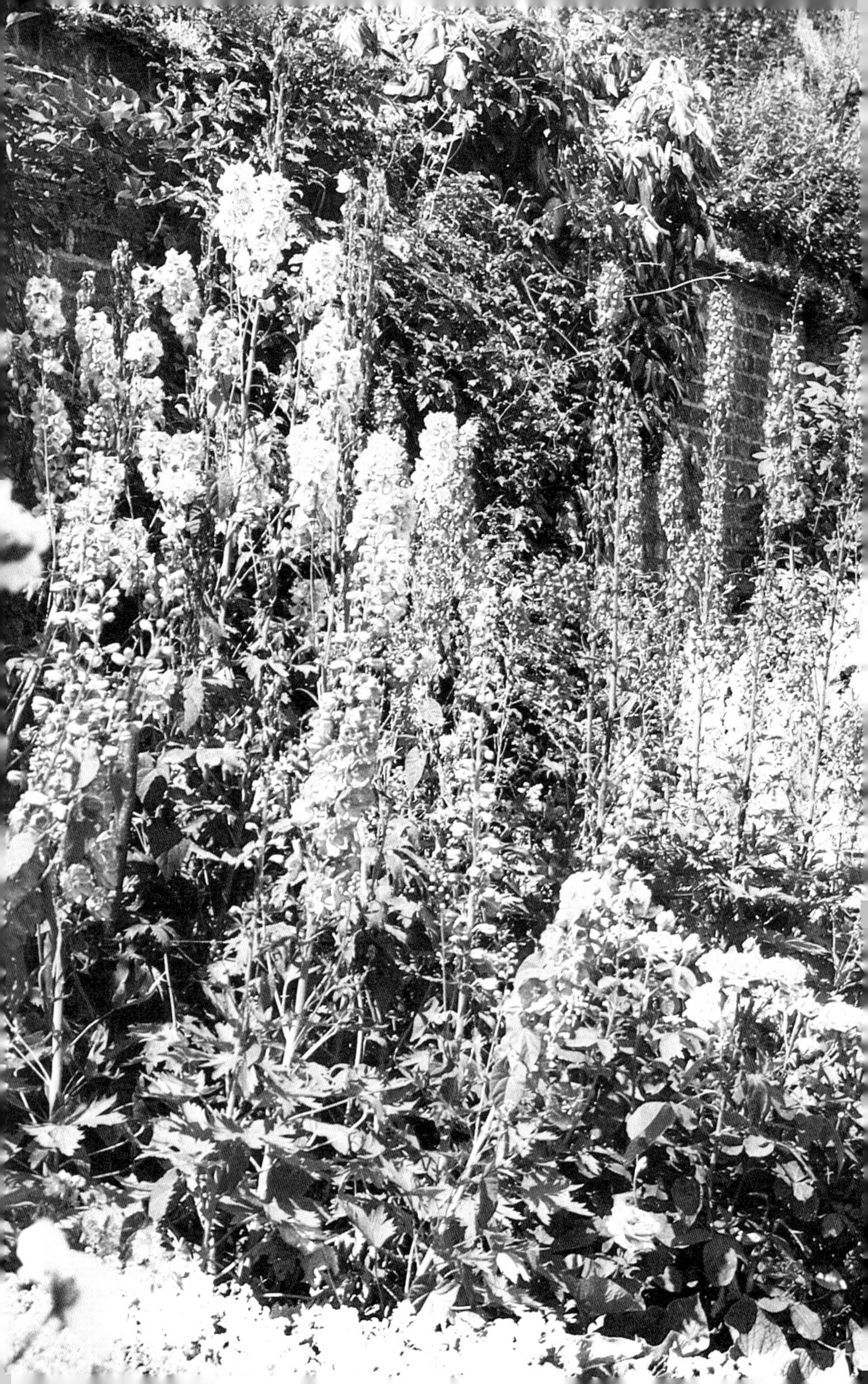

Kapitel 9

Blumen und Blattwerk von A–Z

Dem Blumenliebhaber steht eine fast verwirrende Vielfalt an Pflanzen für seine Arrangements zur Verfügung. Allerdings eignet sich nicht jede Pflanze dafür – möglicherweise wegen ihrer Größe oder wegen ihrer spitzen Stacheln. Auch läßt sich nicht jede Pflanze erfolgreich trocknen. Auf den folgenden Seiten wird eine große Auswahl an Pflanzen vorgestellt, die sich gut für Arrangements eignen. Jeder Eintrag enthält eine Kurzbeschreibung der Pflanze, die für sie beste Jahreszeit und einen kurzen Hinweis darauf, wie sie vor dem Arrangieren zu behandeln ist. Weitere Informationen zur Pflege von Schnittblumen sind auf den Seiten 192–195 und Ratschläge zum Trocknen bzw. Konservieren von Pflanzenmaterial auf den Seiten 196–201 zu finden.

Traditionelles Staudenbeet
Umgeben von Wolken winziger, lindgrüner Blüten des Alchemilla mollis *und hellrosa Strauch- bzw. Kletterrosen zieht der stolze Rittersporn alle Blicke auf sich. Markante Akzente setzen auch die kleinen, hochrot blühenden Rosenbüsche und das zarte Orange der Hochblätter von* Euphorbia griffithii. *Das Beet wird von einer niedrigen, relativ breiten und exakt geschnittenen Buchsbaumhecke eingefaßt, die in reizvollem Kontrast zu den wilden Kletterpflanzen an der Mauer steht.*

Acacia **Akazie, Mimose**
Bäume mit duftenden, gelben Blütenständen, den Mimosenblüten, und feingefiederten, graugrünen Blättern. Blühende Akazienzweige eignen sich zum Lufttrocknen; die Blütenfarbe bleibt sehr gut erhalten.
SAISON: Frühjahr.
BEHANDLUNG (FRISCH): Stiele schälen, spalten, anschneiden; einen Tag lang in Wasser stellen, mit Plastikfolie abdecken.
ERNTE ZUM TROCKNEN: Frühjahr.
TROCKENMETHODE: Hängend an der Luft trocknen.

Acanthus **Akanthus**
Stauden mit großen Ähren malvenfarbener oder lilaweißer, kapuzenförmiger Blüten und stattlichen Blättern. In Wasser lang haltbar.
SAISON: Spätsommer.
BEHANDLUNG (FRISCH): Stiele spalten, anschneiden; nach dem Ankochen 3–4 Stunden tief in Wasser stellen.
ERNTE ZUM TROCKNEN: Herbst.
TROCKENMETHODE: Hängend an der Luft trocknen.

Acer **Ahorn**
Bäume mit grünem, gelbem, braunem oder purpurrotem Laub; schöne Herbstfärbung. Einige Arten wachsen sehr langsam und sind für häufigen Schnitt ungeeignet. Andere tragen im Frühjahr hübsche Blätter und duftende Blüten.
SAISON: Sommer für natürliche Blattfarben, buntgefärbte Blätter im Herbst.
BEHANDLUNG (FRISCH): Stiele schälen, spalten, anschneiden und mehrere Stunden tief in Wasser stellen; Einzelblätter für kleine Arrangements in Wasser legen.
ERNTE ZUM TROCKNEN: Sommer und Herbst.
TROCKENMETHODE: Sommer- wie Herbstlaub zwischen Zeitungen in einer Kiste, Einzelblätter in der Blumenpresse pressen.

Achillea **Garbe, Schafgarbe**
Flache, gelbe Blütenstände über fein gefiederten Blättern; auch rosarote und weiße Arten. *A. ptarmica* hat weiße, knopfähnliche Blüten. Alle Arten lang haltbar.
SAISON: Sommer, Herbst.
BEHANDLUNG (FRISCH): Stiele spalten, anschneiden und mehrere Stunden tief in Wasser stellen.
ERNTE ZUM TROCKNEN: Sommer.
TROCKENMETHODE: Lufttrocknen; aufhängen oder in ein Gefäß ohne Wasser stellen.

Acidanthera
Weiße, gladiolenähnliche Blüten mit dunkelgeflecktem Rachen. Süß duftend; groß mit langen, schmalen Blättern.
SAISON: Herbstanfang.
BEHANDLUNG (FRISCH): Mehrere Stunden tief in Wasser stellen.
ERNTE ZUM TROCKNEN: Herbstanfang.
TROCKENMETHODE: Einzelblüten mit chemischen Mitteln trocknen.

Aconitum **Eisenhut**
Große Blütenstände mit tiefblauen, helmartigen Blüten; auch hellblaue, weiße und cremefarbene Sorten. Giftig.
SAISON: Sommer, Herbst.
BEHANDLUNG (FRISCH): Stiele ankochen oder abflammen; mehrere Stunden tief in Wasser stellen.
ERNTE ZUM TROCKNEN: Sommer.
TROCKENMETHODE: Hängend an der Luft trocknen.

Aesculus **Roßkastanie**
Bäume mit klebrigen Knospen, aus denen sich – in Wasser gestellt – junge Blätter entfalten. Braune, glänzende Früchte. Zweige mit den riesigen Blättern und reifenden Früchten sehen in großen Arrangements sehr schön aus. Zum Trocknen ungeeignet.
SAISON: Knospen im Frühjahr, Früchte im Herbst.
BEHANDLUNG (FRISCH): Stiele schälen, spalten, anschneiden und mehrere Stunden tief in Wasser stellen.

Agapanthus
Runde Blütenbälle von unterschiedlicher Blaufärbung; auch weiße Sorten. Riemenförmige Blätter. In Wasser lang haltbar. Zum Trocknen ungeeignet.
SAISON: Spätsommer bis Herbst.
BEHANDLUNG (FRISCH): Mehrere Stunden tief in Wasser stellen.

Ajuga **Günsel**
Kleine, bodendeckende Pflanze mit blauen Blütenähren; auch Sorten mit rosa Blüten oder panaschierten, bunten Blättern. Mittlere Haltbarkeit.
Hübsch in Miniaturarrangements. Zum Trocknen ungeeignet.
SAISON: Frühjahr und Sommer.
BEHANDLUNG (FRISCH): Mehrere Stunden tief in Wasser stellen.

Alchemilla **Frauenmantel**
Feine Zweiglein kleiner, gelbgrüner Blüten. Weiche, runde Blätter, in denen oft Wasserperlen stehen. Lang haltbar.
SAISON: Frühjahr bis Herbstanfang.
BEHANDLUNG (FRISCH): Mehrere Stunden tief in Wasser stellen.
ERNTE ZUM TROCKNEN: Frühsommer.
TROCKENMETHODE: Lufttrocknen im Hängen; ausgewachsene Pflanzen mit Glyzerin präparieren.

Allium **Zwiebel, Lauch**
Zwiebeln, aus denen runde Kugeln purpurroter oder rosafarbener Blüten hervorgehen; auch blaue, weiße und gelbe Sorten. Lang haltbar. Getrocknet sind Blüten- wie Samenstände verwendbar.
SAISON: Frühjahr und Sommer.
BEHANDLUNG (FRISCH): Mehrere Stunden tief in Wasser stellen.
ERNTE ZUM TROCKNEN: Sommer.
TROCKENMETHODE: Lufttrocknen; aufhängen bzw. in ein Gefäß ohne Wasser stellen. Alternativ Samenstände mit Glyzerin präparieren.

Alstroemeria **Inkalilie**
Trompetenförmige Blüten in Rosa, Rot, Orange, Gelb oder Weiß an relativ langen Stielen. Hübsche Samenstände. Mittlere Haltbarkeit.
SAISON: Sommer; im Handel ganzjährig.
BEHANDLUNG (FRISCH): Mehrere Stunden tief in Wasser stellen.

ERNTE ZUM TROCKNEN:
Sommer.
TROCKENMETHODE: Samenstände hängend an der Luft, Einzelblüten mit Chemikalien trocknen.

Althaea
»Altmodische« Pflanze mit sehr großen, roten, rosa, purpurroten, gelben oder weißen Blütenähren. Sie gedeiht überall und hat hübsche Samenstände.
SAISON: Sommer.
BEHANDLUNG (FRISCH): Stiele ankochen und mehrere Stunden tief in Wasser stellen.
ERNTE ZUM TROCKNEN:
Sommer.
TROCKENMETHODE: Samenstände hängend an der Luft, Einzelblüten mit Chemikalien trocknen.

Amaranthus **Amarant, Fuchsschwanz**
Bedingt winterharte, einjährige Pflanze. Lang überhängende Ähren mit hochroten Blüten; auch grüne Arten. Lang haltbar.
SAISON: Sommer, Herbst.
BEHANDLUNG (FRISCH): Blätter größtenteils entfernen, dann mehrere Stunden tief in Wasser stellen.
ERNTE ZUM TROCKNEN:
Sommer.
TROCKENMETHODE: Lufttrocknen; aufhängen bzw. in ein Gefäß ohne Wasser stellen. Alternativ mit Glyzerin präparieren. Im Hängen getrocknete Blüten stehen senkrecht; um überhängende Blüten zu erzielen, muß aufrecht in einem Gefäß getrocknet werden.

Amaryllis **Belladonnalilie**
Zwiebel mit duftenden, rosa oder weißen Blüten an langen Stielen; auch als Topfpflanze verwendbar.
SAISON: Im Herbst im Garten; im Winter und Frühjahr im Handel.
BEHANDLUNG (FRISCH): Mehrere Stunden tief in Wasser stellen.
ERNTE ZUM TROCKNEN:
Herbst.
TROCKENMETHODE: Einzelblüten mit Chemikalien trocknen.
Siehe auch *Hippeastrum*.

Ammobium **Papierknöpfchen**
Kleine, gänseblümchenähnliche Blüten, deren weiße Farbe beim Trocknen sehr gut erhalten bleibt. Unterhalb der Blütenköpfchen dünne Stiele. Daher für einen aufrechten Stand andrahten oder aber im Arrangement kaskadendartig überfallen lassen.
SAISON: Sommer.
BEHANDLUNG (FRISCH): Mehrere Stunden tief in Wasser stellen.
ERNTE ZUM TROCKNEN:
Sommer.
TROCKENMETHODE: Hängend an der Luft trocknen.

Anaphalis **Perlpfötchen**
Silbergraue Blätter und kleine, weiße Blüten mit gelber Mitte.
SAISON: Sommer, Herbst.
BEHANDLUNG (FRISCH): Mehrere Stunden tief in Wasser stellen.
ERNTE ZUM TROCKNEN:
Sommer; kurz vor Vollblüte.
TROCKENMETHODE: Lufttrocknen; aufhängen oder in einen Behälter ohne Wasser stellen.

Anemone **Anemone**
Es gibt verschiedene Anemonearten: Im Frühjahr blühen kleine, zierliche Arten in verschiedenen Nuancen von Weiß, Rosa und Blau. Die Kronenanemonen vom De-Caen-Typ sind leuchtend rot, blau oder malvenfarben. Im Herbst kommen große, robuste Japonica-Hybriden in Weiß oder Rosa.
SAISON: Frühjahr oder Herbst. »De Caen« im Handel fast ganzjährig.
BEHANDLUNG (FRISCH): Mehrere Stunden tief in Wasser stellen.
ERNTE ZUM TROCKNEN:
Frühjahr und Sommer.
TROCKENMETHODE: In der Blumenpresse pressen; Einzelblüten mit Chemikalien trocknen.

Anethum **Dill**
Weiße Blütenstände, die in Arrangements ein filigranes Netzwerk bilden. Stengel mit aromatischem Duft, der beachtlich lang erhalten bleibt.
SAISON: Sommer.
BEHANDLUNG (FRISCH): Ankochen und anschließend mehrere Stunden tief in Wasser stellen.
ERNTE ZUM TROCKNEN:
Sommer.

TROCKENMETHODE: Hängend an der Luft trocknen.

Angelica **Engelwurz**
Große, weißgrüne Blütendolden und auffällige Blätter. Oft in Kräutergärten. Groß. Blüten- und Samenstände für Arrangements geeignet.
SAISON: Sommer.
BEHANDLUNG (FRISCH): Stiele ankochen und anschließend mehrere Stunden tief in Wasser stellen.
TROCKENMETHODE: Samenstände zum Präparieren in Glyzerin stellen.

Anigozanthos **Känguruhblume**
Zierliche, cremefarbene Blüten in Trompetenform mit einem rostbraun- oder gelbgefärbten Kelch. Für Arrangements aus Schnittblumen nicht geeignet.
ERNTE ZUM TROCKNEN:
Herbst.
TROCKENMETHODE: Hängend an der Luft trocknen.

Anthemis **Kamille**
Kleine, weiße Blüten, deren Mitte zu einem festen Kügelchen trocknet. Bieten sich zum Färben in leuchtenden Farben an. Für Arrangements aus Schnittblumen ungeeignet.
ERNTE ZUM TROCKNEN:
Sommer.
TROCKENMETHODE: Hängend an der Luft trocknen.

Anthriscus **Kerbel**
Große Wildpflanze an Heckenrändern mit weißgefärbten, großen, flachen Blütenständen und zierlich filigranen Blättern. Halten lang, sondern aber einen feinen, klebrigen Honigtau ab.
SAISON: Frühjahr.
BEHANDLUNG (FRISCH): Stiele ankochen und dann mehrere Stunden tief in Wasser stellen.
TROCKENMETHODE: Samenstände hängend an der Luft trocknen.

Anthurium
Exotische Gewächshauspflanze mit herzförmigen Blättern und eigenartig walzenförmiger Blüte, die von einem leuchtend gefärbten herzförmigen Hochblatt umgeben ist. 500 Arten mit vielen verschiedenen Farben und Formen. Als Schnittblume

sehr lang haltbar. Zum Trocknen ungeeignet.
SAISON: Sommer; im Handel ganzjährig.
BEHANDLUNG (FRISCH): Mehrere Stunden tief in Wasser stellen.

Anthirrhinum **Löwenmäulchen**
Einjährige, altmodisch wirkende Blume, die – außer in Blau – in allen Farben vorkommt. Für Arrangements sind moderne Sorten gut geeignet. In Wasser nur kurz haltbar.
Zum Trocknen ungeeignet.
SAISON: Sommer.
BEHANDLUNG (FRISCH): Mehrere Stunden tief in Wasser stellen.

Aquilegia **Akelei**
Alte Pflanze der Bauerngärten. Kurze Haltbarkeit als Schnittblume, dennoch wegen ihrer Formen und Farbenvielfalt gut geeignet. McKana-Hybriden besonders wertvoll.
SAISON: Sommer.
BEHANDLUNG (FRISCH): Mehrere Stunden tief in Wasser stellen.
ERNTE ZUM TROCKNEN: Sommer.
TROCKENMETHODE: Einzelblüten mit Chemikalien trocknen.

Arbutus **Erdbeerbaum**
Ungewöhnlicher Baum, der gleichzeitig weiße Blüten und Früchte des Vorjahres trägt. Frucht erdbeerähnlich. Zum Trocknen ungeeignet.
SAISON: Spätherbst.
BEHANDLUNG (FRISCH): Stiele schälen, spalten, anschneiden und anschließend mehrere Stunden tief in Wasser stellen.

Armeria **Grasnelke**
Kissen mit rosa Blütenköpfchen an langen Stielen. Auch tiefrosa- und rotgefärbte Arten. Blätter für Arrangements ohne Bedeutung. In Wasser relativ lang haltbar.
SAISON: Sommer.
BEHANDLUNG (FRISCH): Mehrere Stunden tief in Wasser stellen.
ERNTE ZUM TROCKNEN: Sommer.
TROCKENMETHODE: Hängend an der Luft trocknen.

Artemisia **Beifuß**
Wertvoll wegen des hochaufragenden, silbergrauen Blattwerks; Blüten unscheinbar. Ausnahme: *A. lactiflora* mit grünen Blättern und einer Fülle cremefarbener Blütchen. In Wasser lang haltbar.
SAISON: Sommer, Herbst.
BEHANDLUNG (FRISCH): Stiele spalten und anschneiden. Nach dem Ankochen mehrere Stunden tief in Wasser stellen.
ERNTE ZUM TROCKNEN: Sommer.
TROCKENMETHODE: Hängend an der Luft trocknen.

Arum **Aronstab**
Einheimische Pflanze, im Frühjahr wegen ihrer glänzenden Blätter geschätzt. Ebenso *A. italicum* »Pictum«, der über den Winter cremefarben marmorierte Blätter trägt. Fruchtstände mit roten Beeren verwendbar, aber giftig. Zum Trocknen ungeeignet.
SAISON: Blätter: Winter und Herbst; Beeren: Herbst.
BEHANDLUNG (FRISCH): Blätter 30 Minuten in Wasser legen. Stiele oben und unten mit einem Gummiband vor dem Aufbrechen schützen und eine Stunde tief in Wasser stellen.

Arundinaria **Bambus**
Schmale Triebe mit grasähnlichen Blättern. Blüht selten. Bambus trocknet langsam, die Blätter färben sich bläulichgrün.
SAISON: Ganzjährig.
BEHANDLUNG (FRISCH): 2–3 Minuten in kochenden Essig tauchen, um ein Einrollen der Blätter zu verhindern. Dann mehrere Stunden tief in Wasser stellen.
ERNTE ZUM TROCKNEN: Sommer.
TROCKENMETHODE: Lufttrocknen; in einen Behälter ohne Wasser stellen oder flach hinlegen. Alternativ durch Einstellen in Glyzerin präparieren.

Asparagus **Asparagus, Spargel**
Sehr geschätzt; zuerst wegen der Spargel, später wegen der großen Triebe mit den feinverzweigten Ästchen und im Herbst dann wegen der roten Beeren. Die Ästchen fallen nach Gelbfärbung ab.
SAISON: Spargel: Frühsommer; Blattwerk: Sommer, im Handel ganzjährig.
BEHANDLUNG (FRISCH): Mehrere Stunden tief in Wasser stellen.
ERNTE ZUM TROCKNEN: Sommer.
TROCKENMETHODE: Ästchen in der Blumenpresse pressen.

Aster **Aster**
Ein breites Spektrum an großen, leuchtend gefärbten Blüten. Viele Sorten stehen zur Auswahl, darunter auch zierliche mit duftigen Zweigen kleiner Blüten. In Wasser lang haltbar.
SAISON: Herbst.
BEHANDLUNG (FRISCH): Stiele spalten, anschneiden und mehrere Stunden tief in Wasser stellen.
ERNTE ZUM TROCKNEN: Herbst.
TROCKENMETHODE: Blüten in der Blumenpresse pressen. Siehe auch *Callistephus*.

Astilbe **Astilbe, Prachtspiere**
Spitz zulaufende, feingegliederte Blütenrispen. Viele Sorten mit Farben, die von Rosa über Malve bis Rot reichen oder mit weißen bzw. cremefarbenen Nuancen. Blätter und braune Samenstände ebenfalls sehr dekorativ. In Wasser nur kurz haltbar.
SAISON: Sommer; Samenstände: Herbst.
BEHANDLUNG (FRISCH): Mehrere Stunden tief in Wasser stellen.
ERNTE ZUM TROCKNEN: Sommer.
TROCKENMETHODE: Lufttrocknen im Hängen. Blätter pressen.

Astrantia **Sterndolde**
Eigentümliche, wie ein Sträußchen geformte, grünlich-weiße Blüten. Auch perlmuttfarbene und rote Sorten von mittlerer Größe mit hübschen Blättern. In Wasser lang haltbar. Harmonieren in Arrangements gut mit Phlox und Rittersporn.
SAISON: Sommer, Herbst.
BEHANDLUNG (FRISCH): Mehrere Stunden tief in Wasser stellen.

ERNTE ZUM TROCKNEN: Sommer.
TROCKENMETHODE: Hängend an der Luft trocknen.

Athyrium **Frauenfarn**
Grüne, grazile Farnwedel, die als Schnittgrün – kombiniert mit Blumen oder anderem Blattwerk – wunderschön aussehen.
SAISON: Sommer.
BEHANDLUNG (FRISCH): Ankochen und dann mehrere Stunden tief in Wasser stellen.
ERNTE ZUM TROCKNEN: Sommer.
TROCKENMETHODE: Pressen; entweder zwischen Zeitungspapier an einer wenig begangenen Stelle unter dem Teppich oder in der Blumenpresse.

Aucuba **Aukube**
Sträucher, die wegen ihrer immergrünen, glänzenden Blätter geschätzt werden. Auch panaschierte Formen. Weibliche Pflanzen tragen leuchtendrote Beeren. Zum Trocknen ungeeignet.
SAISON: Blätter: ganzjährig; Beeren: Herbst und Winter.
BEHANDLUNG (FRISCH): Stiele schälen, spalten, anschneiden und anschließend mehrere Stunden tief in Wasser stellen.

Avena **Hafer**
Zierliche, nickende Fruchtstände, die entweder in grünem, unreifem Zustand oder honigfarben und ausgereift getrocknet werden können.
SAISON: Sommer.
BEHANDLUNG (FRISCH): Mehrere Stunden tief in Wasser stellen.
ERNTE ZUM TROCKNEN: Sommer.
TROCKENMETHODE: Lufttrocknen; aufhängen oder in einen Behälter ohne Wasser stellen.

Azalea **Azalee**
Eine *Rhododendron*art mit leuchtend gefärbten Blüten. Als Schnittblumen oder kleine Sorten auch als Topfpflanzen verwendbar. Verschiedene Sorten stehen zur Auswahl, darunter einige, die besonders stark duften. In Wasser nur kurz haltbar.
SAISON: Frühjahr; Topfpflanzen besonders im Winter.
BEHANDLUNG (FRISCH): Stiele schälen, spalten und anschneiden. Nach dem Ankochen mehrere Stunden tief in Wasser stellen.
ERNTE ZUM TROCKNEN: Frühjahr.
TROCKENMETHODE: Einzelne Blüten in der Blumenpresse pressen.

Ballota **Gottvergeß**
Ausdauernder Halbstrauch, geschätzt wegen seiner behaarten, kreisrunden Blätter, die die überhängenden Stiele becherförmig umschließen. Die Behaarung läßt die Blätter graugrün erscheinen. Blüten unscheinbar. In Wasser lang haltbar.
SAISON: Sommer, Herbst.
BEHANDLUNG (FRISCH): Stiele ankochen und anschließend tief in Wasser stellen. Die Blätter dabei nicht benetzen.
ERNTE ZUM TROCKNEN: Sommer und Herbst.
TROCKENMETHODE: Durch Einstellen in Glyzerin präparieren (Blätter nach der Blüte ernten) oder hängend an der Luft trocknen.

Banksia
Australischer Baum oder Strauch mit interessanten kegelförmigen Blütenständen in Gelb oder Rot. Empfindlich; kann daher – mit Ausnahme sehr milder Klimagebiete – nur im Gewächshaus gehalten werden.
SAISON: Sommer.
BEHANDLUNG (FRISCH): Stiele schälen, spalten, anschneiden und anschließend mehrere Stunden tief in Wasser stellen.
ERNTE ZUM TROCKNEN: Frühjahr.
TROCKENMETHODE: Hängend an der Luft trocknen.

Berberis **Berberitze**
Stachelige Sträucher mit grünen oder purpurroten Blättern und gelben bzw. orangefarbenen Blüten. Im Herbst nützliche rote Beeren. Zum Trocknen ungeeignet.
SAISON: Blätter: Frühjahr bis Herbst, einige Arten ganzjährig; Blüten: Frühjahr; Beeren: Herbst.
BEHANDLUNG (FRISCH): Dornen im unteren Stengelbereich entfernen. Stiele schälen, spalten, anschneiden und anschließend mehrere Stunden tief in Wasser stellen.

Bergenia
Pflanze mit großen, fleischigen Blättern und nickenden Blütenähren in verschiedenen Rosatönen. Blätter wie Blüten für frische Arrangements verwendbar. Zum Trocknen ungeeignet.
SAISON: Blüten: Frühjahr; Blätter: ganzjährig.
BEHANDLUNG (FRISCH): Mehrere Stunden tief in Wasser stellen.

Betula **Birke**
Dieser Baum hat im Winter reizvolle kahle Äste, im Frühjahr frisches, grünes Laub. Ebenfalls im Frühjahr findet man Blütenkätzchen, im Herbst ähnlich geformte Samenstände – letztere fallen leicht aus. Die vielen Arten unterscheiden sich in Rindenfarbe und Blattgröße. Trokkene Zweige kann man für Weihnachtsdekorationen bzw. -arrangements färben oder als Kranzunterlage verwenden.
SAISON: Zweige: ganzjährig; Blätter: Frühjahr, Sommer.
BEHANDLUNG (FRISCH): Stiele schälen, spalten, anschneiden und mehrere Stunden tief in Wasser stellen.
ERNTE ZUM TROCKNEN: Winter.
TROCKENMETHODE: Zweige im Arrangement an der Luft trocknen.

Bouvardia **Bouvardie**
Empfindliche Gewächshauspflanze. Strauch mit rosafarbenen, weißen oder gelben, röhrenförmigen Büten in dichten Blütenständen. Einige Arten duften. Zum Trocknen ungeeignet.
BEHANDLUNG (FRISCH): Stiele spalten, anschneiden und mehrere Stunden tief in Wasser stellen.

Brassica **Kohl**
Viele Kohlarten sind sehr dekorativ, z. B. die runden Kopfkohlarten, der hochstämmige Rosenkohl, die weiß oder purpurrot gefärbten Knospen des Brokkoli, der weiße Blumenkohl oder die gekräuselten Blätter des Grünkohls. Vom Kopf- und Rosen-

kohl findet man auch rote Formen, ebenso gibt es leuchtend gefärbten Zierkohl. Zum Trocknen ungeeignet.
SAISON: Kraut: ganzjährig; Rosenkohl: Herbst und Winter; Zierkohl: Herbst.
BEHANDLUNG (FRISCH): Blätter 30 Minuten in Wasser eintauchen, weitere 30 Minuten in Wasser stellen.

Briza **Zittergras**
Graziles Gras mit nickenden, kompakten Fruchtständen, die sich beim kleinsten Windhauch bewegen. In frischem Zustand hellgrün, ähnelt in der Form keinem anderen Gras. Lang haltbar, gute Füllpflanze für Arrangements.
SAISON: Sommer, Herbst.
BEHANDLUNG (FRISCH): Keine.
ERNTE ZUM TROCKNEN: Sommer.
TROCKENMETHODE: Lufttrocknen; aufhängen oder in ein Gefäß ohne Wasser stellen.

Brodiaea
Zwiebelgewächs, dem Zierlauch ähnlich. Blaue oder purpurrote Blüten an mittellangen Stielen. Blätter welken oft vor der Blüte, daher ohne Bedeutung.
SAISON: Sommer.
BEHANDLUNG (FRISCH): Mehrere Stunden tief in Wasser stellen.
ERNTE ZUM TROCKNEN: Sommer.
TROCKENMETHODE: Blüten pressen.

Brunnera
Kaukasusvergißmeinnicht
Staude mit einer Fülle hellblauer Blüten, die sich über herzförmigen Blättern wiegen. Mittlere Größe. In Wasser relativ lang haltbar.
SAISON: Frühsommer.
BEHANDLUNG (FRISCH): Stiele spalten, anschneiden und mehrere Stunden tief in Wasser stellen.
ERNTE ZUM TROCKNEN: Frühsommer.
TROCKENMETHODE: Blütenstände in der Blumenpresse pressen.

Buddleja
Schmetterlingsstrauch
Duftender Strauch mit langen malvenfarbenen, purpurroten oder weißen Blütenähren. Auch Arten mit runden, orange- oder gelbgefärbten Blütenständen. Die grausilbernen bzw. grünen Blätter halten nur kurz, daher entfernen. Zum Trocknen ungeeignet.
SAISON: Frühjahr, Sommer und Herbst.
BEHANDLUNG (FRISCH): Stiele ankochen und mehrere Stunden tief in Wasser stellen.

Bupleurum sp. **Hasenohr**
Zarte, immergrüne Pflanze. Mit ihren grünen Blättern und weißen Blütchen zum Füllen von Arrangements gut geeignet.
SAISON: Sommer, Herbst.
BEHANDLUNG (FRISCH): Stiele spalten, anschneiden und mehrere Stunden tief in Wasser stellen.
ERNTE ZUM TROCKNEN: Hoch- bis Spätsommer.
TROCKENMETHODE: Hängend an der Luft trocknen.

Buxus **Buchsbaum**
Immergrüner Strauch mit kleinen, glänzenden Blättern. In Wasser sehr lange haltbar. Auch panaschierte Arten. Blüten unscheinbar.
SAISON: Ganzjährig.
BEHANDLUNG (FRISCH): Stiele schälen, spalten, anschneiden und anschließend mehrere Stunden tief in Wasser stellen.
ERNTE ZUM TROCKNEN: Ganzjährig.
TROCKENMETHODE: Präparieren durch Einstellen in Glyzerin.

Caladium **Kaladie**
Empfindliche Topfpflanze; geschätzt wegen ihrer großen, herzförmigen Blätter in Grün, Weiß, Cremeweiß oder Rosa mit kontrastierenden Blattadern. Als Schnittgrün kurze Haltbarkeit. Zum Trocknen ungeeignet.
SAISON: Sommer.
BEHANDLUNG (FRISCH): Blätter vor der Verarbeitung 30 Minuten in Wasser legen.

Calendula **Ringelblume**
Alte, einjährige Pflanze der Bauerngärten mit Blüten in leuchtendem Gelb oder flammendem Orange. In Wasser gut haltbar.
SAISON: Sommer.

BEHANDLUNG (FRISCH): Mehrere Stunden tief in Wasser stellen.
ERNTE ZUM TROCKNEN: Sommer.
TROCKENMETHODE: Rasch im Hängen lufttrocknen, z. B. in einem warmen Ofen. Blüten pressen.

Callistemon **Zylinderputzer**
Bedingt winterharte, empfindliche Bäume aus Australien. Schöne, leuchtendrot oder gelbgefärbte Blüten, die mit ihren Staubgefäßen einer Flaschenbürste ähneln. Liefern von allen Trockenblumen mit das schönste Rot.
SAISON: Sommer.
BEHANDLUNG (FRISCH): Stiele schälen, spalten, anschneiden und anschließend mehrere Stunden tief in Wasser stellen.
ERNTE ZUM TROCKNEN: Sommer.
TROCKENMETHODE: Hängend an der Luft trocknen.

Callistephus **Sommeraster**
Margeritenartige, einjährige Pflanze in verschiedenen Farben. Einfach- oder gefülltblühend. In Wasser relativ lang haltbar.
SAISON: Herbst.
BEHANDLUNG (FRISCH): Mehrere Stunden tief in Wasser stellen.
ERNTE ZUM TROCKNEN: Spätsommer und Herbst.
TROCKENMETHODE: Einzelblüten in der Blumenpresse pressen oder mit Chemikalien trocknen.

Camassia
Zwiebel, aus der an langem Stiel große, sternförmige Blüten in Blau oder Weiß hervorgehen. In Wasser nur kurz haltbar – wegen ihrer blauen Farbe dennoch wertvoll. Samenstände an der Pflanze trocknen lassen.
SAISON: Sommer.
BEHANDLUNG (FRISCH): Mehrere Stunden tief in Wasser stellen.
ERNTE ZUM TROCKNEN: Blüten: Sommer.
TROCKENMETHODE: Einzelblüten mit Chemikalien trocknen.

Camellia **Kamelie**
Herrliche weiße, rosa oder rote Blüten vor glänzend grünen Blättern.

Viele winterharte Formen stehen zur Auswahl. In Wasser lang haltbar.
SAISON: Spätwinter und Frühjahr. Im Handel früher.
BEHANDLUNG (FRISCH): Stiele schälen, spalten, anschneiden und anschließend mehrere Stunden tief in Wasser stellen.
ERNTE ZUM TROCKNEN: Blüten: Frühjahr; Blätter: Sommer.
TROCKENMETHODE: Blüten: mit Chemikalien trocknen; Blätter: präparieren durch Einstellen in Glyzerin.

Campanula **Glockenblume**
Ein breites Spektrum blauer Blumen der unterschiedlichsten Größe. Kleinere mit einzelnen Glöckchen, größere mit ganzen Blütentrauben. Kühl elegantes Erscheinungsbild. Auch weiße Formen. In Wasser lang haltbar.
SAISON: Sommer.
BEHANDLUNG (FRISCH): Mehrere Stunden tief in Wasser stellen.
Länger haltbar, wenn Bienen ferngehalten werden.
ERNTE ZUM TROCKNEN: Sommer.
TROCKENMETHODE: Einzelblüten in der Blumenpresse pressen.

Capsicum **Paprika, Spanischer Pfeffer**
Mit den glänzenden leuchtendroten oder grünen Früchten lassen sich im Arrangement markante Akzente setzen. Selbstgezogene Früchte halten länger als gekaufte. Getrockneter Pfeffer neigt zum Schrumpfen.
SAISON: Herbst, im Handel ganzjährig.
BEHANDLUNG (FRISCH): Polieren.
ERNTE ZUM TROCKNEN: Herbst.
TROCKENMETHODE: Hängend an der Luft trocknen.

Carlina **Silberdistel**
Schöne, aber stachelige große Blüten mit einem Durchmesser von 10–15 cm. Sehr auffällige Trockenblume, die, trotz einer gewissen »Wildheit«, sowohl zu formal als auch zu leger gestalteten Arrangements paßt. Wegen der Stacheln für frische Gebinde ungeeignet.

ERNTE ZUM TROCKNEN: Herbst.
TROCKENMETHODE: Lufttrocknen; in ein Gefäß ohne Wasser stellen.

Carthamus **Saflor, Färberdistel**
Zum Trocknen ernten, sobald sich die orangefarbenen Blütenblätter zeigen. Die Blütenfarbe ist sehr intensiv. Saflor kommt in Gruppen arrangiert gut zur Geltung. Beim Trocknen die oberen Blätter am Stiel belassen, da sie für die Blüten einen ausgezeichneten Hintergrund liefern.
SAISON: Sommer.
BEHANDLUNG (FRISCH): Mehrere Stunden tief in Wasser stellen.
ERNTE ZUM TROCKNEN: Sommer.
TROCKENMETHODE: Hängend an der Luft trocknen.

Castanea **Eßkastanie**
Hübsche, große Blätter. Flaumige gelbe Blüten (Geruch wird manchmal als unangenehm empfunden), später hellgrüne, stachlige Fruchtbecher mit glänzendbraunen Kastanien.
SAISON: Blätter: Frühjahr und Sommer; Blüten: Sommer; Fruchtbecher und Früchte: Herbst.
BEHANDLUNG (FRISCH): Stiele schälen, spalten, anschneiden und mehrere Stunden tief in Wasser stellen. Früchte polieren.
ERNTE ZUM TROCKNEN: Frühjahr und Sommer.
TROCKENMETHODE: Blätter in Glyzerin stellen.

Catananche **Rasselblume**
Feingestielte, hellblaue Blüte mit dunklem »Auge« und pergamentartigem Kelch. Als Schnitt- und Trockenblume lange haltbar.
SAISON: Sommer, Herbst.
BEHANDLUNG (FRISCH): Mehrere Stunden tief in Wasser stellen.
ERNTE ZUM TROCKNEN: Sommer.
TROCKENMETHODE: Lufttrocknen im Hängen; pressen in der Blumenpresse; trocknen mit Chemikalien.

Cattleya
Große Gruppe epiphytischer Orchideen mit breiten Blütenlippen. Die größten Blüten erreichen einen Durchmesser von 25 cm. Viele Arten und Formen sowie ein breites Farbenspektrum mit der Betonung auf Purpurrot stehen zur Auswahl; einige duftende Arten. Kurzstielt, feingliedrig. Zum Trocknen ungeeignet.
SAISON: Ganzjährig.
BEHANDLUNG (FRISCH): Mehrere Stunden tief in Wasser stellen.

Ceanothus **Säckelblume**
Immergrüner oder laubabwerfender Strauch mit flaumigen, runden Blütenbüscheln in verschiedenen Blautönen. Blätter immergrüner Arten besonders wertvoll. Zum Trocknen ungeeignet.
SAISON: Frühjahr und Frühsommer.
BEHANDLUNG (FRISCH): Stiele schälen, spalten, anschneiden und anschließend mehrere Stunden tief in Wasser stellen.

Celosia **Hahnenkamm**
Eindrucksvolle Pflanze mit feingliederten, leuchtendroten oder gelben Blütenständen.
SAISON: Spätsommer, Herbst.
BEHANDLUNG (FRISCH): Stiele ankochen, dann mehrere Stunden tief in Wasser stellen.
ERNTE ZUM TROCKNEN: Sommer.
TROCKENMETHODE: Hängend an der Luft trocknen.

Centaurea **Kornblume, Flockenblume**
Ausdauernde, einjährige Pflanze. Grundfarbe ist Blau; es gibt heute aber eine breite Farbpalette, die auch Rosa, Malve und Rot enthält. »Sweet Sultan«, *(C. moschata)* duftet herrlich.
SAISON: Sommer.
BEHANDLUNG (FRISCH): Mehrere Stunden tief in Wasser stellen.
ERNTE ZUM TROCKNEN: Sommer.
TROCKENMETHODE: Hängend an der Luft oder mit Chemikalien trocknen.

Centranthus **Spornblume**
Große, tiefrosa- oder rotgefärbte Blütenstände; fleischige Stiele und Blüten. Auch weiße Formen. Zum Trocknen ungeeignet.

SAISON: Sommer.
BEHANDLUNG (FRISCH): Bei jungen Pflanzen Stiele ankochen und mehrere Stunden tief in Wasser stellen.

Chaerophyllum **Kerbelrübe**
Blütendolden der Kerbelrübe und anderer, ähnlicher Doldenblütler, wie Fenchel, Wiesenkerbel oder Bärenklau, können gepreßt und zu wunderschönen, strahlenförmigen Mustern verarbeitet werden. Samenstände lassen sich ebenfalls erfolgreich trocknen.
ERNTE ZUM TROCKNEN: Sommer.
TROCKENMETHODE: Blüten: Pressen oder aufhängen bzw. in ein leeres Gefäß stellen und an der Luft trocknen. Samenstände: hängend oder aufgestellt lufttrocknen.

Chamaerops **Zwergpalme**
Stammlose Palme. Blätter fächerförmig mit 12–15 Fiedern. Blattstiele bedornt. Als Schnittgrün lang haltbar.
SAISON: Ganzjährig.
BEHANDLUNG (FRISCH): Mehrere Stunden tief in Wasser stellen.
ERNTE ZUM TROCKNEN: Ganzjährig.
TROCKENMETHODE: Hängend an der Luft trocknen.

Cheiranthus **Goldlack**
Bekannte, wohlduftende Pflanze mit gelben, braunen oder purpurroten Blüten. In Wasser lang haltbar.
SAISON: Frühjahr.
BEHANDLUNG (FRISCH): Stiele spalten, anschneiden und mehrere Stunden tief in Wasser stellen. Eventuell ankochen.
ERNTE ZUM TROCKNEN: Frühjahr.
TROCKENMETHODE: Einzelblüten in der Blumenpresse pressen.

Chenopodium **Gänsefuß**
Heimische Pflanze, deren große Blütenstände gut trocknen. Blühende Seitentriebe können als Füllpflanzen verwendet werden, mit den Haupttrieben lassen sich in großen Arrangements interessante Effekte erzielen.

SAISON: Sommer.
BEHANDLUNG (FRISCH): Ankochen, anschließend mehrere Stunden tief in Wasser stellen.
ERNTE ZUM TROCKNEN: Herbst.
TROCKENMETHODE: In ein Gefäß ohne Wasser stellen und an der Luft trocknen.

Chionodoxa **Schneestolz**
Zwiebelgewächs mit entzückenden sternförmigen Blüten an kurzen Stielen; blau oder rosa mit weißem Schlund.
SAISON: Frühjahr.
BEHANDLUNG (FRISCH): Mehrere Stunden tief in Wasser stellen.
ERNTE ZUM TROCKNEN: Frühjahr.
TROCKENMETHODE: In der Blumenpresse pressen.

Choenomeles **Zierquitte**
Den Apfelblüten ähnliche, wachsartige Blüten; in Büscheln dicht an den blattlosen Zweigen. Hauptsächlich rote Farbtöne, aber auch Weiß, Rosa und Orange. Eigenartig gefärbte, birnenförmige Früchte.
SAISON: Blüten: Frühjahr; Früchte: Herbst.
BEHANDLUNG (FRISCH): Stiele schälen, spalten, anschneiden und anschließend mehrere Stunden tief in Wasser stellen.
ERNTE ZUM TROCKNEN: Frühjahr.
TROCKENMETHODE: Blüten pressen.

Choisya **Orangenblume**
Büschel duftender, weißer Blüten, die in der Art eines Sträußchens von glänzenden Blättern umgeben sind. Blätter als Beiwerk bestens geeignet; ideal zum Präparieren mit Glyzerin – nehmen dann einen weichen, cremefarbenen Ton an.
SAISON: Blüten: Sommer; Blätter: ganzjährig.
BEHANDLUNG (FRISCH): Stiele schälen, spalten, anschneiden und anschließend mehrere Stunden tief in Wasser stellen.
ERNTE ZUM TROCKNEN: Sommer.
TROCKENMETHODE: Blätter in Glyzerin stellen.

Chrysanthemum **Wucherblume**
Sehr beliebte Schnittblume mit breitem Spektrum an Formen und warmen Farbtönen. In Wasser lang haltbar. Geruch verletzter Blätter für manche Menschen unangenehm. Auch als Topfpflanze erhältlich. Zum Trocknen meist ungeeignet; Ausnahme: *C. vulgare,* die gut an der Luft trocknet.
SAISON: Herbst, im Handel ganzjährig.
BEHANDLUNG (FRISCH): Stiele spalten, anschneiden und mehrere Stunden tief in Wasser stellen.
ERNTE ZUM TROCKNEN: Sommer.
TROCKENMETHODE: Lufttrocknen im Hängen; einfache Blüten in der Blumenpresse pressen; gefüllte Blüten mit Chemikalien trocknen.

Cimicifuga **Silberkerze**
Große, an Flaschenbürsten erinnernde Blütenstände mit weißen oder cremefarbenen Blüten. Lange, tief dunkelbraun gefärbte Stiele. Manche Arten mit farnähnlichen Blättern. Halten in Wasser relativ lang. Zum Trocknen ungeeignet.
SAISON: Sommer, Herbst.
BEHANDLUNG (FRISCH): Stiele ankochen und anschließend mehrere Stunden tief in Wasser stellen.

Cladonia sp. **Islandmoos, Rentierflechte**
Außerordentlich vielseitig; getrocknet und frisch verwendbar. Geeignet als Unterlage von Trockenblumengestecken, aber auch zum Abdecken des Steckmaskenkerns von Kränzen, Bäumen etc. Einzelne Flechtenstückchen können angedrahtet und wie Blumen verarbeitet werden. Vorbehandlung bei frischer Verwendung nicht nötig.
ERNTE ZUM TROCKNEN: Ganzjährig.
TROCKENMETHODE: In Kisten oder Körben an der Luft trocknen.

Clarkia **Mandelröschen**
Anspruchslose einjährige Pflanze. Trichterförmige, leuchtend rosa-, rot-, purpurrot-, orange- oder weißgefärbte Blüten. Auch halb oder ganz gefüllte Formen. Blätter unbe-

deutend. Als Schnittblume gute Haltbarkeit.
SAISON: Spätfrühling, Sommer und Herbst.
BEHANDLUNG (FRISCH): Stiele ankochen, anschließend, mehrere Stunden tief in Wasser stellen.
ERNTE ZUM TROCKNEN: Sommer.
TROCKENMETHODE: Einzelblüten mit Chemikalien trocknen.

Clematis **Waldrebe**
Stauden oder kletternde Sträucher. Kleine Arten in Arrangements mit überhängendem Aufbau, großblütige Formen auch alleine verwendbar. Stauden sind in Wasser länger haltbar als kletternde Arten. Samenstände besitzen ebenfalls Zierwert.
SAISON: Frühjahr, Sommer und Herbst. Samenstände im Herbst.
BEHANDLUNG (FRISCH): Stiele spalten, anschneiden, ankochen und anschließend mehrere Stunden tief in Wasser stellen.
ERNTE ZUM TROCKNEN: Spätsommer.
TROCKENMETHODE: Samenstände im Hängen an der Luft trocknen. Blüten in der Blumenpresse pressen.

Clivia **Klivie, Riemenblatt**
Doldenartige Blütenstände mit glockenförmigen, rot- oder orangegefärbten Blüten. Blätter riemenförmig, glänzend, dunkelgrün. In Wasser lang haltbar.
SAISON: Frühjahr.
BEHANDLUNG (FRISCH): Mehrere Stunden tief in Wasser stellen.
ERNTE ZUM TROCKNEN: Frühjahr.
TROCKENMETHODE: Einzelblüten mit Chemikalien trocknen.

Cobaea **Glockenrebe**
Einjährige oder ausdauernde Kletterpflanzen mit großen, glockenförmigen Blüten in Purpurrot oder Hellgrün.
SAISON: Sommer, Herbst.
BEHANDLUNG (FRISCH): Mehrere Stunden tief in Wasser stellen.
ERNTE ZUM TROCKNEN: Sommer und Frühherbst.
TROCKENMETHODE: Einzelblüten mit Chemikalien trocknen.

Convallaria **Maiglöckchen**
Reizvolle, weiße Glöckchen an zierlichen Stielen. Wunderbarer Duft. Eine Form mit rosa Blüten. Blätter als Füllpflanze in Arrangements gut geeignet. In Wasser lang haltbar.
SAISON: Frühjahr, vorgetrieben: ganzjährig.
BEHANDLUNG (FRISCH): Mehrere Stunden tief in Wasser stellen.
ERNTE ZUM TROCKNEN: Frühjahr.
TROCKENMETHODE: Blüten in der Blumenpresse pressen oder mit Chemikalien trocknen.

Coreopsis **Mädchenauge**
Gelbe, margeritenähnliche Blüten mit dunkelgelber Mitte. Meist lange Stiele und tief gelappte Blätter. Mehrere Arten mit verschiedenen Gelbtönen und variierender Pflanzen- bzw. Blütengröße.
SAISON: Sommer.
BEHANDLUNG (FRISCH): Mehrere Stunden tief in Wasser stellen.
ERNTE ZUM TROCKNEN: Sommer.
TROCKENMETHODE: Blüten in der Blumenpresse pressen oder mit Chemikalien trocknen.

Cornus **Hartriegel**
Verschiedene Sträucher, deren Zweige sich wegen der gefärbten Rinde für Winterarrangements gut eignen. Im Frühjahr weiße oder gelbe Blüten und Hochblätter. Schönes Herbstlaub.
SAISON: Rinde: ganzjährig; besonders im Winter; Blüten: Frühjahr; Herbstlaub: Herbst.
BEHANDLUNG (FRISCH): Stiele schälen, spalten, anschneiden. Nach dem Ankochen mehrere Stunden tief in Wasser stellen.
ERNTE ZUM TROCKNEN: Sommer und Herbst.
TROCKENMETHODE: Einzelne Blätter in der Blumenpresse pressen.

Cortaderia selloana **Pampasgras**
Die rosa oder cremefarbenen Blütenrispen werden geerntet, sobald sie voll entwickelt sind. Besprühen mit Haarspray verhindert das Ausfallen der Samen. Die Blütenrispen können allein bzw. mit anderen Gräsern arrangiert oder in einzelne Rispenäste aufgeteilt und für kleinere Gebinde verwendet werden.
SAISON: Herbst.
BEHANDLUNG (FRISCH): Mehrere Stunden tief in Wasser stellen.
ERNTE ZUM TROCKNEN: Herbst.
TROCKENMETHODE: In ein Gefäß mit etwas Wasser stellen und an der Luft trocknen oder mit Glyzerin präparieren.

Corydalis **Lerchensporn**
Eine Pflanzenart, die zunehmend gefragt ist, aber, mit Ausnahme von *C. lutea*, nur schwer erhältlich ist. Zierliche, gelbe Blütchen über filigranem Blattwerk.
SAISON: Sommer.
BEHANDLUNG (FRISCH): Mehrere Stunden tief in Wasser stellen.
ERNTE ZUM TROCKNEN: Sommer.
TROCKENMETHODE: Blüten und Blätter in der Blumenpresse pressen.

Corylus **Haselnuß**
Bekannt sind die gelben Kätzchen an Hecken und Gebüsch. *C. avellana* »Contorta« hat interessant verdrehte Äste. Arten mit purpurroten Blättern als Schnittgrün gut geeignet. Getrocknete Zweige können gefärbt und für festliche Dekorationen verwendet werden.
SAISON: Kätzchen: Winterende, Frühjahr; Blätter: Frühjahr, Sommer.
BEHANDLUNG (FRISCH): Stiele spalten, anschneiden und mehrere Stunden tief in Wasser stellen.
ERNTE ZUM TROCKNEN: Winter.
TROCKENMETHODE: Kätzchen hängend lufttrocknen oder mit Glyzerin präparieren. Zweige: Wie frisches Material behandeln, dann aufrecht an der Luft trocknen.

Cosmos **Kosmee, Schmuckkörbchen**
Große Pflanzen mit weißen, roten, rosa- oder orangefarbenen Blüten und fein gefiederten Blättern. *C. atrosanguineus* hat ungewöhnliche, dunkelbraune Blüten und einen an heißen Kakao erinnernden Geruch. In Wasser lang haltbar.
SAISON: Sommer, Herbst.

BEHANDLUNG (FRISCH): Mehrere Stunden tief in Wasser stellen.
ERNTE ZUM TROCKNEN: Sommer und Herbst.
TROCKENMETHODE: Blüten und Blätter in der Blumenpresse pressen.

Cotinus **Perückenstrauch**
Wertvolle Sträucher oder Bäume mit wunderschönen, purpurroten Blättern von einfacher, runder Form. In Arrangements als Hintergrund gut geeignet. Schöne Herbstfärbung. Alle Arten in Wasser lang haltbar.
SAISON: Sommer, Herbst.
BEHANDLUNG (FRISCH): Stiele schälen, spalten, anschneiden. Nach dem Ankochen mehrere Stunden tief in Wasser stellen.
ERNTE ZUM TROCKNEN: Herbst.
TROCKENMETHODE: Hängend lufttrocknen oder einzelne Blätter in der Blumenpresse pressen.

Crocosmia **Montbretie**
Große knollenbildende Pflanze mit schwertförmigen Blättern. Rispige Blütenstände mit leuchtend orange- oder gelbgefärbten Blüten. In Wasser lang haltbar.
SAISON: Spätsommer und Herbst.
BEHANDLUNG (FRISCH): Mehrere Stunden tief in Wasser stellen.
ERNTE ZUM TROCKNEN: Sommer.
TROCKENMETHODE: Samenstände: Hängend lufttrocknen; Blüten: mit Chemikalien trocknen oder in der Blumenpresse pressen.

Crocus **Krokus**
Kleine knollenbildende Pflanze. Im Frühjahr becherförmige Blüten in vielen verschiedenen Farben, die von Cremeweiß über leuchtendes Orange bis Blau oder Malve reichen. Auch Herbstblüher. Blüten vor dem Trocknen andrahten.
SAISON: Winterende, Frühjahr und Sommer.
BEHANDLUNG (FRISCH): Mehrere Stunden tief in Wasser stellen.
ERNTE ZUM TROCKNEN: Frühlingsanfang.
TROCKENMETHODE: Mit Chemikalien trocknen.

Cryptomeria **Sicheltanne**
Immergrüne Konifere mit sichelförmigen, im Winter bronzefarbenen, im Frühjahr leuchtendgrün gefärbten Nadeln. Mehrere Arten.
SAISON: Ganzjährig.
BEHANDLUNG (FRISCH): Stiele schälen, spalten, anschneiden und anschließend mehrere Stunden tief in Wasser stellen.
ERNTE ZUM TROCKNEN: Sommer.
TROCKENMETHODE: Wie frisches Material behandeln, dann im Arrangement lufttrocknen oder aber mit Glyzerin präparieren. Zapfen in Körben an der Luft trocknen.

Cuphea **Köcherblümchen**
Hängende, röhrenförmige Blütchen in Gelb und verschiedenen leuchtenden Rottönen. Für sehr kleine Arrangements. Zum Trocknen ungeeignet.
SAISON: Sommer; Gewächshaus: ganzjährig.
BEHANDLUNG (FRISCH): Mehrere Stunden tief in Wasser stellen.

Cyclamen **Alpenveilchen**
Einige zierliche Wildformen, die im Gewächshaus oder Garten fast ganzjährig für Farbtupfer sorgen. Größere Arten als Zimmerpflanzen. Verschiedene Farbtöne von Weiß über Malve und Rosa bis Purpurrot.
SAISON: Je nach Art Herbst, Winter und Frühjahr; im Handel ganzjährig.
BEHANDLUNG (FRISCH): Mehrere Stunden tief in Wasser stellen.
ERNTE ZUM TROCKNEN: Ganzjährig.
TROCKENMETHODE: Kleinere Blätter in der Blumenpresse pressen.

Cymbidium
Wunderschöne, exotische Orchidee mit duftigen Blütenzweigen. Mit Ausnahme von Blau viele verschiedene Farbtöne. In Wasser extrem lange haltbar.
SAISON: Im Handel ganzjährig.
BEHANDLUNG (FRISCH): Mehrere Stunden tief in Wasser stellen.
ERNTE ZUM TROCKNEN: Ganzjährig.
TROCKENMETHODE: Blüten mit Chemikalien trocknen.

Cynara **Artischocke**
Vielseitige Pflanze mit immergrünen Blättern und großen, distelartigen Blütenständen. Es können Knospen, Blüten oder Fruchtstände verwendet werden. Blütenstände zum Trocknen geeignet.
SAISON: Blüten: Hochsommer; Blätter: ganzjährig.
BEHANDLUNG (FRISCH): Mehrere Stunden tief in Wasser stellen.
ERNTE ZUM TROCKNEN: Blüten: Sommer; Hochblätter: Herbst.
TROCKENMETHODE: Lufttrocknen; aufhängen oder in ein Gefäß ohne Wasser stellen.

Cyperus **Zypergras**
Blattähnliche Hochblätter strahlenförmig an der Halmspitze. Topfpflanze; Halme können geschnitten werden. In Wasser lang haltbar.
SAISON: Sommer.
BEHANDLUNG (FRISCH): Mehrere Stunden tief in Wasser stellen.
ERNTE ZUM TROCKNEN: Frühjahr.
TROCKENMETHODE: Hängend an der Luft trocknen.

Cypripedium **Frauenschuh**
Orchidee mit schuhförmiger Lippe, die von braunen Blütenteilen umgeben ist. Verglichen mit anderen Orchideen eher unauffällige Farben.
SAISON: Sommer.
BEHANDLUNG (FRISCH): Mehrere Stunden tief in Wasser stellen.
ERNTE ZUM TROCKNEN: Sommer.
TROCKENMETHODE: Blüten mit Chemikalien trocknen.

Cytisus **Geißklee**
Strauch mit einer Fülle weißer, gelber, roter, orange- oder rosafarbener Schmetterlingsblüten.
SAISON: Frühjahr.
BEHANDLUNG (FRISCH): Stiele spalten, anschneiden, ankochen und mehrere Stunden tief in Wasser stellen.
ERNTE ZUM TROCKNEN: Frühjahr.
TROCKENMETHODE: Triebe (nach der Blüte): Hängend an der Luft trocknen oder in Glyzerin stellen. Blüten: Mit Chemikalien trocknen.

Dahlia **Dahlie**
Bedingt winterhartes Knollengewächs. Zahlreiche Blütenformen und -farben, darunter Weiß, Rot, Malve, Gelb und Orange. Langgestielt. Besonders Pompondahlien in Wasser lang haltbar. Zum Trocknen Tage vor Vollblüte ernten.
SAISON: Spätsommer und Herbst.
BEHANDLUNG (FRISCH): Mehrere Stunden tief in Wasser stellen.
ERNTE ZUM TROCKNEN: Herbst.
TROCKENMETHODE: Hängend an der Luft oder mit Chemikalien trocknen.

Daphne **Seidelbast**
Niedriger Strauch; langsames Wachstum. Duftende Blüten, hauptsächlich in Rot, Purpurrot und Weiß, . T. auch in Gelb. D. laureola ist immergrün. Zum Trocknen ungeeignet.
SAISON: Winterende, Frühjahr und Sommer.
BEHANDLUNG (FRISCH): Stiele schälen, spalten, anschneiden. Nach dem Ankochen mehrere Stunden tief in Wasser stellen.

Delphinium **Rittersporn**
Große Blütenähren, Blüten gespornt. Verschiedene Blautöne, aber auch weiße, rosa und purpurrote Formen erhältlich; daneben heute auch einige Zwergformen. Zum Trocknen ernten, wenn ⅔ der Blüten geöffnet sind, und an einen kühlen, dunklen, trockenen Ort bringen.
SAISON: Sommer, manchmal zweite Blüte im Herbst.
BEHANDLUNG (FRISCH): Hohle Stiele mit Watte abdichten und mehrere Stunden tief in Wasser stellen.
ERNTE ZUM TROCKNEN: Sommer.
TROCKENMETHODE: Blütenstände (Blätter entfernen) aufhängen oder in ein Gefäß mit etwas Wasser stellen und an der Luft trocknen. Einzelblüten und Blätter in der Blumenpresse pressen.

Deutzia **Deutzie**
Sträucher mit vielen kleinen, einfachen oder gefüllten Blüten in Weiß und Rosa. Einige der gefüllten Blüten sind am Rand reizvoll gefranst. In Wasser relativ lang haltbar.
SAISON: Spätfrühling und Sommer.
BEHANDLUNG (FRISCH): Stiele schälen, spalten, anschneiden und anschließend mehrere Stunden tief in Wasser stellen.
ERNTE ZUM TROCKNEN: Frühjahr und Sommer.
TROCKENMETHODE: Kleine Zweige mit Chemikalien trocknen.

Dianthus **Nelke**
Eine der bekanntesten Schnittblumen. Es gibt weiße, rosa und rote Arten, manche mit kontrastierendem »Auge«. Die meisten duften. In Wasser lang haltbar.
SAISON: Sommer und Herbst (Feder- und Bartnelken nur im Frühsommer). Ganzjährig im Handel.
BEHANDLUNG (FRISCH): Mehrere Stunden tief in Wasser stellen.
ERNTE ZUM TROCKNEN: Sommer.
TROCKENMETHODE: Kleine, gefüllte Federnelken hängend an der Luft, andere Nelken mit Chemikalien trocknen. Einfache Federnelken in der Blumenpresse pressen.

Dicentra **Tränendes Herz**
Farnartige Blätter und wunderschöne, überhängende Zweige mit herzförmigen Blüten in Rosa oder Weiß. In Wasser lang haltbar.
SAISON: Frühjahr, Sommer.
BEHANDLUNG (FRISCH): Mehrere Stunden tief in Wasser stellen.
ERNTE ZUM TROCKNEN: Frühjahr und Sommer.
TROCKENMETHODE: Einzelblüten pressen oder mit Chemikalien trocknen.

Digitalis **Fingerhut**
Zu Anfang des Sommers erscheinen große Blütenstände mit purpurrot gefärbten Glocken. Einige Arten tragen rund um den Stengel Blüten, wieder andere sind von weißer oder gelber Farbe.
SAISON: Sommer.
BEHANDLUNG (FRISCH): Größere Blätter entfernen, Stiele ankochen und mehrere Stunden tief in Wasser stellen.

ERNTE ZUM TROCKNEN: Sommer.
TROCKENMETHODE: Samenstände hängend an der Luft, Einzelblüten mit Chemikalien trocknen.

Doronicum **Gemswurz**
Im Frühjahr goldgelbe, margeritenähnliche Blüten, die immer eine gewisse »Frische« ausstrahlen. Auch gefüllte Sorten.
SAISON: Frühjahr.
BEHANDLUNG (FRISCH): Mehrere Stunden tief in Wasser stellen.
ERNTE ZUM TROCKNEN: Frühjahr.
TROCKENMETHODE: Blüten pressen.

Dryandra
Immergrüner Strauch aus Australien mit orangefarbenen oder gelben Blüten.
SAISON: Frühjahr.
BEHANDLUNG (FRISCH): Stiele schälen, spalten, anschneiden und anschließend mehrere Stunden tief in Wasser stellen.
ERNTE ZUM TROCKNEN: Sommer.
TROCKENMETHODE: Hängend an der Luft trocknen.

Dryopteris **Wurmfarn**
Die Wedel lassen sich gut pressen. Da sie zweidimensional wachsen, sehen sie gepreßt im Arrangement vollkommen natürlich aus.
SAISON: Sommer.
BEHANDLUNG (FRISCH): Ankochen und mehrere Stunden tief in Wasser stellen.
ERNTE ZUM TROCKNEN: Sommer.
TROCKENMETHODE: Liegend an der Luft trocknen oder zwischen Zeitungen unter einer wenig begangenen Stelle des Teppichs pressen.

Echinops **Kugeldistel**
Bekannte, große, häufig von Bienen angeflogene Staude mit stachligen, kugelförmigen Blütenständen. Blüten meist blau, aber auch hellgrüne und weiße Formen erhältlich. In Wasser lang haltbar. Zum Trocknen ernten, bevor die Blüten ganz entwickelt sind.
SAISON: Sommer.

218 · BLUMEN UND BLATTWERK VON A–Z

BEHANDLUNG (FRISCH): Mehrere Stunden tief in Wasser stellen. Junge Pflanzen ankochen.
ERNTE ZUM TROCKNEN: Sommer.
TROCKENMETHODE: Hängend lufttrocknen; ausgewachsene Pflanzen mit Glyzerin präparieren.

Echium **Natternkopf**
Wildpflanze, gelegentlich in Gärten. Dichte Ähren blauer Blüten mit roten Staubfäden. Blätter und Stiele bedeckt mit kleinen Stacheln, die in die Haut eindringen. Kultivierte Gartenhybriden mit größerem Farbenspektrum. Zum Trocknen ungeeignet.
SAISON: Sommer.
BEHANDLUNG (FRISCH): Stiele ankochen und mehrere Stunden tief in Wasser stellen.

Elaeagnus **Ölweide**
Immergrüner, wegen seiner hübschen Blätter geschätzter Strauch. *E. pungens* »Maculata« und *E. ebbingei* »Gilt Edge« haben sehr schöne, goldene bzw. grüne Blätter. *E. angustifolia* und *E. commutata* hingegen silbernes Blattwerk. Durch Zusatz grüner Farbe zum Glyzerin kann man die Blattfarbe beim Präparieren unterstützen.
SAISON: Ganzjährig.
BEHANDLUNG (FRISCH): Verholzte Stiele klopfen und mehrere Stunden tief in Wasser stellen.
ERNTE ZUM TROCKNEN: Sommer.
TROCKENMETHODE: Präparieren durch Einstellen in Glyzerin.

Epilobium **Weidenröschen**
Wild- oder Gartenpflanze mit tief rosaroten Blüten in spitz zulaufenden Blütenähren. Einige sehr große Arten. Wildformen können in Gärten zum Unkraut werden.
SAISON: Sommer.
BEHANDLUNG (FRISCH): Um ein Welken zu vermeiden, sofort nach dem Pflücken ankochen und mehrere Stunden tief in Wasser stellen.
ERNTE ZUM TROCKNEN: Sommer.
TROCKENMETHODE: Blüten pressen.

Eremurus **Steppenkerze**
Große Blütenschäfte mit sternförmigen, weiß-, rosa- oder gelbgefärbten Blüten. Einige duftende Arten. In Wasser lang haltbar.
SAISON: Sommer.
BEHANDLUNG (FRISCH): Mehrere Stunden tief in Wasser stellen.
ERNTE ZUM TROCKNEN: Sommer.
TROCKENMETHODE: Einzelblüten in der Blumenpresse pressen oder mit Chemikalien trocknen.

Erica **Glockenheide**
Kleine, wegen ihrer Blüten- und Blattfärbung geschätzte Sträucher. Zu jeder Jahreszeit blühende Arten. Die Blütenfarbe variiert zwischen Weiß, Rosa, Malve und Purpurrot, die der Blätter zwischen verschiedenen Grün- und Goldtönen. Auch die rostbraunen Samenstände sind attraktiv.
SAISON: Ganzjährig.
BEHANDLUNG (FRISCH): Stiele spalten, anschneiden und mehrere Stunden tief in Wasser stellen.
ERNTE ZUM TROCKNEN: Sommer.
TROCKENMETHODE: In ein Gefäß mit etwas Wasser stellen und an der Luft trocknen.

Erodium **Reiherschnabel**
Kleine, geraniumähnliche Blüten in Rosa oder Weiß. Blätter und Blüten zum Pressen geeignet.
SAISON: Sommer.
BEHANDLUNG (FRISCH): Mehrere Stunden tief in Wasser stellen.
ERNTE ZUM TROCKNEN: Sommer.
TROCKENMETHODE: In Blumenpresse pressen.

Eryngium **Edeldistel**
Stachlige, aber äußerst dekorative Pflanze, bei der sogar die Blüten Stacheln haben. Hauptsächlich blaue Formen, daneben auch einige grüne und weiße. Manche Arten sind locker verzweigt, andere haben einen dichten, kompakten Wuchs.
SAISON: Sommer, Herbst.
BEHANDLUNG (FRISCH): Mehrere Stunden tief in Wasser stellen.
ERNTE ZUM TROCKNEN: Spätsommer.

TROCKENMETHODE: Hängend lufttrocknen oder durch Einstellen in Glyzerin präparieren.

Escallonia
Spät blühender Strauch. Die überhängenden Zweige sind mit Büscheln sternförmiger Blüten in Rosa-, Rot- oder Weißtönen bedeckt. Glänzende, immergrüne Blätter. In Wasser relativ lang haltbar.
SAISON: Spätsommer und Herbst.
BEHANDLUNG (FRISCH): Stiele schälen, spalten, anschneiden und anschließend mehrere Stunden tief in Wasser stellen.
ERNTE ZUM TROCKNEN: Sommer und Herbst.
TROCKENMETHODE: Mit Chemikalien trocknen oder in der Blumenpresse pressen. Blätter: Mit Glyzerin präparieren.

Eucalyptus **Eukalyptus**
Sehr wertvoll wegen seiner immergrünen, silbergrauen Blätter. Auch die duftigen, weißen Blüten sind in Arrangements recht attraktiv. In Wasser lang haltbar.
SAISON: Blätter: ganzjährig; Blüten: Spätherbst, bis Winteranfang.
BEHANDLUNG (FRISCH): Stiele schälen, spalten, anschneiden und anschließend mehrere Stunden tief in Wasser stellen.
ERNTE ZUM TROCKNEN: Sommer.
TROCKENMETHODE: Lufttrocknen im Hängen oder durch Einstellen in Glyzerin präparieren.

Euonymus **Spindelstrauch**
Laubabwerfende und immergrüne Arten. Letztere wegen ihrer glänzenden z. T. hübsch panaschierten Blätter geschätzt. Der Zierwert der laubabwerfenden Arten liegt in der bunten Herbstfärbung und den roten, sich in Form eines Kardinalhutes öffnenden Früchten. Zum Trocknen ungeeignet.
SAISON: Im Herbst Früchte und Herbstlaub, ganzjährig immergrüne Blätter.
BEHANDLUNG (FRISCH): Stiele schälen, spalten, anschneiden und anschließend mehrere Stunden tief in Wasser stellen.

Euphorbia **Wolfsmilch**
Wertvolle, in der Größe stark variierende Pflanze mit gelben und grünen Blättern. In Wasser lang haltbar. Scheidet einen weißen, ätzenden Saft aus. Hierher gehört auch der Weihnachtsstern mit seinen roten Hochblättern. Zum Trocknen ungeeignet.
SAISON: Frühjahr und Sommer. Weihnachtssterne im Winter.
BEHANDLUNG (FRISCH): Ausfließen des Saftes durch Abflammen oder mit feinem Sand unterbinden. Mehrere Stunden tief in Wasser stellen.

Eustoma
Glockenförmige, zierlich überhängende Blüten – wunderschön purpurrot gefärbt.
SAISON: Sommer, nur im Handel.
BEHANDLUNG (FRISCH): Ankochen und mehrere Stunden tief in Wasser stellen.
TROCKENMETHODE: Blüten mit Chemikalien trocknen.

Fagus **Buche**
Wertvolle Blätter in glänzendem Grün oder Kupfer. Nützliche Fruchtbecher mit interessanter Form.
SAISON: Blätter: Frühjahr und Sommer; Früchte: Herbst.
BEHANDLUNG (FRISCH): Zweige schälen, spalten, anschneiden – junge ankochen – und mehrere Stunden tief in Wasser stellen.
ERNTE ZUM TROCKNEN: Sommer.
TROCKENMETHODE: Lufttrocknen im Liegen; zwischen Zeitungen unter dem Teppich an einer wenig begangenen Stelle pressen; mit Glyzerin präparieren; Früchte in einem Korb an der Luft trocknen.

Fatsia
Große, glänzend dunkelgrüne Blätter, fingerförmig gelappt. Geschätztes Beiwerk. In Wasser lang haltbar. Mit Glyzerin präparierte Blätter werden braun.
SAISON: Sommer.
BEHANDLUNG (FRISCH): Stiele spalten, anschneiden und mehrere Stunden tief in Wasser stellen.
ERNTE ZUM TROCKNEN: Sommer.
TROCKENMETHODE: Lufttrocknen im Liegen; zwischen Zeitungspapier unter einer wenig begangenen Stelle des Teppichs pressen; mit Glyzerin präparieren.

Farne
Breites Spektrum an Formen und Strukturen; manche Arten sind filigran, andere eher riemenförmig. Große Auswahl an verschiedenen Grüntönen. In Wasser lang haltbar.
SAISON: Frühjahr bis Herbst.
BEHANDLUNG (FRISCH): Stiele abflammen und mehrere Stunden tief in Wasser stellen. Junge Pflanzen ankochen.
ERNTE ZUM TROCKNEN: Frühjahr und Sommer.
TROCKENMETHODE: Lufttrocknen im Liegen oder zwischen Zeitungspapier unter einer wenig begangenen Stelle des Teppichs pressen.

Ficus **Feigenbaum, Gummibaum**
Blattpflanzen mit glänzenden, ledrigen Blättern unterschiedlicher Größe. Teilweise als Schnittgrün verwendbar. Zum Trocknen ungeeignet.
SAISON: Ganzjährig.
BEHANDLUNG (FRISCH): Stiele ankochen und mehrere Stunden tief in Wasser stellen.

Foeniculum **Fenchel**
Die zierlichen Samenstände erinnern getrocknet an die des Dills. Man verwendet sie wegen ihrer zartgliedrigen Struktur.
SAISON: Sommer.
BEHANDLUNG (FRISCH): Ankochen und anschließend mehrere Stunden tief in Wasser stellen.
ERNTE ZUM TROCKNEN: Sommer.
TROCKENMETHODE: Hängend lufttrocknen; Samenstände mit Glyzerin präparieren.

Forsythia **Forsythie**
Sträucher mit sternförmigen, gelben Blüten, die vor den Blättern erscheinen. Kann im Winter geschnitten und vorgetrieben werden. In Wasser relativ lang haltbar.
SAISON: Frühjahr; Vortreiben im Winter.
BEHANDLUNG (FRISCH): Stiele schälen, spalten, anschneiden und mehrere Stunden tief in Wasser stellen. Zum Vortreiben Stiele ankochen.
ERNTE ZUM TROCKNEN: Frühjahr.
TROCKENMETHODE: Einzelblüten in der Blumenpresse pressen oder mit Chemikalien trocknen.

Freesia
Besonders intensiv duftende Schnittblume. Die Blüten der in vielen Farben erhältlichen Blütenrispen öffnen sich nacheinander. In Wasser lang haltbar.
SAISON: Sommer; im Handel ganzjährig.
BEHANDLUNG (FRISCH): Mehrere Stunden tief in Wasser stellen.
ERNTE ZUM TROCKNEN: Sommer.
TROCKENMETHODE: Mit Chemikalien trocknen oder pressen.

Fritillaria
Große Familie von Zwiebelgewächsen. Bekannt ist die Schachbrettblume mit nickenden Solitärblüten in weiß-purpurroter Schachbrettmusterung und die größere Kaiserkrone. Deren Stengel wird von einem Blattschopf gekrönt, unter dem mehrere gelbe oder orangerote Glocken hängen. Zum Trocknen ungeeignet.
SAISON: Frühjahr.
BEHANDLUNG (FRISCH): Mehrere Stunden tief in Wasser stellen.

Fuchsia **Fuchsie**
Kleine Sträucher mit hängenden, meist glockenförmigen Blüten in verschiedenen Rosa-, Purpurrot- und Rottönen. Einige Arten mit panaschierten Blättern, nur wenige winterhart.
SAISON: Sommer, Herbst.
BEHANDLUNG (FRISCH): Stiele schälen, spalten, anschneiden und anschließend mehrere Stunden tief in Wasser stellen.
ERNTE ZUM TROCKNEN: Sommer und Herbst.
TROCKENMETHODE: In der Blumenpresse pressen oder mit Chemikalien trocknen.

Gaillardia **Kokardenblume**
Margeritenähnliche Blüten in glühenden Rot-, Gelb und Orange-

tönen. Einfache und gefüllte Formen. In Wasser lang haltbar.
SAISON: Sommer, Herbst.
BEHANDLUNG (FRISCH): Mehrere Stunden tief in Wasser stellen.
ERNTE ZUM TROCKNEN: Sommer und Herbst.
TROCKENMETHODE: Blüten in Blumenpresse pressen.

Garrya
Wertvoller, immergrüner Strauch mit grünen Blütenständen in Form langer, weicher Quasten. Diese erscheinen im Winter, d. h. zu einer Zeit, in der nur wenige Pflanzen blühen. In Wasser lang haltbar.
SAISON: Winter.
BEHANDLUNG (FRISCH): Stiele schälen, spalten, anschneiden und anschließend mehrere Stunden tief in Wasser stellen.
ERNTE ZUM TROCKNEN: Winter.
TROCKENMETHODE: Wenn die Blütenstände reifen, mit Glyzerin präparieren.

Genista **Ginster**
Überhängende Triebe mit gelben Schmetterlingsblüten. Einige duftende Arten. In Wasser lang haltbar.
SAISON: Frühsommer.
BEHANDLUNG (FRISCH): Stiele spalten, anschneiden und mehrere Stunden tief in Wasser stellen.
ERNTE ZUM TROCKNEN: Sommer.
TROCKENMETHODE: Triebe (nach der Blüte): hängend lufttrocknen oder mit Glyzerin präparieren. Blüten: Mit Chemikalien trocknen.

Gentiana **Enzian**
Aufrecht stehende »Trompeten« in leuchtendem Blau. In der Mehrzahl kurzstielig, es gibt aber einige große Arten, wie G. *asclepiadea*, der eine Höhe von 60 cm erreicht. Einige Arten mit weißen Sorten.
SAISON: Frühjahr bis Spätherbst.
BEHANDLUNG (FRISCH): Zum Öffnen der Blüten, in Wasser an einen warmen, sonnigen Platz stellen.
ERNTE ZUM TROCKNEN: Herbst.
TROCKENMETHODE: Mit Chemikalien trocknen.

Geranium **Storchschnabel**
Beliebte Staude mit tellerförmigen Blüten. Es gibt eine Vielzahl von Arten mit Farben, die von Blau, Malve und Purpurrot bis Rot, Rosa und Weiß reichen – viele haben kontrastierende Adern. Auch die Größe variiert stark. Geringe Haltbarkeit. Attraktive Samenstände.
SAISON: Spätfrühling bis Herbst.
BEHANDLUNG (FRISCH): Mehrere Stunden tief in Wasser stellen.
ERNTE ZUM TROCKNEN: Spätsommer bis Herbst.
TROCKENMETHODE: Einzelblüten und Blätter pressen.

Gerbera
Margeritenähnliche, leuchtend creme-, gelb-, orange-, rot-, rosa- oder purpurrotgefärbte Blüten. Empfindlich und auffällig. In Wasser lang haltbar. Zum Trocknen ungeeignet.
SAISON: Im Handel ganzjährig.
BEHANDLUNG (FRISCH): Stiele ankochen und mehrere Stunden tief in Wasser stellen.

Geum **Nelkenwurz**
Stauden mit meist runden, teilweise hängenden Blüten in leuchtendem Rot, Gelb oder Orange. Einfach- bis gefülltblühende Formen.
SAISON: Frühjahrsende und Sommer.
BEHANDLUNG (FRISCH): Stiele ankochen und mehrere Stunden tief in Wasser stellen.
ERNTE ZUM TROCKNEN: Spätfrühling und Sommer.
TROCKENMETHODE: Einfachblühende Arten in der Blumenpresse pressen, gefüllte Formen mit Chemikalien trocknen.

Gladiolus **Gladiole**
Bekannte knollenbildende Pflanze mit großen, leicht gebogenen Stengeln und leuchtend gefärbten Blüten. Mit Ausnahme von Blau fast alle Farben erhältlich. Lange, schwertförmige Blätter. In Wasser lang haltbar.
SAISON: Sommer, Herbst.
BEHANDLUNG (FRISCH): Knospen an der Spitze entfernen, Stiele spalten, anschneiden und mehrere Stunden tief in Wasser stellen.

ERNTE ZUM TROCKNEN: Sommer und Herbst.
TROCKENMETHODE: Kleinere Blüten mit Chemikalien trocknen.

Glaucium **Hornmohn**
Leuchtendgelbe oder orangerote, pergamentartige Blüten, die sich von den gräulichen Stengeln und Blättern abheben. Lange, gebogene Samenstände, von denen sich der deutsche Name ableitet. Zum Trocknen ungeeignet.
SAISON: Sommer, Herbst.
BEHANDLUNG (FRISCH): Mehrere Stunden tief in Wasser stellen.

Gomphrena **Kugelamarant**
Von den vielen Arten wird hauptsächlich G. *globosa* kultiviert. Einjährige Kräuter mit kugelförmigen Blütenständen in Weiß, Gelb, Orange, Rot, Rosa oder Violett. Blüten eignen sich sehr gut zum Trocknen.
SAISON: Sommer.
BEHANDLUNG (FRISCH): Mehrere Stunden tief in Wasser stellen.
ERNTE ZUM TROCKNEN: Sommer.
TROCKENMETHODE: Hängend an der Luft trocknen.

Grevillea
Empfindliche Sträucher, geschätzt wegen ihrer immergrünen, farnartigen Blätter. Gelbe oder rote Blüten »ohne« Blütenblätter. Gute Haltbarkeit.
SAISON: Sommer.
BEHANDLUNG (FRISCH): Stiele schälen, spalten, anschneiden und anschließend mehrere Stunden tief in Wasser stellen.
ERNTE ZUM TROCKNEN: Sommer.
TROCKENMETHODE: Blätter hängend an der Luft trocknen oder mit Glyzerin präparieren.

Grimmia
Die leuchtendgrünen Mooskissen eignen sich sehr gut als Unterlage für Trockenblumenbäume, Landschaftsarrangements oder Blumenkörbchen mit Frühlingsblumen. Bei Verwendung in frischen Arrangements ist keine Behandlung notwendig.
ERNTE ZUM TROCKNEN: Sommer.

TROCKENMETHODE: In Körben oder Kisten an der Luft trocknen.

Griselinia
Immergrüner Strauch, der wegen seiner Blätter, insbesondere bei panaschierten Formen, geschätzt wird. Lang haltbar.
SAISON: Ganzjährig.
BEHANDLUNG (FRISCH): Stiele schälen, spalten, anschneiden und anschließend mehrere Stunden tief in Wasser stellen.
ERNTE ZUM TROCKNEN: Ganzjährig.
TROCKENMETHODE: Präparieren durch Einstellen in Glyzerin.

Gypsophila **Schleierkraut**
Wunderbar duftige Pflanze mit feinen, drahtigen Stengeln und Wolken zierlicher, weißer Blüten. Auch in Rosa erhältlich. In Wasser sehr lang haltbar.
SAISON: Sommer.
BEHANDLUNG (FRISCH): Mehrere Stunden tief in Wasser stellen.
ERNTE ZUM TROCKNEN: Lufttrocknen; aufhängen oder in ein Gefäß mit etwas Wasser stellen. Blüten in der Blumenpresse pressen oder mit Chemikalien trocknen.

Hamamelis **Zaubernuß**
Sträucher, die an kahlen Zweigen gelbe, duftende Blütenbüschel aus feinen, riemenförmigen Blättchen tragen. Gepreßtes Herbstlaub eignet sich für Blumenbilder.
SAISON: Winterausgang.
BEHANDLUNG (FRISCH): Stiele schälen, spalten, anschneiden und anschließend mehrere Stunden tief in Wasser stellen.
ERNTE ZUM TROCKNEN: Herbst.
TROCKENMETHODE: Einzelne Blätter in der Blumenpresse pressen.

Hebe **Strauchveronika**
Immergrüne Sträucher mit dichten Blütenähren in Blau, Weiß oder Rosa, z. T. duftend. Einige winterharte Arten, die meisten bedürfen aber eines Winterschutzes. Heimat fast aller Arten ist Neuseeland.
SAISON: Sommer, Herbst.
BEHANDLUNG (FRISCH): Stiele schälen, spalten, anschneiden. Nach dem Ankochen mehrere Stunden tief in Wasser stellen.
ERNTE ZUM TROCKNEN: Sommer und Herbst.
TROCKENMETHODE: Blätter durch Einstellen in Glyzerin präparieren.

Hedera **Efeu**
Kletterpflanze mit charakteristischen Blättern, die sich in Größe und Maserung merklich unterscheiden; viele Formen mit panaschierten Blättern. Beim Präparieren mit Glyzerin etwas grüne Farbe zusetzen, um die natürliche Blattfarbe zu unterstützen.
SAISON: Ganzjährig.
BEHANDLUNG: Stiele spalten, anschneiden und mehrere Stunden tief in Wasser stellen. Junge Pflanzen ankochen.
ERNTE ZUM TROCKNEN: Ganzjährig.
TROCKENMETHODE: In der Blumenpresse pressen oder durch Einstellen in Glyzerin präparieren.

Helenium **Sonnenbraut**
Margeritenähnliche, gelbe Blüten, die zu mehreren an einem Stengel mittlerer Länge sitzen; auch orangefarbene und braune Arten. In Wasser relativ lang haltbar.
SAISON: Sommer, Herbst.
BEHANDLUNG (FRISCH): Stiele spalten, anschneiden und mehrere Stunden tief in Wasser stellen.
ERNTE ZUM TROCKNEN: Sommer und Herbst.
TROCKENMETHODE: Blüten mit Chemikalien trocknen.

Helianthus **Sonnenblume**
Sehr große, gelbe Korbblüten. Die bekannte, einjährige Sonnenblume hat große, braune Blütenkörbe. Die ausdauernden Arten sind sehr viel kleiner.
SAISON: Herbst.
BEHANDLUNG (FRISCH): Ankochen und mehrere Stunden tief in Wasser stellen.
ERNTE ZUM TROCKNEN: Herbst.
TROCKENMETHODE: Kleinere Blüten mit Chemikalien trocknen.

Helichrysum **Strohblume**
Margeritenähnliche Blüten; anstelle der Blütenblätter pergamentartige Hochblätter in Gelb, Braun, Orange, Rot oder Rosa. Als Schnittblume lange haltbar, zum Trocknen gut geeignet.
SAISON: Sommer.
BEHANDLUNG (FRISCH): Mehrere Stunden tief in Wasser stellen.
ERNTE ZUM TROCKNEN: Sommer, vor der Vollblüte.
TROCKENMETHODE: Hängend an der Luft trocknen.

Helipterum **Sonnenflügel**
Zierliche Korbblüten, die getrocknet beinahe wie frische Pflanzen wirken, insbesondere, wenn sie zu mehreren arrangiert werden. Sehr vielseitig verwendbar – in großen oder kleinen Arrangements, allein oder kombiniert mit anderen Trockenblumen.
SAISON: Sommer.
BEHANDLUNG (FRISCH): Mehrere Stunden tief in Wasser stellen.
ERNTE ZUM TROCKNEN: Sommer, vor der Vollblüte.
TROCKENMETHODE: Hängend an der Luft trocknen

Helleborus **Nieswurz, Christrose**
Eine interessante Auswahl an Winterblühern. Tellerförmige Blüten, deren Farbe, je nach Art, zwischen Weiß (Christrosen) und hellem Violett variiert. Es gibt eine Art mit eher becherförmigen Blüten, die sich grün färben und einen unangenehmen Geruch verströmen.
SAISON: Winter, Frühjahr.
BEHANDLUNG (FRISCH): Stiele mit einer Nadel anritzen, ankochen und dann mehrere Stunden tief in Wasser stellen.
ERNTE ZUM TROCKNEN: Winter und Frühjahr.
TROCKENMETHODE: Blüten mit Chemikalien trocknen, Blätter durch Einstellen in Glyzerin präparieren; Blüten und Blätter pressen.

Heracleum **Bärenklau**
Pflanzen von beachtlicher Größe mit schirmförmigen, weißen Blütenständen, die an »Riesenkerbel« erinnern. Ihr Saft kann Hautreizungen verursachen. Trockene Samenstände gut verwendbar.
SAISON: Spätsommer.
BEHANDLUNG (FRISCH): Ankochen und mehrere Stunden tief in Wasser stellen.

ERNTE ZUM TROCKNEN: Herbst.
TROCKENMETHODE: In ein Gefäß mit etwas Wasser stellen und an der Luft trocknen; mit Glyzerin präparieren.

Heuchera **Purpurglöckchen**
Duftige, weiße, cremeweiße, rosa oder rote Blütenrispen an dünnen Stielen. In Wasser relativ lang haltbar.
SAISON: Sommer.
BEHANDLUNG (FRISCH): Mehrere Stunden tief in Wasser stellen.
ERNTE ZUM TROCKNEN: Sommer.
TROCKENMETHODE: Einzelne Blätter oder Blütenrispen in der Blumenpresse pressen oder Blütenrispen mit Chemikalien trocknen.

Hibiscus **Eibisch**
Empfindliche Bäume oder Sträucher mit exotischen, trichterförmigen Blüten. Diese halten nur einen Tag und werden dann durch neue ersetzt. Erhältlich in der breiten Palette tropischer Farben. Zum Trocknen ungeeignet.
SAISON: Spätsommer und Herbst.
BEHANDLUNG (FRISCH): Stiele spalten, anschneiden, ankochen und mehrere Stunden tief in Wasser stellen.

Hippeastrum **Ritterstern, »Amaryllis«**
Zwiebelgewächs mit großen, lilienartigen Blüten an langem Schaft in Weiß, Rosa oder Rot. Riemenförmige Blätter. Zum Trocknen ungeeignet.
SAISON: Winter, Frühjahr.
BEHANDLUNG (FRISCH): Hohle Stiele mit Wasser füllen, dann mit Watte verschließen und mehrere Stunden tief in Wasser stellen. Schwere Blüten mit einem in den Schaft geschobenen Stab stützen.

Hosta **Funkie**
Hoher Zierwert der Blätter und Blüten. Große, herzförmige Blätter in verschiedenen Schattierungen von Grün und Stahlblau; daneben viele panaschierte Formen. Die Blüten sind weiß, blauviolett oder purpurrot. In Wasser lang haltbar.
SAISON: Sommer, Herbst.

BEHANDLUNG (FRISCH): Blätter einige Minuten in Wasser tauchen, dann mehrere Stunden tief in Wasser stellen.
ERNTE ZUM TROCKNEN: Sommer.
TROCKENMETHODE: Im Liegen trocknen; in der Blumenpresse oder zwischen Zeitungspapier an einer wenig begangenen Stelle des Teppichs pressen. Blätter durch Eintauchen in Glyzerin präparieren.

Humulus **Hopfen**
Blüten mit grünlichen Hochblättern; vor der Reife schneiden, da sie sonst beim Trocknen zerfallen. Getrockneter Hopfen verblaßt schnell.
SAISON: Blüten: Sommer.
BEHANDLUNG: Stiele spalten, anschneiden und dann mehrere Stunden tief in Wasser stellen.
ERNTE ZUM TROCKNEN: Herbstanfang.
TROCKENMETHODE: Hängend lufttrocknen oder mit Glyzerin präparieren.

Hyacinthoides
Duftende Glöckchen in Blau, Weiß oder Rosa und riemenförmige Blätter an leicht gebogenen Stengeln.
SAISON: Frühjahr.
BEHANDLUNG (FRISCH): Mehrere Stunden tief in Wasser stellen.
ERNTE ZUM TROCKNEN: Frühjahr.
TROCKENMETHODE: Einzelne Blüten mit Chemikalien trocknen.

Hyacinthus **Hyazinthe**
Zwiebelgewächs mit stark duftenden Blütentrauben in Blau, Weiß oder Rosa.
SAISON: Frühjahr; vorgetrieben im Winter.
BEHANDLUNG (FRISCH): Mehrere Stunden tief in Wasser stellen. Stiele mit Draht stützen.
ERNTE ZUM TROCKNEN: Frühjahr.
TROCKENMETHODE: Einzelblüten mit Chemikalien trocknen.

Hydrangea **Hortensie**
Sträucher mit großen Blütendolden in Weiß, Blau, Malve, Rosa oder Rot. Es gibt daneben auch Arten mit Blütenrispen oder filigran geformten Blütentellern, bei denen winzige, fertile Blätter von wenigen großen, sterilen Blüten umgeben sind.
SAISON: Sommer, Herbst.
BEHANDLUNG (FRISCH): Stiele spalten, anschneiden und mehrere Stunden tief in Wasser stellen.
ERNTE ZUM TROCKNEN: Herbst.
TROCKENMETHODE: Sobald sich die Blüten leicht trocken anfühlen, aufhängen oder in ein Gefäß mit etwas Wasser stellen und an der Luft trocknen. Blätter mit Glyzerin präparieren. Einzelne Blüten in der Blumenpresse pressen.

Hypericum **Johanniskraut**
Sträucher und Halbsträucher mit tellerförmigen, goldgelben Blüten. Mehrere Arten mit schöner Fruchtbildung, z. B. *H. calycinum* (Rose von Sharon).
SAISON: Sommer, Herbst.
BEHANDLUNG (FRISCH): Stiele spalten, anschneiden und mehrere Stunden tief in Wasser stellen. Junge Pflanzen ankochen.
ERNTE ZUM TROCKNEN: Sommer und Herbst.
TROCKENMETHODE: Einzelblüten in Blumenpresse pressen.

Iberis **Schleifenblume**
Weiße, flache oder gewölbte Blütenstände an kurzen Stielen; auch in Rosa und Malve. In Wasser lang haltbar. Samenstände können an der Pflanze getrocknet werden.
SAISON: Frühjahr.
BEHANDLUNG (FRISCH): Mehrere Stunden tief in Wasser stellen.
ERNTE ZUM TROCKNEN: Sommer.
TROCKENMETHODE: Samenstände in Glyzerin stellen.

Ilex **Stechpalme**
Bäume und Sträucher, geschätzt wegen ihrer glänzenden, stachligen Blätter und leuchtendroten Beeren, die mitten im Winter zu finden sind. Auch Formen mit panaschierten Blättern oder gelben Beeren. Blüten unscheinbar. Blätter in Wasser lang haltbar.
SAISON: Winter.
BEHANDLUNG (FRISCH): Stiele schälen, spalten, anschneiden und anschließend mehrere Stunden tief in Wasser stellen.

ERNTE ZUM TROCKNEN: Sommer.
TROCKENMETHODE: Durch Einstellen in Glyzerin präparieren.

Iris **Schwertlilie**
Sehr viele Arten. *I. unguicularis* beginnt bereits zu Anfang des Winters zu blühen, es folgen im Winter und Frühjahr winzige Reticulata-Arten und im Sommer schließlich die großen Sorten. Einige duftende Arten. Zum Trocknen ungeeignet.
SAISON: Winter, Frühjahr und Sommer. Im Handel ganzjährig.
BEHANDLUNG (FRISCH): Mehrere Stunden tief in Wasser stellen.

Ixia **Klebschwertel**
Knollenbildende Pflanze mit sternförmigen Blüten an einem schmalen Stiel. Breites Farbenspektrum, das auch Blaugrün enthält. In Wasser lang haltbar. Empfindlich.
SAISON: Frühjahr.
BEHANDLUNG (FRISCH): Mehrere Stunden tief in Wasser stellen.
ERNTE ZUM TROCKNEN: Frühjahr.
TROCKENMETHODE: Blüten pressen.

Ixodia
Die cremeweißen Köpfchen der kleinen Korbblüten sind sehr hübsch und sehen getrocknet wunderbar frisch aus. Sie lassen sich gut mit allen »altmodischen« Bauern- oder Waldblumen kombinieren.
SAISON: Sommer.
BEHANDLUNG (FRISCH): Mehrere Stunden tief in Wasser stellen.
ERNTE ZUM TROCKNEN: Sommer.
TROCKENMETHODE: Hängend an der Luft trocknen.

Jasminum **Jasmin**
Winter- und Sommerjasmin. Winterjasmin hat sternförmige, gelbe Blüten an überhängenden Trieben. Sommerjasmin ist weiß und duftet sehr stark; es gibt ihn aber auch in Gelb oder Rosa.
SAISON: Winter, Sommer.
BEHANDLUNG (FRISCH): Sofort nach dem Schneiden mehrere Stunden tief in Wasser stellen.
ERNTE ZUM TROCKNEN: Winter und Sommer.
TROCKENMETHODE: Blüten pressen.

Juniperus **Wacholder**
Immergrüne, säulenförmige oder kriechende Koniferen, die ganzjährig Schnittgrün liefern. Die Farben variieren zwischen Grün, Blau und Gold. Der zwergwüchsige *J. communis* »Compressa« eignet sich als Topfpflanze.
SAISON: Ganzjährig.
BEHANDLUNG (FRISCH): Stiele schälen, spalten und anschließend mehrere Stunden tief in Wasser stellen.
ERNTE ZUM TROCKNEN: Sommer.
TROCKENMETHODE: Zapfen in einer Kiste trocknen.

Kalanchoe
Empfindliche Sukkulenten; meist Topfpflanzen, die das ganze Jahr über weiß, rosa, rot oder gelb blühen. Zum Trocknen ungeeignet.
SAISON: Ganzjährig.
BEHANDLUNG: Blüten mehrere Stunden tief in Wasser stellen.

Kniphofia **Tritome, Fackellilie**
Flaschenbürstenähnlicher, rot-, orange- oder gelbgefärbter Blütenstand an hoch aufragenden Stielen. In Wasser nur kurz haltbar.
SAISON: Sommer, Herbst.
BEHANDLUNG (FRISCH): Mehrere Stunden tief in Wasser stellen.
ERNTE ZUM TROCKNEN: Sommer und Herbst.
TROCKENMETHODE: Einzelne Blüten mit Chemikalien trocknen.

Kochia
Pflanzen mit schmalen, leuchtendgrünen Blättern, die sich im Herbst tiefrot verfärben.
SAISON: Sommer, Herbst.
BEHANDLUNG (FRISCH): Mehrere Stunden tief in Wasser stellen.
ERNTE ZUM TROCKNEN: Sommer und Herbst.
TROCKENMETHODE: Hängend an der Luft trocknen.

Koniferen
Eine Fülle immergrüner Bäume und Sträucher, die ganzjährig Schnittgrün und Beiwerk liefern. Auch die Zapfen einiger Arten sind dekorativ.
SAISON: Ganzjährig.
BEHANDLUNG (FRISCH): Stiele spalten, anschneiden und mehrere Stunden tief in Wasser stellen.
ERNTE ZUM TROCKNEN: Ganzjährig.
TROCKENMETHODE: Wie frisches Material behandeln und im Arrangement trocknen lassen oder aber mit Glyzerin präparieren.

Laburnum **Goldregen**
Bäume mit hängenden Trauben gelber Schmetterlingsblüten. Samen sind sehr giftig.
SAISON: Frühsommer.
BEHANDLUNG (FRISCH): Stiele ankochen und anschließend mehrere Stunden tief in Wasser stellen.
ERNTE ZUM TROCKNEN: Sommer.
TROCKENMETHODE: Blüten pressen.

Lachemalia
Empfindliches Zwiebelgewächs mit einer Blütenähre aus zahlreichen gelb-, orange- oder rotgefärbten Blütenglocken. Gewächshauspflanze. In Wasser lang haltbar.
SAISON: Winter und Frühjahr.
BEHANDLUNG (FRISCH): Mehrere Stunden tief in Wasser stellen.
ERNTE ZUM TROCKNEN: Winter.
TROCKENMETHODE: Einzelblüten in der Blumenpresse pressen oder mit Chemikalien trocknen.

Larix **Lärche**
Laubabwerfende Konifere; am schönsten ist sie mit lichtgrünem Frühjahrsaustrieb und rosa- bis rotgefärbten Jungzapfen. Im Winter können Zweige mit kleinen Zapfen verwendet werden.
SAISON: Austrieb: Frühjahr; Zapfen: Winter.
BEHANDLUNG (FRISCH): Stiele schälen, spalten, anschneiden und mehrere Stunden tief in Wasser stellen. Junge Triebe ankochen.
ERNTE ZUM TROCKNEN: Herbst.
TROCKENMETHODE: Zweige hängend, Zapfen in einem Korb an der Luft trocknen.

Lathyrus **Wicke, Platterbse**
Wicken sind wegen ihres anmutigen Wuchses und angenehm frischen Duftes sehr beliebt. Ihre langgestielten Blüten halten sich gut in Wasser. Zahlreiche Sorten – einige auch ohne Duft. Unter den verschiedenen Arten sind mehrjährige, denen allerdings der Duft wie auch die Farbenvielfalt fehlen. Zum Trocknen ungeeignet.
SAISON: Sommer.
BEHANDLUNG (FRISCH): Mehrere Stunden tief in Wasser stellen.

Lavandula **Lavendel**
Sträucher mit grauen Blättern und hellviolett gefärbten, sehr intensiv duftenden Blüten an langen Stengeln. Auch weiße und dunkelviolette Formen. Um ein Ausfallen der Blüten zu vermeiden, muß die Pflanze kurz vor dem Aufblühen geschnitten werden. Auch schnelles Trocknen, z. B. in einem warmen, gut durchlüfteten Küchenschrank, bewahrt die Blüten vor dem Ausfallen.
SAISON: Sommer, Herbst.
BEHANDLUNG (FRISCH): Mehrere Stunden tief in Wasser stellen.
ERNTE ZUM TROCKNEN: Sommer.
TROCKENMETHODE: Hängen an der Luft trocknen.

Lavatera **Buschmalve**
Einjährige Pflanzen mit leuchtendrosa oder weißen trichterförmigen Blüten. Auch mehrjährige, allerdings weniger interessante Arten. In Wasser relativ lang haltbar.
SAISON: Sommer, Herbst.
BEHANDLUNG (FRISCH): Stiele ankochen, anschließend mehrere Stunden tief in Wasser stellen.
ERNTE ZUM TROCKNEN: Sommer und Herbst.
TROCKENMETHODE: Blüten in der Blumenpresse pressen oder mit Chemikalien trocknen.

Leptospermum
In milden Gebieten weit verbreiteter Strauch, dessen Heimat Neuseeland ist. Die Zweige sind mit einer Vielzahl kleiner, weißer, rosafarbener oder roter Blüten bedeckt.
SAISON: Sommer.
BEHANDLUNG (FRISCH): Stiele schälen, spalten, anschneiden und anschließend mehrere Stunden tief in Wasser stellen.
ERNTE ZUM TROCKNEN: Sommer.
TROCKENMETHODE: Blütenstände in ein Gefäß mit etwas Wasser stellen und an der Luft trocknen.

Leucadendron
An Stengeln mit hell silbergrünen Blättern wachsen verholzte Samenbehälter, die an Blüten erinnern. Mit ihrer strengen Form passen sie gut in herbstlich gefärbte Arrangements.
SAISON: Sommer.
BEHANDLUNG (FRISCH): Stiele spalten, anschneiden und mehrere Stunden tief in Wasser stellen.
ERNTE ZUM TROCKNEN: Sommer.
TROCKENMETHODE: Aufhängen bzw. in ein Gefäß ohne Wasser stellen und an der Luft trocknen.

Liatris **Prachtscharte**
Mehrere Arten mit langen, violetten Blütenähren, die – anders als gewöhnlich – von oben nach unten blühen. Zum Trocknen ernten, wenn sich die Mehrzahl der Blüten geöffnet hat. In Wasser sehr lang haltbar.
SAISON: Sommer, Herbst.
BEHANDLUNG (FRISCH): Mehrere Stunden tief in Wasser stellen.
ERNTE ZUM TROCKNEN: Sommer.
TROCKENMETHODE: Hängend an der Luft trocknen.

Ligustrum **Liguster**
Immergrüner Strauch mit nützlichem Blattwerk in goldenen und grünen Farbnuancen. Weiße Blüten, deren Duft von manchen Menschen als angenehm, von anderen wiederum als unangenehm empfunden wird. Im Herbst schwarze Beeren.
SAISON: Ganzjährig.
BEHANDLUNG (FRISCH): Stiele spalten, anschneiden und mehrere Stunden tief in Wasser stellen.
ERNTE ZUM TROCKNEN: Sommer.
TROCKENMETHODE: Grüne Sorten mit Glyzerin präparieren.

Lilium **Lilie**
Beliebte, wunderschöne Pflanze mit trompetenförmigen Blüten oder nikkenden Blüten mit zurückgebogenen Blütenblattzipfeln. Breites Farbspektrum (außer Blau); einfarbig oder gemustert. Viele duftende Arten. In Wasser lang haltbar.
SAISON: Sommer und Herbst, im Handel ganzjährig.
BEHANDLUNG (FRISCH): Mehrere Stunden tief in Wasser stellen.
ERNTE ZUM TROCKNEN: Sommer und Herbst.
TROCKENMETHODE: Blüten: mit Chemikalien trocknen oder in der Blumenpresse pressen. Samenstände: Hängend an der Luft trocknen.

Limonium **Statize, Meerlavendel**
Leuchtend gefärbte Blüten; breites Farbenspektrum, in dem Blau, Gelb und Rosa dominieren. In Wasser lang haltbar.
SAISON: Sommer und Herbst, im Handel ganzjährig.
BEHANDLUNG (FRISCH): Mehrere Stunden tief in Wasser stellen.
ERNTE ZUM TROCKNEN: Sommer.
TROCKENMETHODE: Aufhängen bzw. in ein Gefäß ohne Wasser stellen und an der Luft trocknen.

Lonicera **Geißblatt, Heckenkirsche**
Bekannte und beliebte Kletterpflanze, deren Blüten einen betörenden – am Abend besonders intensiven – Duft verströmen. Verschiedene Blütenfarben, darunter Gelb, Orange und Rot; auch Formen mit panaschierten Blättern. Als Schnittblume geringe Haltbarkeit.
SAISON: Sommer, Herbst.
BEHANDLUNG (FRISCH): Mehrere Stunden tief in Wasser stellen.
ERNTE ZUM TROCKNEN: Sommer und Herbst.
TROCKENMETHODE: Blüten in der Blumenpresse pressen.

Lunaria **Silberblatt**
Ein- oder zweijährige Pflanzen mit zweifachem Zierwert: Im Frühjahr erscheinen violette oder weiße Blüten. Daraus entwickeln sich durchsichtige, seidig glänzende Schoten, die für Trockenarrangements sehr wertvoll sind. Es gibt auch Arten mit hübsch panaschierten Blättern.

SAISON: Blüten: Frühjahr; Schoten: Herbst.
BEHANDLUNG (FRISCH): Mehrere Stunden tief in Wasser stellen.
ERNTE ZUM TROCKNEN: Herbst.
TROCKENMETHODE: Entweder an der Pflanze trocknen lassen und äußere Schichten entfernen oder aufhängen bzw. in ein Gefäß ohne Wasser stellen und an der Luft trocknen. Grüne Schoten mit Glyzerin präparieren.

Lupinus **Lupine**
Alte Pflanze der Bauerngärten. Schmetterlingsblüten in endständigen Trauben. Viele Sorten mit verschiedenen Farben, darunter Gelb, Blau, Weiß, Rosa und Orange. Pfefferähnlicher Geruch. In Wasser lang haltbar.
SAISON: Sommer.
BEHANDLUNG (FRISCH): Die hohlen Stiele ankochen oder mit Wasser füllen und durch Watte verschließen. Anschließend mehrere Stunden tief in Wasser stellen.
ERNTE ZUM TROCKNEN: Sommer.
TROCKENMETHODE: Einzelblüten mit Chemikalien trocknen oder in der Blumenpresse pressen.

Lysimachia **Felberich**
Endständige Blütentrauben mit gelben, becherförmigen Blüten. Diese sitzen zu mehreren in den Achseln quirlig angeordneter Blätter. In Wasser lang haltbar.
SAISON: Sommer.
BEHANDLUNG (FRISCH): Mehrere Stunden tief in Wasser stellen.
ERNTE ZUM TROCKNEN: Sommer.
TROCKENMETHODE: Blüten pressen.

Lythrum **Weiderich**
Große Staude mit leuchtendvioletten Blütenähren. In Wasser nur kurz haltbar. In Arrangements können damit jedoch vertikale Linien gut betont und darüber hinaus markante Farbakzente gesetzt werden. Zum Trocknen ungeeignet.
SAISON: Spätsommer, Herbst.

BEHANDLUNG (FRISCH): Stiele ankochen und dann mehrere Stunden tief in Wasser stellen.

Magnolia **Magnolie**
Laubabwerfende oder immergrüne Sträucher bzw. Bäume mit vornehmlich weißen, z. T. rosa angehauchten Blüten. Einige duftende Arten.
SAISON: Frühjahr und Sommer.
BEHANDLUNG (FRISCH): Stiele schälen, spalten, anschneiden. Anschließend ankochen und mehrere Stunden tief in Wasser stellen.
ERNTE ZUM TROCKNEN: Frühjahr und Sommer.
TROCKENMETHODE: Blätter: durch Einstellen in Glyzerin präparieren; Blüten: mit Chemikalien trocknen.

Mahonia **Mahonie**
Immergrüner Strauch mit glänzenden, stachligen Blättern und duftenden, gelben Blütentrauben. Im Herbst blauschwarze Früchte.
SAISON: Blätter: ganzjährig; Blüten: Winter, Frühjahr; Früchte: Herbst.
BEHANDLUNG (FRISCH): Stiele schälen, spalten, anschneiden und anschließend mehrere Stunden tief in Wasser stellen.
ERNTE ZUM TROCKNEN: Sommer.
TROCKENMETHODE: Durch Einstellen in Glyzerin präparieren.

Malus **Apfel, Zierapfel**
Laubabwerfende Bäume mit leicht rosagefärbten Blüten im Frühjahr und leuchtendgrünen, -gelben oder -roten Äpfeln von unterschiedlicher Größe im Herbst. Einige Arten mit interessantem Laub.
SAISON: Blüten: Frühjahr; Blätter: Sommer, Herbst; Früchte: Herbst.
BEHANDLUNG (FRISCH): Stiele schälen, spalten, anschneiden und anschließend mehrere Stunden tief in Wasser stellen.
ERNTE ZUM TROCKNEN: Frühjahr und Herbst.
TROCKENMETHODE: Früchte lufttrocknen, dazu Zweige in ein Gefäß mit etwas Wasser stellen. Blüten pressen.

Matteucia **Trichterfarn, Straußenfarn**
Die getrockneten Wedel dieses hübschen Farns, der wie ein Federball aufgebaut ist, können wie frischer Farn verwendet werden.
SAISON: Sommer.
BEHANDLUNG (FRISCH): Junge Pflanzen ankochen. Mehrere Stunden tief in Wasser stellen.
ERNTE ZUM TROCKNEN: Sommer.
TROCKENMETHODE: Im Liegen an der Luft trocknen oder zwischen Zeitungen unter einer wenig begangenen Stelle des Teppichs pressen.

Matthiola **Levkoje**
Ein- oder zweijährige bekannte Schnittblume mit duftenden, endständigen Blütentrauben. Breites Spektrum an Pastelltönen von Rosa über Violett, Weiß, Gelb bis Cremeweiß. In Wasser lang haltbar.
SAISON: Sommer; im Handel; Frühjahr und Sommer.
BEHANDLUNG (FRISCH): Mehrere Stunden tief in Wasser stellen.
ERNTE ZUM TROCKNEN: Sommer.
TROCKENMETHODE: Einzelblüten mit Chemikalien trocknen.

Miscanthus
Großes Ziergras, geschätzt wegen seines Blattwerks und der federbuschartigen Samenstände. Die blaugrünen Blätter nehmen getrocknet einen beigen Farbton an. Mehrere panaschierte Formen, darunter eine mit gelben Querstreifen.
SAISON: Sommer.
BEHANDLUNG (FRISCH): Mehrere Stunden tief in Wasser stellen.
ERNTE ZUM TROCKNEN: Sommer und Herbst.
TROCKENMETHODE: Aufhängen bzw. in ein Gefäß ohne Wasser stellen und an der Luft trocknen.

Molucella **Muschelblume**
Lange Stengel mit grünen, trichterförmigen Kelchen, in denen winzige weiße Blüten sitzen. In Wasser lang haltbar, Kelche auch nach dem Absterben der Blüten. Zum Trocknen ernten, bevor die ersten Blüten erscheinen.
SAISON: Sommer, Herbst.
BEHANDLUNG (FRISCH): Alle

Blätter entfernen, Stiele ankochen und mehrere Stunden tief in Wasser stellen.
ERNTE ZUM TROCKNEN: Sommer.
TROCKENMETHODE: Alle Blätter entfernen und hängend an der Luft trocknen oder mit Glyzerin präparieren.

Monarda
Quirle roter, rosa oder weißer Blüten in Form eines »Nadelkissens« an der Stengelspitze. Zerriebene Blätter duften sehr aromatisch.
SAISON: Sommer, Herbst.
BEHANDLUNG (FRISCH): Mehrere Stunden tief in Wasser stellen.
ERNTE ZUM TROCKNEN: Sommer und Herbst.
TROCKENMETHODE: Hängend an der Luft trocknen.

Muscari **Traubenhyazinthe**
Zwiebelgewächs mit kurzgestielten, duftenden Blütentrauben in verschiedenen Blautönen oder Weiß.
SAISON: Frühjahr.
BEHANDLUNG (FRISCH): Mehrere Stunden tief in Wasser stellen.
ERNTE ZUM TROCKNEN: Frühjahr.
TROCKENMETHODE: Blüten mit Chemikalien trocknen.

Myosotis **Vergißmeinnicht**
Blaue Blüten an kurzen, leicht überhängenden Stengeln.
SAISON: Spätfrühling und Sommer.
BEHANDLUNG (FRISCH): Mehrere Stunden tief in Wasser stellen. Kühl halten.
ERNTE ZUM TROCKNEN: Frühjahr und Sommer.
TROCKENMETHODE: In der Blumenpresse pressen.

Narcissus **Narzisse**
Weitverbreitete zwiebelbildende Frühjahrsblume mit einer trichter- oder becherförmigen Nebenkrone im flachen Blütenteller. Hauptsächlich gelbe Farben, aber auch in Weiß, Orange oder mit leichter Rosatönung erhältlich. Daneben viele Zwergformen und duftende Arten.
SAISON: Frühjahr; im Handel: Winter und Frühjahr.
BEHANDLUNG (FRISCH): Noch knospig schneiden. Mehrere Stunden tief in Wasser stellen.
ERNTE ZUM TROCKNEN: Frühjahr.
TROCKENMETHODE: Kandieren, mit Chemikalien trocknen oder in der Blumenpresse pressen.

Nepeta **Katzenminze**
Graues Blattwerk, von dem sich an feinen Stengeln hellblaue oder malvenfarbene Blüten abheben. Blätter – besonders zerrieben – stark duftend. In Wasser relativ lang haltbar.
SAISON: Sommer.
BEHANDLUNG (FRISCH): Mehrere Stunden tief in Wasser stellen.
ERNTE ZUM TROCKNEN: Sommer.
TROCKENMETHODE: Hängend an der Luft trocknen.

Nephrolepis
Immergrüner Farn, meist als Topfpflanze verwendet. Die Wedel sind in Wasser lang haltbar und lassen sich gut trocknen.
SAISON: Ganzjährig.
BEHANDLUNG (FRISCH): Mehrere Stunden tief in Wasser stellen.
ERNTE ZUM TROCKNEN: Ganzjährig.
TROCKENMETHODE: Zwischen Zeitungen unter einer wenig begangenen Stelle des Teppichs pressen.

Nerine
Zwiebelbildende Herbstpflanze mit Dolden trompetenartiger, rosa Blüten. In Wasser lang haltbar.
SAISON: Herbst.
BEHANDLUNG (FRISCH): Mehrere Stunden tief in Wasser stellen.
ERNTE ZUM TROCKNEN: Herbst.
TROCKENMETHODE: Einzelblüten mit Chemikalien trocknen.

Nicotiana **Tabak**
Einjährige Pflanzen; sternförmige Blüten in verschiedenen Farben, von denen die Grüntöne besonders wichtig sind. Einige, vor allem in den Abendstunden, sehr intensiv duftende Arten. In Wasser lang haltbar.
SAISON: Sommer, Herbst.
BEHANDLUNG (FRISCH): Mehrere Stunden tief in Wasser stellen.
ERNTE ZUM TROCKNEN: Sommer und Herbst.
TROCKENMETHODE: Blüten pressen oder mit Chemikalien trocknen.

Nigella **Schwarzkümmel, Braut in Haaren, Jungfer im Grünen**
Einjährige Kräuter mit blauen Blüten, die von einem Kranz feingliedriger, tiefgrüner Blätter umgeben sind. In Wasser sehr lang haltbar. Schöne, fast kugelförmige Fruchtkapseln. Leicht zu trocknen, am besten an einem warmen, gutbelüfteten Platz.
SAISON: Sommer.
BEHANDLUNG (FRISCH): Mehrere Stunden tief in Wasser stellen.
ERNTE ZUM TROCKNEN: Sommer, Herbstanfang.
TROCKENMETHODE: Fruchtstände aufhängen, an der Luft trocknen.

Ornithogalum **Milchstern**
Zwiebelgewächs mit Dolden oder langen Trauben kleiner, weißer Blüten. In Wasser lang haltbar.
SAISON: Frühjahr; im Handel ganzjährig.
BEHANDLUNG (FRISCH): Mehrere Stunden tief in Wasser stellen.
ERNTE ZUM TROCKNEN: Frühjahr.
TROCKENMETHODE: Blüten pressen oder mit Chemikalien trocknen.

Osmunda **Königsfarn**
Große, laubabwerfende Farne.
SAISON: Sommer.
BEHANDLUNG (FRISCH): Mehrere Stunden tief in Wasser stellen. Junge Pflanzen ankochen.
ERNTE ZUM TROCKNEN: Sommer.
TROCKENMETHODE: Liegend an der Luft trocknen; zwischen Zeitungen unter einer wenig begangenen Stelle des Teppichs pressen.

Paeonia **Päonie, Pfingstrose**
Stauden bzw. Sträucher. Auffallende, große, einfache oder gefüllte Blüten in Rot, Weiß, Gelb oder Rosa. Einige duftende Arten.
SAISON: Sommer.
BEHANDLUNG (FRISCH): An-

kochen und dann mehrere Stunden tief in Wasser stellen.
ERNTE ZUM TROCKNEN: Sommer.
TROCKENMETHODE: Mit Chemikalien trocknen; hängend lufttrocknen; Blütenblätter pressen.

Papaver **Mohn**
Leuchtend gefärbte Blüten mit Bütenblättern, die an Seidenpapier erinnern. In Wasser nur kurz haltbar. Ernten, sobald die Knospen sich färben.
SAISON: Sommer, Herbst.
BEHANDLUNG (FRISCH): Schneiden, wenn die Knospen sich öffnen. Stiele ankochen oder abflammen und dann mehrere Stunden tief in Wasser stellen.
ERNTE ZUM TROCKNEN: Sommer.
TROCKENMETHODE: Samenkapseln aufhängen und lufttrocknen oder mit Glyzerin präparieren. Blüten in der Blumenpresse pressen.

Pelargonium **Pelargonie, »Geranie«**
Lebhaft rot-, rosa-, violett- oder weißgefärbte Blütenstände. Einige Arten mit duftenden Blättern mit deutlichem braunem Ring oder brauner Mitte.
SAISON: Sommer, Herbst.
BEHANDLUNG (FRISCH): Mehrere Stunden tief in Wasser stellen.
ERNTE ZUM TROCKNEN: Sommer und Herbst.
TROCKENMETHODE: Blätter und einzelne Blüten pressen.

Penstemon **Bartfaden**
Rispen mit röhrenförmigen Blüten in leuchtenden, aber auch wenig auffälligen Nuancen von Rot, Rosa, Violett und Blau. In Wasser nur kurze Zeit haltbar.
SAISON: Sommer, Herbst.
BEHANDLUNG (FRISCH): Mehrere Stunden tief in Wasser stellen.
ERNTE ZUM TROCKNEN: Sommer und Herbst.
TROCKENMETHODE: Blüten pressen oder mit Chemikalien trocknen.

Pernettya **Torfmyrte**
Niedriger, immergrüner Strauch mit kleinen, krugförmigen Blüten. Der Zierwert liegt in der Fülle runder,
weiß-, rot- oder rosagefärbter Früchte, die später die Stengel bedecken.
SAISON: Blüten: Sommer; Früchte: Herbst.
BEHANDLUNG (FRISCH): Stiele schälen, spalten, anschneiden und anschließend mehrere Stunden tief in Wasser stellen.
ERNTE ZUM TROCKNEN: Sommer.
TROCKENMETHODE: Kleine Blütenzweige mit Chemikalien trocknen.

Peucedanum
Flache, weiß-, gelb- oder rosagefärbte Blütenstände.
SAISON: Sommer.
BEHANDLUNG (FRISCH): Mehrere Stunden tief in Wasser stellen.
ERNTE ZUM TROCKNEN: Sommer.
TROCKENMETHODE: Hängend lufttrocknen oder Samenstände mit Glyzerin präparieren.

Phaenocoma
Winzige, silbergraue Blätter, von denen sich die lebhaft rosagefärbten Blüten abheben. Diese Farbe ist noch intensiver als bei Helipterum und Helichrysum, von denen die Pflanze abstammt.
SAISON: Sommer.
BEHANDLUNG (FRISCH): Mehrere Stunden tief in Wasser stellen.
ERNTE ZUM TROCKNEN: Sommer.
TROCKENMETHODE: Hängend an der Luft trocknen.

Phaseolus **Bohne**
Kletterpflanze mit weißen, roten, violetten oder gelben Schmetterlingsblüten. Zum Trocknen ungeeignet.
SAISON: Sommer, Herbst.
BEHANDLUNG (FRISCH): Mehrere Stunden tief in Wasser stellen.

Philadelphus **Sommerjasmin, Pfeifenstrauch**
Winterharte Sträucher mit stark duftenden, weißen Blüten. Auch Arten mit gefüllten Blüten oder goldenen Blättern.
SAISON: Sommer.
BEHANDLUNG (FRISCH): Blätter größtenteils entfernen. Stiele
schälen, spalten, anschneiden; nach dem Ankochen mehrere Stunden tief in Wasser stellen.
ERNTE ZUM TROCKNEN: Sommer.
TROCKENMETHODE: Blüten pressen oder mit Chemikalien trocknen.

Phlomis **Brandkraut**
Weiche, filzige Blätter mit gelben, salbeiähnlichen Blüten in achselständigen Quirlen. Blätter nur kurz haltbar. Ernten, sobald sich die gelben Blüten öffnen.
SAISON: Sommer.
BEHANDLUNG (FRISCH): Stengel spalten, anschneiden und mehrere Stunden tief in Wasser stellen.
ERNTE ZUM TROCKNEN: Sommer.
TROCKENMETHODE: Hängend an der Luft trocknen.

Phlox
Große Pflanze für Staudenbeete mit leuchtendweißen, -blauen, -roten, rosa- oder malvenfarbenen Blütenständen. Gute Haltbarkeit.
SAISON: Sommer.
BEHANDLUNG (FRISCH): Stengel spalten, anschneiden und mehrere Stunden tief in Wasser stellen.
ERNTE ZUM TROCKNEN: Sommer.
TROCKENMETHODE: Einzelblüten in der Blumenpresse pressen.

Physalis **Lampionblume**
Geschätzt wegen der leuchtend orangegefärbten »Papierlaternen«, die die Früchte enthalten.
SAISON: Herbst.
BEHANDLUNG (FRISCH): Mit beginnender Orangefärbung ernten, Blätter entfernen und mehrere Stunden tief in Wasser stellen.
ERNTE ZUM TROCKNEN: Herbst.
TROCKENMETHODE: Hängend an der Luft trocknen.

Picea **Fichte**
Immergrüne, als Schnittgrün verwendete Konifere. Weihnachtsbaum.
SAISON: Ganzjährig.
BEHANDLUNG (FRISCH): Stiele schälen, spalten, anschneiden und anschließend mehrere Stunden tief in Wasser stellen.

ERNTE ZUM TROCKNEN:
Ganzjährig.
TROCKENMETHODE: Zweige im Arrangement, Zapfen in einem Korb an der Luft trocknen.

Pieris
Immergrüner Strauch mit Büscheln hängender, maiglöckchenähnlicher Blüten. Die glänzenden, jungen Blätter färben sich im Frühjahr rot. Zum Trocknen ungeeignet.
SAISON: Frühjahr.
BEHANDLUNG (FRISCH): Stiele schälen, spalten, anschneiden und mehrere Stunden tief in Wasser stellen. Junge Pflanzen ankochen.

Pinus **Kiefer**
Immergrüne Konifere mit Zapfen und Nadeln, die paarweise in Büscheln angeordnet sind. Geeignet für Winterarrangements.
SAISON: Ganzjährig.
BEHANDLUNG (FRISCH): Stiele schälen, spalten, anschneiden und anschließend mehrere Stunden tief in Wasser stellen.
ERNTE ZUM TROCKNEN:
Ganzjährig.
TROCKENMETHODE: Zweige im Arrangement, Zapfen in einem Korb an der Luft trocknen.

Pithocarpa
Hübsche, kleine Pflanze, die ähnlich zart ist wie das Schleierkraut. Ihre weißen Blüten ähneln jedoch eher denen des Gänseblümchens. Ideal für frische, duftige Arrangements.
BEHANDLUNG (FRISCH): Mehrere Stunden tief in Wasser stellen.
ERNTE ZUM TROCKNEN:
Sommer.
TROCKENMETHODE: Hängend an der Luft trocknen.

Pittosporum **Klebsame**
Immergrüner Strauch mit wertvollen, glänzenden Blättern. Auch panaschierte und purpurrot gefärbte Formen. In Wasser lang haltbar.
SAISON: Ganzjährig.
BEHANDLUNG (FRISCH): Stiele schälen, spalten, anschneiden und anschließend mehrere Stunden tief in Wasser stellen.
ERNTE ZUM TROCKNEN:
Ganzjährig.

TROCKENMETHODE: Präparieren durch Einstellen in Glyzerin.

Platycodon **Ballonblume**
Der deutsche Name leitet sich von der Form der Knospe ab, die an einen aufgeblasenen Ballon erinnert. Die Blüten sind tiefblau oder weiß und ähneln großen, geöffneten Glockenblumen.
SAISON: Sommer.
BEHANDLUNG (FRISCH): Ankochen und mehrere Stunden tief in Wasser stellen.
ERNTE ZUM TROCKNEN:
Sommer.
TROCKENMETHODE: Geöffnete Blüten in der Blumenpresse pressen oder mit Chemikalien trocknen.

Polemonium **Jakobsleiter, Sperrkraut**
Blütenähren mit blauen oder weißen becherförmigen Blüten.
SAISON: Spätfrühling, Sommer.
BEHANDLUNG (FRISCH): Mehrere Stunden tief in Wasser stellen.
ERNTE ZUM TROCKNEN:
Frühjahr und Sommer.
TROCKENMETHODE: Blüten und Blätter in der Blumenpresse pressen.

Polianthes **Tuberose**
Zwiebelgewächs mit weißen, stark duftenden Blüten.
SAISON: Sommer; im Handel ganzjährig.
BEHANDLUNG (FRISCH): Mehrere Stunden tief in Wasser stellen.
ERNTE ZUM TROCKNEN:
Sommer.
TROCKENMETHODE: Einzelne Blüten mit Chemikalien trocknen.

Polygonatum **Salomonssiegel**
Unter langausgestreckten Blättern hängen an reizvoll gebogenen Stengeln kleine, weiße Glöckchen. Elegant in der Wirkung.
SAISON: Frühjahr und Sommeranfang.
BEHANDLUNG (FRISCH): Mehrere Stunden tief in Wasser stellen.
ERNTE ZUM TROCKNEN:
Frühjahr.
TROCKENMETHODE: Mit Chemikalien trocknen oder durch Einstellen in Glyzerin präparieren.

Polygonum **Knöterich**
Kleine bis mittelgroße Stengel mit rosa bzw. roten Blüten. Diese sehen auch noch hübsch aus, wenn sie sich braun verfärbt haben. In Wasser lang haltbar.
SAISON: Sommer, Herbst.
BEHANDLUNG (FRISCH): Ankochen und mehrere Stunden tief in Wasser stellen.
ERNTE ZUM TROCKNEN:
Herbst.
TROCKENMETHODE: An der Pflanze trocknen.

Polystichum **Schildfarn**
Winterharter Farn mit feingefiederten, attraktiven Wedeln. Zum Kombinieren mit Trockenblumen gut geeignet.
SAISON: Sommer.
BEHANDLUNG (FRISCH): Ankochen und dann mehrere Stunden tief in Wasser stellen.
ERNTE ZUM TROCKNEN:
Sommer.
TROCKENMETHODE: Zwischen Zeitungen unter einer wenig begangenen Stelle des Teppichs oder in der Blumenpresse pressen.

Populus **Pappel**
Laubabwerfender Strauch oder Baum mit glänzenden, herzförmigen Blättern. Auch gold- oder silberbene Formen. Blüten unbedeutend. Zum Trocknen ungeeignet.
SAISON: Sommer.
BEHANDLUNG (FRISCH): Stiele schälen, spalten, anschneiden und anschließend mehrere Stunden tief in Wasser stellen. Junges Pflanzenmaterial ankochen.

Primula **Primel**
Kurzgestielte, meist gelbgefärbte Blumen. Auch in anderen leuchtenden Farben erhältlich, darunter Blau und Malve. Viele duftende Arten.
SAISON: Frühjahr; im Winter als Topfpflanze.
BEHANDLUNG (FRISCH): Mehrere Stunden tief in Wasser stellen.
ERNTE ZUM TROCKNEN:
Frühjahr.
TROCKENMETHODE: Mit Chemikalien trocknen, in der Blumenpresse pressen oder kandieren.

Protea
Empfindliche Sträucher mit großen Blüten in verschiedenen Nuancen von Rot, Rosa, Weiß, Gelb, Orange und Purpurrot. In Wasser sehr lang haltbar. Zum Trocknen ernten, sobald sich die Blüte etwas öffnet. Ein Gummiband verhindert zu starkes Öffnen der Blüte.
SAISON: Ganzjährig im Handel.
BEHANDLUNG (FRISCH): Stiele schälen, spalten, anschneiden und anschließend mehrere Stunden tief in Wasser stellen.
ERNTE ZUM TROCKNEN: Sommer.
TROCKENMETHODE: Hängend an der Luft trocknen.

Prunus **Pflaume, Kirsche, Pfirsich, Mandel**
Bäume bzw. Sträucher mit rosa oder weißen Blüten. Viele gefüllt blühende und z. T. sehr früh blühende Arten. In Wasser einige Tage haltbar.
SAISON: Vor allem im Frühjahr, aber auch im Winter.
BEHANDLUNG (FRISCH): Stiele schälen, spalten und anschneiden. Junges Material ankochen; anschließend mehrere Stunden tief in Wasser stellen.
ERNTE ZUM TROCKNEN: Frühjahr.
TROCKENMETHODE: Kandieren, in der Blumenpresse pressen oder mit Chemikalien trocknen.

Pulmonaria **Lungenkraut**
Pflanzen mit niedrigem Wuchs und blauen, violetten, rosa oder roten Blüten. Fürs Staudenbeet geeignet. Einige Arten mit silber panaschierten oder gefleckten Blättern.
SAISON: Frühjahr, z. T. im Winter.
BEHANDLUNG (FRISCH): Mehrere Stunden tief in Wasser stellen.
ERNTE ZUM TROCKNEN: Frühjahr.
TROCKENMETHODE: Blüten kandieren oder in der Blumenpresse pressen.

Punica **Granatapfel**
Kugelförmige Früchte mit gelb-roter oder brauner Haut.
SAISON: Im Handel: Herbst.

Pyrethrum
Margeritenähnliche Blüte in leuchtendem Rot, Rosa oder Weiß. Gefiederte Blätter. In Wasser relativ lang haltbar.
SAISON: Sommer, Herbst.
BEHANDLUNG (FRISCH): Mehrere Stunden tief in Wasser stellen.
ERNTE ZUM TROCKNEN: Sommer und Herbst.
TROCKENMETHODE: In der Blumenpresse pressen oder mit Chemikalien trocknen.

Pyrus **Birne**
Bäume mit reizvollen, weißen Blüten im Frühjahr und gelben oder grünen Früchten im Herbst. Zum Trocknen ungeeignet.
SAISON: Blüten: Frühjahr; Früchte: Herbst; im Handel ganzjährig.
BEHANDLUNG (FRISCH): Stiele schälen, spalten, anschneiden und anschließend mehrere Stunden tief in Wasser stellen. Früchte aus dem eigenen Garten halten länger.

Quercus **Eiche**
Eichenlaub kann noch grün im Sommer oder bei einsetzender Verfärbung im Herbst gepreßt werden.
SAISON: Frühjahr bis Herbst.
BEHANDLUNG (FRISCH): Stiele schälen, spalten, anschneiden und anschließend mehrere Stunden tief in Wasser stellen.
ERNTE ZUM TROCKNEN: Sommer.
TROCKENMETHODE: Zwischen Zeitungen unter einer wenig begangenen Stelle des Teppichs pressen.

Ranunculus **Hahnenfuß**
Neben den einheimischen, gelben Arten gibt es viele Formen mit großen, gefüllten, leuchtend gefärbten Blüten.
SAISON: Sommer; im Handel: fast das ganze Jahr.
BEHANDLUNG (FRISCH): Mehrere Stunden tief in Wasser stellen.
ERNTE ZUM TROCKNEN: Frühsommer.
TROCKENMETHODE: Mit Chemikalien oder hängend an der Luft trocknen. Einfache Blüten in der Blumenpresse pressen.

Rheum **Rhabarber**
Verwendet werden junge Blätter verschiedener Zier- und Kulturarten. Die Blätter sind giftig und zum Trocknen ungeeignet.
SAISON: Frühjahr.
BEHANDLUNG (FRISCH): Blätter kurze Zeit ganz in Wasser eintauchen und dann mehrere Stunden tief in Wasser stellen.

Rhododendron **Alpenrose**
Artenreiche Familie immergrüner und laubabwerfender Sträucher mit gelb-, weiß-, rosa-, rot- und violettgefärbten Blütenbüscheln.
SAISON: Winter bis Herbst.
BEHANDLUNG (FRISCH): Stiele schälen, spalten, anschneiden und anschließend mehrere Stunden tief in Wasser stellen.
ERNTE ZUM TROCKNEN: Blätter: ganzjährig; Blüten: Frühjahr und Sommer.
TROCKENMETHODE: Blätter: durch Einstellen in Glyzerin präparieren; Blüten: Einzelblüten pressen oder mit Chemikalien trocknen.

Ribes **Johannisbeere**
Laubabwerfender Strauch mit kleinen, hängenden Blütentrauben in Rosa oder Rot und stark geäderten, frischgrünen Blättern. Kann vorgetrieben werden.
SAISON: Frühjahr.
BEHANDLUNG (FRISCH): Stiele schälen, spalten, anschneiden. Junges Material ankochen; anschließend mehrere Stunden tief in Wasser stellen.
ERNTE ZUM TROCKNEN: Frühjahr.
TROCKENMETHODE: Blätter in der Blumenpresse pressen.

Rosa **Rose**
Artenreiche Gattung von Sträuchern und Kletterpflanzen; breites Farbenspektrum, viele duftende Arten, meist dornige Triebe. Teehybriden, meist wunderbar duftend, lassen sich im Hängen an einem kühlen, trockenen und dunklen Platz gut lufttrocknen. Einfach und gefüllt blühende »altmodische« Rosen werden besser mit Chemikalien getrocknet. Zum Trocknen alle Rosen vor der Vollblüte ernten.

SAISON: Sommer und Herbst; im Handel ganzjährig.
BEHANDLUNG (FRISCH): Ernten, wenn die Knospen sich verfärben. Dornen entfernen und dann mehrere Stunden tief in Wasser stellen.
ERNTE ZUM TROCKNEN: Sommer.
TROCKENMETHODE: hängend an der Luft oder mit Chemikalien trocknen; Blütenblätter pressen.

Rosmarinus **Rosmarin**
Immergrüner Strauch mit hellblauen Blüten. Die kleinen, nadelförmigen, grauen Blätter duften beim Zerreiben sehr stark.
SAISON: Blätter: ganzjährig; Blüten: Sommer und Herbst.
BEHANDLUNG (FRISCH): Stiele spalten, anschneiden und mehrere Stunden tief in Wasser stellen.
ERNTE ZUM TROCKNEN: Ganzjährig.
TROCKENMETHODE: Hängend lufttrocknen oder mit Glyzerin präparieren.

Rubus **Brombeere**
Dornige, rankende Sträucher. Oft an einer Pflanze malvenfarbene Blüten und schwarze Früchte. Zum Trocknen ungeeignet.
SAISON: Herbst.
BEHANDLUNG (FRISCH): Stiele schälen, spalten, anschneiden und anschließend mehrere Stunden tief in Wasser stellen.

Rudbeckia **Rudbeckie**
Leuchtend gelb- oder orangegefärbte Korbblüten mit brauner Mitte; einfach oder gefüllt. Lange, rauh behaarte Stengel. In Wasser lang haltbar. Zum Trocknen ungeeignet.
SAISON: Spätsommer und Herbst.
BEHANDLUNG (FRISCH): Ankochen und dann mehrere Stunden tief in Wasser stellen.

Ruscus **Mäusedorn**
Eigenartiger Strauch, dessen umgewandelte Stengel lanzettlichen Blättern ähneln. Leuchtendrote Beeren nach unbedeutender Blüte.
SAISON: Blätter: Ganzjährig; Beeren: Herbst.
BEHANDLUNG (FRISCH): Stiele schälen, spalten, anschneiden und anschließend mehrere Stunden tief in Wasser stellen.
ERNTE ZUM TROCKNEN: Ganzjährig.
TROCKENMETHODE: Blätter lufttrocknen oder durch Einstellen in Glyzerin präparieren.

Ruta **Raute**
Sträucher oder Halbsträucher mit gefiederten, blaugrauen Blättern, die aromatisch duften. Gelbe, selten genutzte Blüten.
SAISON: Sommer, Herbst.
BEHANDLUNG (FRISCH): Stiele spalten, anschneiden und mehrere Stunden tief in Wasser stellen.
ERNTE ZUM TROCKNEN: Ganzjährig.
TROCKENMETHODE: Blätter in der Blumenpresse pressen.

Saintpaulia **Usambaraveilchen**
Weitverbreitete Zimmerpflanze mit dunkelgrünen, behaarten Blättern und blauen oder purpurroten Blüten an kurzen Stielen. In Wasser relativ lang haltbar.
SAISON: Ganzjährig.
BEHANDLUNG (FRISCH): Mehrere Stunden tief in Wasser stellen.
ERNTE ZUM TROCKNEN: Ganzjährig.
TROCKENMETHODE: Einzelne Blüten in der Blumenpresse pressen.

Salix **Weide**
Bäume oder Sträucher mit in der Farbe variierender Rinde; diese wird besonders im Winter geschätzt. Interessante Kätzchen, die vor dem Auftreten des gelben Pollens präpariert werden sollten.
SAISON: Äste: Winter; Kätzchen: Winterausgang und Frühjahr; Blätter: Frühjahr bis Herbst.
BEHANDLUNG (FRISCH): Stiele schälen, spalten, anschneiden und anschließend mehrere Stunden tief in Wasser stellen.
ERNTE ZUM TROCKNEN: Ganzjährig.
TROCKENMETHODE: Blätter aufhängen und lufttrocknen, Kätzchen durch Einstellen in Glyzerin präparieren.

Salvia **Salbei**
Sträucher und Stauden mit langen, blauen oder purpurroten Blütenähren. Blätter duften meist aromatisch. In Wasser relativ lang haltbar.
Die Sorte »Clary« trocknet gut; *S. farinacea* behält auch getrocknet seine tiefblaue Farbe.
SAISON: Sommer, Herbst.
BEHANDLUNG (FRISCH): Mehrere Stunden tief in Wasser stellen.
ERNTE ZUM TROCKNEN: Sommer.
TROCKENMETHODE: Hängend an der Luft trocknen.

Sambucus **Holunder**
Laubabwerfender Strauch mit großen flachen Blütenständen aus weißen Blüten. Verschiedene Arten mit interessanten, purpurroten, goldenen oder mehrfarbigen Blättern; z. T. fein gefiedert.
SAISON: Blüten: Frühjahr; Blätter: Frühjahr bis Herbst; Früchte: Herbst.
BEHANDLUNG (FRISCH): Stiele schälen, spalten, anschneiden; junges Laub ankochen. Mehrere Stunden tief in Wasser stellen.
ERNTE ZUM TROCKNEN: Sommer.
TROCKENMETHODE: Blätter in der Blumenpresse oder zwischen Zeitungen unter einer wenig begangenen Stelle des Teppichs pressen.

Santolina **Heiligenkraut**
Immergrüne Halbsträucher, aromatisch duftend; grüne oder graue Stengel und Blätter. Im Sommer gelbe Blüten, die jedoch ohne Bedeutung sind. Zum Trocknen ist besonders *S. neapolitana* gut geeignet.
SAISON: Ganzjährig.
BEHANDLUNG (FRISCH): Stiele schälen, spalten, anschneiden und anschließend mehrere Stunden tief in Wasser stellen.
ERNTE ZUM TROCKNEN: Sommer.
TROCKENMETHODE: Hängend an der Luft trocknen.

Scabiosa **Skabiose**
Blaue, malvenfarbene, weiße oder hellgelbe, tellerförmige Blüten. Auch gefüllt blühende Arten. In Wasser reltiv lang haltbar. Die Blüten schrumpfen beim Trocknen stark ein.
SAISON: Sommer.

BEHANDLUNG (FRISCH): Mehrere Stunden tief in Wasser stellen.
ERNTE ZUM TROCKNEN: Sommer und Herbst.
TROCKENMETHODE: Hängend an der Luft, kleine, ausgewachsene Blüten mit Chemikalien trocknen.

Scilla **Blausternchen**
Kleines Zwiebelgewächs mit sternförmigen bis glockigen Blüten in Blau, Violett oder Weiß.
SAISON: Frühjahr.
BEHANDLUNG (FRISCH): Mehrere Stunden tief in Wasser stellen.
ERNTE ZUM TROCKNEN: Frühjahr.
TROCKENMETHODE: Kandieren oder mit Chemikalien trocknen.

Sedum **Fetthenne**
Sukkulente Pflanzen mit flachen Blütenständen in Rot, Rosa oder Malve. Auch kleine Arten mit gelben oder weißen Blüten. Zum Trocknen ungeeignet.
SAISON: Herbst.
BEHANDLUNG (FRISCH): Mehrere Stunden tief in Wasser stellen.

Selaginella **Mooskraut**
Die Pflanze behält beim Präparieren ihr leuchtendes Grün, wenn man der Glyzerinlösung etwas grüne Farbe zusetzt. Mooskraut kann in Arrangements als Unterlage oder bei Verarbeitung von kleinen Büscheln wie Blattwerk verwendet werden. Eine Behandlung ist für Arrangements aus frischen Pflanzen nicht erforderlich.
ERNTE ZUM TROCKNEN: Ganzjährig.
TROCKENMETHODE: In Körben oder Kisten an der Luft trocknen oder mit Glyzerin präparieren.

Senecio **Kreuzkraut**
Artenreiche Gattung, darunter Pflanzen mit gelben Korbblüten und grünen oder grauen Blättern. Getrocknet liegt der Zierwert von *S. greyi* in den Blättern und Knospen – sie sollten daher vor dem Öffnen der gelben Blüten geerntet werden.
SAISON: Sommer.
BEHANDLUNG (FRISCH): Stiele spalten, anschneiden; mehrere Stunden tief in Wasser stellen.

ERNTE ZUM TROCKNEN: Sommer.
TROCKENMETHODE: Hängend an der Luft trocknen; einzelne Blätter in der Blumenpresse pressen.

Silene **Leimkraut**
Zierliche, hellrosa gefärbte Blütchen, die auch getrocknet wie frische Pflanzen wirken.
SAISON: Sommer.
BEHANDLUNG (FRISCH): Mehrere Stunden tief in Wasser stellen.
ERNTE ZUM TROCKNEN: Sommer.
TROCKENMETHODE: Hängend an der Luft trocknen; Blüten pressen.

Skimmia
Immergrüner Strauch mit glänzenden Blättern. Über viele Wochen roter Beerenschmuck. Weiße, duftende Blüten. In Wasser lang haltbar. Zum Trocknen ungeeignet.
SAISON: Blätter: Ganzjährig; Blüten: Frühjahr; Beeren: Herbst bis Frühjahr.
BEHANDLUNG (FRISCH): Stiele schälen, spalten, anschneiden und anschließend mehrere Stunden tief in Wasser stellen.

Solidago **Goldrute**
Stauden mit gelben, feinverzweigten Blütenrispen. In Wasser lang haltbar. Kann gut getrocknet werden: entweder noch grün, bevor die Blüten sich öffnen, oder nach dem Abreifen der Blüten.
SAISON: Sommer, Herbst.
BEHANDLUNG (FRISCH): Mehrere Stunden tief in Wasser stellen.
ERNTE ZUM TROCKNEN: Sommer bis Herbst.
TROCKENMETHODE: Hängend an der Luft trocknen.

Sorbus **Eberesche**
Laubabwerfende Bäume mit wertvollen, weißen Blüten, silbernen Blättern mit schöner Herbstfärbung und orangefarbenen, rosa oder weißen Beeren.
SAISON: Blüten: Frühjahr; Blätter: Sommer und Herbst; Beeren: Herbst.
BEHANDLUNG (FRISCH): Stiele schälen, spalten, anschneiden und anschließend mehrere Stunden tief in Wasser stellen.

ERNTE ZUM TROCKNEN: Sommer und Herbst.
TROCKENMETHODE: Einzelne Blätter in der Blumenpresse pressen.

Sphagnum **Sphagnummoos**
Als Material für Unterlagen verschiedenster Arrangements unverzichtbar. Bei Verwendung mit Schnittblumen keine Behandlung notwendig.
ERNTE ZUM TROCKNEN: Jederzeit; wird im Handel angeboten.
TROCKENMETHODE: In Körben oder Kisten an der Luft trocknen.

Spiraea **Spierstrauch**
Laubabwerfender Strauch mit unzähligen weiß oder rosa gefärbten Blütchen in langen oder flachen, schirmartigen Blütenständen. Auch Formen mit panaschierten Blättern.
SAISON: Frühjahr.
BEHANDLUNG (FRISCH): Stiele schälen, spalten, anschneiden und anschließend mehrere Stunden tief in Wasser stellen.
ERNTE ZUM TROCKNEN: Frühjahr.
TROCKENMETHODE: Blüten mit Chemikalien trocknen.

Stachys **Ziest**
Staude mit grauen oder silbernen, wollig behaarten Blättern; hellrosa Blüten an langen Stengeln.
SAISON: Sommer, Herbst.
BEHANDLUNG (FRISCH): Mehrere Stunden tief in Wasser stellen, Blätter nicht benetzen.
ERNTE ZUM TROCKNEN: Sommer.
TROCKENMETHODE: Blätter: hängend an der Luft trocknen; Samenstände: mit Glyzerin präparieren.

Staphylea **Pimpernuß**
Laubabwerfender Strauch mit Büscheln weißer, duftender Blüten. Eigenartige, durchscheinende Samenkapseln, die aufgeblasen wirken. Zum Trocknen ungeeignet.
SAISON: Blüten: Sommer; Samenkapseln: Herbst.
BEHANDLUNG (FRISCH): Stiele schälen, spalten, anschneiden und

anschließend mehrere Stunden tief in Wasser stellen.

Stranvaesia
Teilweise laubabwerfender Strauch, der zur gleichen Zeit grünes Laub und rote Herbstblätter trägt. Der Farbkontrast wird durch Büschel roter Beeren noch betont. Zum Trocknen ungeeignet.
SAISON: Herbst.
BEHANDLUNG (FRISCH): Stiele schälen, spalten, anschneiden und anschließend mehrere Stunden tief in Wasser stellen.

Strelitzia **Paradiesvogelblume**
Empfindliche Pflanze, deren lang ausdauernde, leuchtenblau und orangegefärbte Blüte an einen Vogel mit Federschopf erinnert. Zum Trocknen ungeeignet.
SAISON: Frühjahr; im Handel ganzjährig.
BEHANDLUNG (FRISCH): Mehrere Stunden tief in Wasser stellen.

Symphoricarpos **Schneebeere**
Laubabwerfender Strauch mit unscheinbaren rosa Blüten. Im Herbst weiße Beeren an langen, kahlen Ästchen. Zum Trocknen ungeeignet.
SAISON: Herbst und Winter.
BEHANDLUNG (FRISCH): Stiele schälen, spalten, anschneiden und anschließend mehrere Stunden tief in Wasser stellen.

Syringa **Flieder**
Laubabwerfende Sträucher mit großen, duftenden Blütenständen in Weiß oder verschiedenen malvenfarbenen und violetten Tönen.
SAISON: Frühjahr.
BEHANDLUNG (FRISCH): Alle Blätter entfernen. Stiele schälen, spalten, anschneiden. Nach dem Ankochen mehrere Stunden tief in Wasser stellen.
ERNTE ZUM TROCKNEN: Frühjahr.
TROCKENMETHODE: Kleine Teile der Blütenstände mit Chemikalien trocknen.

Taxus **Eibe**
Immergrüne Konifere mit flachen, dunkelgrünen Nadeln. Im Herbst dekorative, klebrige, rote Früchte.

Mit Ausnahme des roten Fruchtfleisches alle Pflanzenteile giftig. In Wasser sehr lang haltbar. Läßt sich ausgezeichnet trocknen und für beliebige Arrangements verwenden.
SAISON: Blätter ganzjährig.
BEHANDLUNG (FRISCH): Stiele schälen, spalten, anschneiden und anschließend mehrere Stunden tief in Wasser stellen.
ERNTE ZUM TROCKNEN: Ganzjährig.
TROCKENMETHODE: Behandeln wie frisches Material; im Arrangement, aufgehängt oder in einer Vase mit etwas Wasser an der Luft trocknen.

Thalictrum **Wiesenraute**
Große Stauden mit gelben, malvenfarbenen oder violetten Blüten in lockeren Blütenrispen. Zierliche, fein gefiederte Blätter von grüner, graugrüner oder blaugrüner Farbe.
BEHANDLUNG (FRISCH): Welkende Pflanzen ankochen und mehrere Stunden tief in Wasser stellen.
ERNTE ZUM TROCKNEN: Sommer.
TROCKENMETHODE: Lufttrocknen in Hängen; Blüten mit Chemikalien trocknen; Blüten und Blätter in der Blumenpresse pressen.

Thymus **Thymian**
Niedrige, besonders beim Zerreiben aromatisch duftende Halbsträucher. Blüten weiß, rosa, karminrot, malvenfarben oder violett an kurzen Stielen.
SAISON: Sommer.
BEHANDLUNG (FRISCH): Mehrere Stunden tief in Wasser stellen.
ERNTE ZUM TROCKNEN: Sommer.
TROCKENMETHODE: Hängend an der Luft trocknen.

Tilia **Linde**
Zusatz rostbrauner Farbe zur Glyzerinlösung beim Präparieren intensiviert die Farbe der Fruchtstände und verleiht dem Pflanzenmaterial eine schöne Herbstfärbung.
SAISON: Frühjahr.
BEHANDLUNG (FRISCH): Ankochen und dann mehrere Stunden tief in Wasser stellen.

ERNTE ZUM TROCKNEN: Sommer.
TROCKENMETHODE: Hängend an der Luft trocknen; Fruchtstände in Glyzerin stellen.

Tillandsia
Artenreiche Gattung. *T. usneoides* – das Louisianamoos – ähnelt einem dichten, grauen Bart. Es wird zum Abdecken von Unterlagen verwendet, kann allerdings nur bei trockenen Arrangements eingesetzt werden.
ERNTE ZUM TROCKNEN: Jederzeit.
TROCKENMETHODE: Hängend an der Luft trocknen.

Tricyrtis **Krötenlilie**
An langen, gebogenen Stengeln interessante, weiße, malvenfarbene oder gelbe Blüten mit purpurroten Flecken. In Wasser lang haltbar. Zum Trocknen ungeeignet.
SAISON: Herbst.
BEHANDLUNG (FRISCH): Mehrere Stunden tief in Wasser stellen.

Trollius **Trollblume**
Stauden mit gelben oder orangefarbenen, kugelförmigen Blüten.
SAISON: Spätfrühling und Frühsommer.
BEHANDLUNG (FRISCH): Ankochen und mehrere Stunden tief in Wasser stellen.
ERNTE ZUM TROCKNEN: Herbst.
TROCKENMETHODE: Blätter pressen; Blüten mit Chemikalien trocknen.

Tropaeolum **Kapuzinerkresse**
Einjährige, meist kletternde Pflanzen mit lebhaft orange- oder rotgefärbten, trompetenförmigen Blüten. In Wasser lang haltbar.
SAISON: Sommer, Herbst.
BEHANDLUNG (FRISCH): Mehrere Stunden tief in Wasser stellen.
ERNTE ZUM TROCKNEN: Sommer und Herbst.
TROCKENMETHODE: Einzelne Blätter und Blüten in der Blumenpresse pressen.

Tulipa **Tulpe**
Bekanntes Zwiebelgewächs mit leuchtend gefärbten Blütenkelchen.

Breites Farbenspektrum, das sogar annähernd schwarze Nuancen enthält. In Wasser lang haltbar.
SAISON: Frühjahr und Sommer; im Handel auch im Winter.
BEHANDLUNG (FRISCH): Mehrere Stunden tief in Wasser stellen. Zuvor in Papier einwickeln, damit die Stiele gerade bleiben.
ERNTE ZUM TROCKNEN: Frühjahr.
TROCKENMETHODE: Mit Chemikalien trocknen; Blütenblätter in der Blumenpresse pressen.

Typha **Rohrkolben**
Rohrkolben müssen geerntet werden, sobald sie sich braun färben, d. h., bevor der Kolben aufbricht und die Samen ausfallen. Besprühen der Oberfläche mit Lack verhindert beim Trocknen ein Ausfallen der Samen.
SAISON: Sommer.
BEHANDLUNG (FRISCH): Mehrere Stunden tief in Wasser stellen.
ERNTE ZUM TROCKNEN: Sommer.
TROCKENMETHODE: In ein Gefäß ohne Wasser stellen und an der Luft trocknen.

Verbena **Verbene**
Verschiedene ein- oder mehrjährige Pflanzen, hauptsächlich in Rosa, Malve oder Purpurrot. *V. bonariensis* ist sehr groß, daneben gibt es aber auch niedrige Formen. Einige duftende Arten. In Wasser sehr lang haltbar.
SAISON: Sommer, Herbst.
BEHANDLUNG (FRISCH): Mehrere Stunden tief in Wasser stellen.
ERNTE ZUM TROCKNEN: Sommer und Herbst.
TROCKENMETHODE: Einzelne Blüten in der Blumenpresse pressen.

Verticordia
Große, flache Doldentrauben von strenger Form. Gut zu trocknen. Arrangements erhalten dadurch interessante Strukturen.
SAISON: Sommer.
BEHANDLUNG (FRISCH): Stiele spalten, anschneiden; mehrere Stunden tief in Wasser stellen.
ERNTE ZUM TROCKNEN: Sommer.

TROCKENMETHODE: Hängend an der Luft trocknen.

Viburnum **Schneeball**
Immergrüne und laubabwerfende Sträucher mit weißen oder rosafarbenen, oft stark duftenden Blüten. Zum Konservieren ungeeignet.
SAISON: Winter, Frühjahr und Herbst.
BEHANDLUNG (FRISCH): Bei *V. opulus* (Gemeiner Schneeball) alle Blätter entfernen. Stiele schälen, spalten, anschneiden und anschließend mehrere Stunden tief in Wasser stellen. Junges oder blühendes Material immer ankochen.

Vinca **Immergrün**
Immergrüner Strauch mit langen Trieben und blauen, malvenfarbenen oder weißen Blüten. *V. difformis* blüht im Winter in Weiß oder Hellblau.
SAISON: Winter, Frühjahr und Sommer.
BEHANDLUNG (FRISCH): Mehrere Stunden tief in Wasser stellen.
ERNTE ZUM TROCKNEN: Winter bis Sommer.
TROCKENMETHODE: Blüten pressen oder mit Chemikalien trocknen.

Viola **Stiefmütterchen, Veilchen**
Artenreiche Gattung mit stets »veilchenförmigen« Blüten unterschiedlicher Größe. Breite Farbpalette. Einige duftende Arten sind, mit Zucker kandiert, kleine Köstlichkeiten für Nachspeise und Gebäck.
SAISON: Frühjahr bis Herbst. Einige Stiefmütterchen ganzjährig.
BEHANDLUNG (FRISCH): Mehrere Stunden tief in Wasser stellen.
ERNTE ZUM TROCKNEN: Frühjahr.
TROCKENMETHODE: Pressen oder kandieren.

Vitis **Rebe**
Verwenden kann man die Blätter, insbesondere das Herbstlaub, die Früchte sowie die Ruten. Letztere werden noch grün in einer Länge von etwa 1,5 m geschnitten und zu Kränzen geflochten.
SAISON: Herbst.
BEHANDLUNG (FRISCH): Blätter: Ankochen und mehrere Stunden

tief in Wasser stellen; Früchte: Möglichst keine Blüten entfernen.
ERNTE ZUM TROCKNEN: Winter.
TROCKENMETHODE: In ein Gefäß mit etwas Wasser stellen und an der Luft trocknen; Herbstlaub in der Blumenpresse pressen.

Xeranthemum **Papierblume**
Die pergamentartigen, zierlichen Blüten trocknen an der Pflanze, sind dann aber leicht zerbrechlich.
SAISON: Sommer.
BEHANDLUNG (FRISCH): Mehrere Stunden tief in Wasser stellen.
ERNTE ZUM TROCKNEN: Sommer.
TROCKENMETHODE: Hängend an der Luft trocknen.

Zantedeschia **Zimmerkalla**
Weiße, trichterförmige eingerollte Blütenscheide aus deren Mitte ein Blütenkolben hervorragt. Große, glänzende Blätter. Für manche Menschen eine typische »Trauerblume«. Auch gelbe und rosafarbene Arten. Zum Trocknen ungeeignet.
SAISON: Frühjahr und Frühsommer.
BEHANDLUNG (FRISCH): Mehrere Stunden tief in Wasser stellen.

Zea mays **Mais, Zuckermais, Maiskolben**
Ein Gras mit breiten, überhängenden Blättern. Die gelben Samenstände sind dicht von Blättern umschlossen und werden von einer weichen »Quaste« gekrönt. Die Ziersorte »Rainbow« bildet kleine, ungenießbare Kolben in verschiedenen Farben.
SAISON: Herbst.
BEHANDLUNG (FRISCH): Der Maiskolbenstiel kann verlängert werden, indem man einen Stab durch die Kolbenbasis steckt, solange dieser noch frisch, d. h. nicht ausgetrocknet ist.
ERNTE ZUM TROCKNEN: Herbst.
TROCKENMETHODE: In ein Gefäß ohne Wasser stellen und an der Luft trocknen.

Zinnia **Zinnie**
Farbenfrohe, einjährige Sommerblumen mit großen, einfachen oder

gefüllten Blüten in Gelb, Orange, Rot, Violett, Grün oder Weiß. In Wasser lang haltbar.

SAISON: Sommer, Herbst.
BEHANDLUNG (FRISCH): Mehrere Stunden tief in Wasser stellen.

ERNTE ZUM TROCKNEN: Sommer.
TROCKENMETHODE: Mit Chemikalien trocknen.

REGISTER

Kursiv gesetzte Zahlen beziehen sich auf Illustrationen.

Abflammen 193
Abwickeln 179, 191
Acacia 208
Acacia sp. *104, 122*
Acanthus 208
Acanthus spinosus 39, *126*
Acer 208
Acer pseudoplatanus 24
Achillea 208
Achillea filipendulina 33
Achillea filipendulina »Coronation Gold« *103*
Achillea millefolium 101
Achillea »Moonshine« 28
Achillea ptarmica 28, 208
Achillea »Salmon Beauty« 28
Achillea sp. *105, 107*
Acidanthera 38, 208
Ackerrittersporn *118,* 129
Aconitum 208
Aconitum napellus 33, *120*
Adventskranz 175, *175*
Aesculus 208
Aesculus hippocastanum 25
Aesculus sp. *44*
Agapanthus 208
Agapanthus Headbourne-Hybride 33
Agonis sjuniperina 125
Ahorn 208
Aira sp. *96, 97*
Ajupa 208
Akanthus 39, *126,* 208
Akazie 10, *122, 160,* 208
Akelei *26,* 210
Alaun 200
Alchemilla 208
Alchemilla mollis 37, *104*
Allium 208
Allium aflatunense 31, *116*
Allium oreophilum 28
Allium schoenoprasum 26
Allium sp. *96, 127*
Alpenaurikel 10, *22*
Alpenrose 230
Alpenveilchen 41, *216*
Alstroemeria 208
Alstroemeria ligtu 129
Alstroemeria ligtu Hybride 35
Althaea 209
Alyssum sp. *110*
Amarant *120, 121,* 209
Amaranthus 209
Amaranthus caudatus 42
Amaranthus caudatus »Viridis« *111*
Amaranthus sp. *120, 121*
Amaryllis 209, 222
Amaryllis belladonna 41, *129*

Amberbaum 45
Ammobium 209
Ammobium sp. *125*
Ampfer *107*
Anaphalis 209
Anaphalis margaritacea 41
Anaphalis yedoensis 129
Andrahten 189–191
Anemone 209
Anemone coronaria 129
Anemone coronaria »The Bride« 23
Anemone x hybrida »Honorine Jobert« 43
Anethum 209
Anethum graveolens 108
Angelica 160, 209
Anigozanthos 209
Anigozanthos rufus 101
Anigozanthos sp. *103, 128*
Ankochen 194
Ansteckblumen 82
Anthemis 209
Anthemis nobilis 123
Anthriscus 209
Anthriscus silvestris 27
Anthurium 210
Antirrhinum 210
Antirrhinum majus 30
Apfel *160,* 225
Aphyllanthes sp. *127*
Aquilegia 26, 210
Aquilegia McKana-Hybride 210
Arbeitsgeräte 178, 179
Arbutus 210
Arbutus unedo 38, 45
Arctotis sp. *104*
Armeria 210
Armeria alliacea 26
Aronstab *24,* 210
Artemisia 210
Artemisia lactiflora 210
Artemisia ludoviciana 37
Artemisia vulgaris 114
Artischocke *96, 116,* 210
Arum 210
Arum italicum »Pictum« *24,* 210
Arundinaria 210
Arundinaria sp. *109, 111, 113*
Asparagus 210
Asparagus officinalis 29
Aster 210
Aster ericoides »Monte Casino« 4
Aster novae-angliae 42
Astilbe 210
Astilbe arendsii 129

Astilbe x arendsii 30
Astilbe davidii 120, 121
Astrantia 210
Astrantia major 30
Athyrium 211
Aucuba 211
Aufbewahren 203, 204, 205
Aufhängevorrichtung 188
Aukube 211
Avena 211
Azalea 211
Azalee 10, 11, *22, 192,* 211

Ballonblume 228
Ballota 211
Bambus *109, 111, 113,* 210
Banksia 211
Banksia attenuata 105
Banksia baxteri 104
Banksia menziesii 35, *97*
Banksia occidentalis 97
Banksia prionotes 128
Banksia sp. *109*
Bärenklau *32, 127, 222*
Bärenohr *104*
Bartfaden *34,* 227
Bartnelke 29
Bast 179, 181, 185, 188, 196, 197
Baumwolle *125*
Baumwürger *100*
Bechernarzisse 21
Becherprimel 46
Behandlung von Schnittblumen 192–195
Beifuß *37,* 59, *114,* 210
Beinwell 21
Belladonnalilie 41, *129,* 209
Berberis 211
Berberis thunbergii atropurpurea 44
Berberis thunbergii »Rose Glow« 36
Berberitze *36,* 44, 211
Bergahorn 24
Bergenia 211
Bertramsgarbe 28
Besenginster 129
Besenkraut 129
Betula 211
Betula pendula 115
Biedermeiersträußchen 152, *152*
Bindedraht 179, 183–186
Binse 15, *112*
Birke 15, *184,* 211
Birne *22, 160,* 229
Blasenspiere *117*
Blaugummibaum *122*
Blausternchen 231

Blautanne 49
Blumenband 179, *185,* 188, 189, 190, 191
Blumenbänder 144, *144,* 145, *145,* 185
Blumenpresse 156, 157
Blumenschere 178, 179, 192, 193
Blütenball 82, 84, *84,* 140, 141, 186
Blutjohannisbeere *22,* 36
Bohne 227
Borago officinalis 20
Borax 200
Boretsch 20
Bouvardia 211
Bouvardia x domestica 34, 38
Bouvardie 34, *38,* 211
Brandkraut *104,* 228
Brassica 212
Braunelle 41
Braut in Haaren 31, *111, 116,* 227
Brautbukett 82, 83, *83,* 166, *167,* 168, *168*
Brautjungfer 82, 84, 168
Brautstrauß 82, 166, 168
Brizia 212
Brizia maxima 108, 109
Brizia media 97
Brizia minima 108
Brodiaea 212
Brodiaea laxa 31
Brombeere 230
Bromus sp. *96*
Brunnera 212
Buche *100, 110,* 219
Buchsbaum 58, 212
Buddleia 212
Buddleia davidii 32
Bukett 60, 66, 67, 74–77, 76, 77, 83, 167–169
Bupleurum sp. *123, 129,* 212
Buschmalve 224
Buxus 212

Cacalia sp. *127*
Caladium 212
Caladium x hortulanum 36
Calamus 114
Calendula 212
Calendula officinalis 34, *107*
Callistemon 212
Callistemon beaufortia sparsa 99
Callistemon citrinus 113
Callistephus 212
Callistephus chinensis 43
Calytrix sp. *110*
Camassia 212

Camellia 213
Camellia japonica 23, 48, 129
Camellia japonica »Adolphe Anderson« 161
Campanula 213
Campanula trachelium »Alba Plena« 29
Capsella sp. 110
Capsicum 213
Capsicum annuum acuminatum »Friesdorfer« 42
Carex sp. 117
Carlina 213
Carlina acaulis »Caulescens« 126
Carpinus betulus 25
Carthamus 213
Carthamus tinctorius 107
Castanea 213
Catananche 213
Catananche caerulea »Major« 40
Cattleya 213
Ceanothus 213
Ceanothus impressus 26
Celastrus sp. 100
Celosia 213
Celosia argentea cristata 35, 101
Centaurea 213
Centaurea cyanus 29, 120, 121
Centaurea macrocephala 129
Centaurea moschata 32, 214
Centranthus 214
Centranthus ruber 28
Cephalipterum drummondii 123
Chaeropyllum 214
Chamaecyparis lawsoniana »Lutea« 49
Chamaerops 214
Cheiranthus 214
Cheiranthus cheiri 23
Chenopodium 214
Chenopodium sp. 111, 127
Chimonanthus praecox 46, 66
Chinesische Pfingstrose 31
Chionodoxa 214
Choenomeles 214
Choenomeles speciosa 23
Choisya 214
Choisya ternata 113, 129
Christrose 23, 129, 222
Chrysantheme 6, 8, 38, 43, 80, 106, 214
Chrysanthemum 214
Chrysanthemum »Evelyn Bush« 38
Chrysanthemum indicum 42, 43
Chrysanthemum indicum »Charming« 42
Chrysanthemum »Mason's Bronze« 42
Chrysanthemum maximum 30
Chrysanthemum sp. 106

Chrysanthemum vulgare 104, 106, 214
Cimicifuga 214
Cirsium japonicum 40
Cladonia sp. 128, 214
Clarkia 215
Clarkia grandiflora 35
Clematis 26, 128, 215
Clematis »Nellie Moser« 26
Clematis sp. 128
Clematis vitalba 128
Clivia 215
Cobaea 215
Cobaea scandens 40
Consolida sp. 98
Convallaria 215
Convallaria majalis 27
Coreopsis 33, 39, 215
Cornus 215
Cornus alba »Elegantissima« 37
Cortaderia selloana 122, 125, 127, 215
Corydalis 215
Corydalis lutea 215
Corylus 215
Corylus avellana contorta 129, 215
Cosmos 216
Cosmos atrosanguineus 41, 216
Cotinus 216
Cotoneaster »Cornubia« 48
Craspedia globosa 102
Crocosmia 216
Crocosmia pottsii 35
Crocus 216
Cryptomeria 216
Cuphea 216
Cyclamen 216
Cylamen persicum 41
Cymbidium 216
Cymbidium Hybride 20
Cynara 216
Cynara scolymus 116
Cynara sp. 96
Cyperus 216
Cyperus papyrus 117
Cypripedium 216
Cytisus 217
Cytisus albus 24
Cytisus x praecox 27

Dahlia 217
Dahlia merckii 41
Dahlia »Nina Chester« 42
Dahlia sp. 101, 129
Dahlie 11, 41, 42, 101, 129, 217
Daphne 217
Daphne laureola 217
Daphne odora 46
Delphinium 217
Delphinium consolida 118, 129
Delphinium elatum 35, 120
Delphinium Pacific Hybride 28

Delphinium sp. 121, 124, 125
Deutzia 217
Deutzie 217
Dianthus 217
Dianthus barbatus 29
Dianthus caryophyllus »Scarlet Elegance« 35
Dianthus plumarius Hybride 28
Dianthus sp. 126
Dicentra 217
Dicentra spectabilis 26
Digitalis 217
Digitalis purpurea 30
Dill 108, 209
Doronicum 217
Drahtschere 179
Dryandra 217
Dryandra drummondii 43
Dryandra quercifolia 105
Dryandra sp. 39, 112
Dryopteris 217
Dryopteris filix-mas 110
Duft 64–67
Duftveilchen 20

Eberesche 59, 231
Echinacea purpurea 34
Echinops 218
Chinops ritro 32, 118, 119
Echium 218
Echte Schlüsselprime 21
Echter Lavendel 33
Edeldistel 33, 119, 218
Efeu 49, 110, 221
Eibe 48, 59, 232
Eibisch 32, 222
Eiche 45, 108, 115, 229
Eisenhut 33, 120, 208
Elaeagnus 218
Elaeagnus angustifolia 218
Elaeagnus commutata 218
Elaeagnus x ebbingei »Gilt Edge« 46
Elaeagnus pungens 129
Elaeagnus pungens »Maculata« 48, 218
Elfenbeinginster 27
Engelwurz 160, 209
Enzian 40, 70, 129, 220
Epilobium 218
Eranthis hyemalis 46
Erdbeerbaum 38, 45, 210
Eremurus 218
Erica 218
Erica cinerea 100
Erica x darleyensis »Darley Dale« 46
Erica vagans »Mrs D. F. Maxwell« 46
Erntedank 86, 87, 170, 171
Erodium 218
Eryngium 218
Eryngium sp. 119
Eryngium x oliverianum 33
Escallonia 218
Eselsohren 37, 122, 232

Eßkastanie 213
Eucalyptus 218
Eucalyptus cinerea 128
Eucalyptus ficifolia 129
Eucalyptus globulus 122
Eucalyptus niphophila 112
Eucalyptus sp. 101
Eucalyptus tetragona 128
Eukalyptus 101, 112, 128, 129, 218
Euonymus 219
Euonymus europaeus 45
Euonymus japonicus 36
Euonymus japonicus aureus 24
Eupatorium sp. 39
Euphorbia 219
Euphorbia amygdaloides 26, 37
Euphorbia amygdaloides robbiae 25, 48
Euphorbia fulgens 46
Euphorbia pulcherrima 47
Eustoma 219
Eustoma grandiflorum 32

Fackellilie 223
Fagus 219
Fagus sylvatica 110
Fagus sylvatica »Cuprea« 100
Farbe 55–59, 134–136
Färben 202
Färberdistel 107, 213
Farn 11, 15, 59, 219
Fatsia 219
Fatsia japonica 49
Federborstengras 97
Federnelke 28
Feigenbaum 25, 37, 59, 219
Felberich 225
Fenchel 219
Festuca sp. 96, 97, 117
Fetthenne 129, 231
Feuerbusch 129
Feuerdorn 44
Fichte 49, 129, 228
Ficus 219
Ficus carica 25, 37
Fingerhut 30, 217
Flattergras 116
Flechte 128
Flieder 23, 25, 232
Flockenblume 32, 129, 213
Foeniculum 219
Form 60–63
Forsythia 20, 45, 219
Forsythia x intermedia 20, 45
Forsythie 20, 45, 219
Frauenfarn 211
Frauenmantel 37, 104, 208
Frauenschuh 216
Freesia 219
Freesia x kewensis 34
Freesie 34, 67, 219
Fritillaria 219
Fuchsia 220
Fuchsia cv. 40
Fuchsia »Mrs Popple« 41
Fuchsie 10, 40, 41, 220

REGISTER · 237

Fuchsschwanz 209
Funkie 37, 126, 222

Gaillardia 220
Galanthus nivalis 46
Gänsefuß 111, 127, 214
Garbe 28, 33, 101, 103, 105, 107, 208
Garrya 220
Garrya elliptica 46
Gartenchrysantheme 42, 43
Gartenfuchsschwanz 111
Gartenlöwenmäulchen 30
Gartenschlüsselblume 21, 65, 81
Gartenverbene 40
Gaultheria shallon 48
Geburtstag 162, 163
Gefäße 68–71, 136–138, 180, 181
Gefüllte Narzisse 21
Geißblatt 25, 35, 67, 75, 225
Geißklee 24, 217
Gemeine Roßkastanie 25
Gemeiner Schneeball 21, 44, 233
Gemswurz 217
Genista 220
Gentiana 220
Gentiana asclepiadea 220
Gentiana sino-ornata 40, 129
Gepreßte Pflanzen 156, 157, 203
Geranie 227
Geranium 220
Gerbera 34, 220
Gerbera jamesonii 34
Gerste 109, 114, 171
Geschichte 6–14
Gestalten mit Schnittblumen 51–71
Gestalten mit Trockenblumen 131–149
Getreide 171
Geum 220
Ginster 220
Gips 178, 187
Girlande 86, 87, 87, 88, 90, 90, 91, 91, 146, 146, 147, 147, 166, 168, 169, 170, 170, 171, 171, 172, 174, 174, 182, 183
Gladiole 10, 43, 220
Gladiolus 220
Gladiolus callianthus 38
Gladiolus nanus »Peter Pears« 43
Glanzmispel 44
Glaucium 220
Glaucium flavum 30
Glockenblume 29, 213
Glockenheide 41, 46, 218
Glockenrebe 40, 215
Glyzerin 201
Goldbandlilie 33
Goldlack 23, 214
Goldregen 26, 224
Goldrute 39, 105, 111, 231

Gomphocarpus 38, 58
Gomphrena 221
Gomphrena globosa 40, 99, 129, 221
Gossypium herbaceum 125
Gottvergeß 211
Granatapfel 8, 9, 43, 229
Grasbaum 129
Gräser 11, 171
Grasnelke 26, 210
Grauheide 100
Grevilea 221
Grevilea sp. 111
Grimmia 221
Grimmia pulvinata 111
Griselinia 221
Griselinia littoralis 48
Großer Staudenphlox 35
Gummiarabikum 161
Gummibaum 219
Günsel 208
Gypsophila 221
Gypsophila paniculata 34
Gypsophila sp. 124

Hafer 211
Hagebutte 44, 45
Hahnenfuß 106, 229
Hahnenkamm 35, 101, 213
Hainbuche 25
Hakea cucullata 110
Hakea sp. 113
Halesia monticola 44
Hamamelis 221
Hamamelis mollis 46, 66
Hängerahmen 85, 85, 178
Hartriegel 37, 215
Haselnuß 15, 129, 215
Hasenohr 123, 129, 212
Hebe 221
Hebe armstrongii 36
Heckenkirsche 47, 225
Hedera 221
Hedera helix 49, 110
Heiligenkraut 37, 129, 231
Helenium 221
Helianthus 221
Helichrysum 221
Helichrysum angustifolium 102
Helichrysum bracteatum 34, 98, 100, 101, 126
Helichrysum cordatum 124
Helichrysum italicum 102
Helichrysum sp. 102, 103, 122, 123, 124
Helipterum 221
Helipterum manglesii 98, 124
Helipterum roseum 98
Helipterum sp. 99, 103, 124, 125, 127
Helleborus 222
Helleborus argutifolius 47
Helleborus foetidus 24
Helleborus orientalis 23
Helleborus sp. 129
Hemlock-Tanne 48
Heracleum 222

Heracleum mantegazzianum 32
Heracleum sphondylium 127
Herbstenzian 40, 129
Herbstmyrtenaster 38
Heuchera 222
Hibiscus 32, 222
Hibiscus syriacus »Woolbridge« 32
Hippeastrum 222
Hirtentäschel 110
Hochzeit 82–85, 166–169
Holunder 160, 231
Hopfen 116, 222
Hordeum sp. 114
Hordeum vulgare 109
Hornmohn 30, 220
Hortensie 41, 97, 109, 112, 118, 119, 126, 222
Hosta 222
Hosta fortunei »Aureomarginata« 37
Hosta sp. 126
Humulus 222
Humulus lupulus 116
Hyacinthoides 222
Hyacinthoides campanulatus 27
Hyacinthus 222
Hyacinthus orientalis 21
Hyazinthe 21, 222
Hydrangea 222
Hydrangea macrophylla 97, 109, 112, 119, 126
Hydrangea macrophylla »Générale Vicomtesse de Vibraye« 41, 118
Hydrangea paniculata 109
Hypericum 223
Hypericum calycinum 38, 223
Hypericum inodorum »Elstead« 43

Iberis 26 223
Ilex 223
Ilex aquifolium 49
Immergrün 21, 233
Inkalilie 35, 129, 208
Indische Lotusblume 115
Iris 65, 223
Iris cv. 27
Iris danfordiae 47
Iris foetidissima 129
Iris reticulata 223
Iris unguicularis 47, 223
Islandmoos 128, 214
Ixia 223
Ixodia 223
Ixodia sp. 125

Jakobsleiter 27, 228
Jasmin 47, 223
Jasminum 223
Jasminum nudiflorum 47
Johannisbeere 230
Johanniskraut 38, 43, 223

Juncus sp. 112
Jungfer im Grünen 31, 111, 116, 227
Juniperus 223
Juniperus communis »Compressa« 223

Kaladie 36, 212
Kalanchoe 223
Kamelie 23, 48, 129, 161, 213
Kamille 123, 209
Kandierte Blüten 160, 161
Känguruhblume 101, 103, 128, 209
Kapuzinerkresse 11, 79, 233
Katzenminze 28, 226
Kaukasische Christrose 23
Kaukasusvergißmeinnicht 212
Kerbel 209
Kerbelrübe 214
Kermeseiche 45
Kerria japonica 37
Kerria japonica »Pleniflora« 20
Kerrie 20, 37
Kerzenhalter 178
Kiefer 6, 59, 112, 114, 115, 198, 228
Kieselgel 200
Kingia australis 124
Kirche 84, 85, 85
Kirsche 29, 116, 229
Kissenprimel 21, 160
Klatschmohn 127
Klebeband 178, 180
Klebsame 49, 58, 228
Klebschwertel 223
Klivie 215
Kniphofia 223
Knöterich 26, 229
Köcherblümchen 216
Kochia 223
Kochia sp. 129
Kohl 212
Kokardenblume 220
Konifere 224
Königsfarn 227
Königskerze 122
Königslilie 29
Korallenranke 46
Kornblume 29, 120, 121, 213
Kosmee 41, 216
Kranz 88, 88, 138, 138, 139, 169, 170, 170, 175, 175, 182–185, 188
Kratzdistel 40
Kreuzkraut 37, 49, 122, 231
Krokus 216
Kronenanemone 23, 129
Krötenlilie 233
Küchenschelle 23
Kugelamarant 40, 99, 129, 221

238 · REGISTER

Kugeldistel *32, 118, 119,* 218
Kugelprimel *21*

Laburnum *224*
Laburnum x watereri »Vossii« *26*
Lachenalia *224*
Lachnostachys sp. *124*
Lamium album *20*
Lampionblume *42, 106, 107, 228*
Lapsana sp. *126*
Lärche *24, 224*
Lärchenzapfen *115*
Larix *224*
Larix decidua *24*
Larix sp. *115*
Lathyrus *224*
Lathyrus latifolius *33*
Lathyrus odoratus *30*
Lavandula *224*
Lavandula angustifolia *33*
Lavandula spica *118*
Lavatera *224*
Lavendel *33, 67, 118, 158, 224*
Lecythis usitata *114*
Leim *178, 180*
Leimkraut *98, 231*
Leptospermum *224*
Leptospermum sp. *99*
Lerchensporn *215*
Leucodendron *224*
Leucodendron rubrum *114*
Leucodendron sp. *101, 112, 117*
Leucodendron stelligerum *113*
Leucojum vernum *21*
Levkoje *28, 80, 226*
Liatris *224*
Liatris callilepis *33*
Liatris sp. *128*
Liatris spicata *100*
Liguster *224*
Ligustrum *224*
Lilie *29, 33, 40, 66, 80, 129, 224*
Lilium *224*
Lilium auratum *33*
Lilium »Destiny« *33*
Lilium regale *29*
Lilium s. rubrum *40, 66*
Lilium sp. *129*
Limonium *225*
Limonium latifolium *39*
Limonium sinuatum *32, 120, 121*
Limonium sp. *99, 104, 106, 118, 119, 122, 125, 128*
Limonium suworowii *200*
Linde *24, 108, 233*
Liquidambar styraciflua *45*
Liriodendron tulipifera *45*
Lonicera *225*
Lonicera periclymenum »Belgica« *125*

Lonicera periclymenum serotina *35*
Lonicera x purpusii *47*
Lotus *6, 115*
Löwenmäulchen *30, 210*
Lufttrocknen *14, 196, 197, 198, 199*
Lunaria *225*
Lunaria rediviva *96, 128*
Lungenkraut *22, 229*
Lupine *29, 225*
Lupinus *225*
Lupinus Russell strain *29*
Lysimachia *225*
Lythrum *225*

Mädchenauge *33, 39, 215*
Magnolia *129, 225*
Magnolia grandiflora *34*
Magnolia kobus *23*
Magnolia sp. *129*
Magnolie *23, 34, 129, 225*
Mahonia *225*
Mahonia japonica *129*
Mahonia x media »Charity« *47, 48*
Mahonie *47, 48, 129, 225*
Maiglöckchen *27, 65, 189, 215*
Mais *234*
Maiskolben *38, 106, 234*
Malus *225*
Malus floribunda *22*
Malux x lemoinei *22, 45*
Malus »Profusion« *45*
Malus »Yellow Siberian« *39*
Malva alcea *41*
Mandel *229*
Mandelröschen *35, 215*
Mandelwolfsmilch *25, 26, 37*
Margerite *30, 80*
Märzbecher *21*
Maschendraht *178, 180, 182, 183, 186, 198*
Matteucia *226*
Matthiola *226*
Matthiola incana *28*
Mäusedorn *230*
Meerlavendel *39, 100, 118, 119, 122, 125, 128, 225*
Mehlbeere *27*
Melaleuca sp. *123*
Messer *178, 179, 192*
Milchstern *32, 227*
Milium sp. *116*
Mimose *104, 133, 158, 159, 208*
Miscanthus *226*
Mnium sp. *110*
Mohn *8, 9, 35, 74, 127, 133, 137, 139, 162, 163, 193, 195, 227*
Moluccella *226*
Moluccella laevis *37, 126*
Monarda *226*
Montbretie *35, 216*
Moos *110, 139, 186, 198*

Mooskraut *111, 231*
Morus nigra *33*
Muscari *226*
Muscari armeniacum *21*
Muschelblume *37, 126, 226*
Muttertag *80*
Myosotis *226*
Myosotis alpestris *20*
Myrtenheide *123*

Nachtschatten *39*
Narcissus *226*
Narcissus »Golden Lion« *21*
Narcissus »Interim« *21*
Narcissus »Kingscourt« *21*
Narcissus »Professor Einstein« *21*
Narcissus »Silver Chimes« *21*
Narcissus »Sir Winston Churchill« *21*
Narcissus »Tahiti« *21*
Narzisse *6, 21, 80, 226*
Natternkopf *218*
Nektarine *33*
Nelke *10, 35, 126, 217*
Nelkenwurz *220*
Nelumbo lucifera *115*
Nepeta *226*
Nepeta gigantea *28*
Nephrolepis *226*
Nephrolepis exaltata *36*
Nerine *40, 226*
Nerine bowendii *40*
Nicotiana *226*
Nicotiana affinis *32*
Nieswurz *24, 47, 222*
Nigella *227*
Nigella damascena *31, 111, 116*
Nothofagus betuloides *49*

Ochsenzunge *26*
Olearia sp. *123*
Ölweide *48, 129, 218*
Orangenblume *113, 129, 214*
Orchidee *20*
Ornithogalum *227*
Ornithogalum thyrsoides *32*
Osmunda *227*
Ostern *81*

Paeonia *227*
Paeonia lactiflora *97*
Paeonia lactiflora cv. *31*
Paeonia lactiflora cv. »Festiva maxima« *31*
Pampasgras *122, 125, 127, 197, 215*
Pänoie *227*
Papaver *227*
Papaver rhoeas *127*
Papaver somniferum *35*
Papierblume *129, 138, 234*
Papierknöpfchen *125, 209*
Pappel *36, 229*

Paprika *42, 87, 213*
Papyrusstaude *117*
Paradiesvogelblume *232*
Pelargonie *227*
Pelargonium *227*
Pennisetum sp. *97*
Penstemon *227*
Penstemon hartwegii *34*
Pentaglottis sempervirens *26*
Perlpfötchen *41, 129, 209*
Pernettya *227*
Perückenstrauch *216*
Pestwurz *47, 66*
Petasites fragrans *47*
Peucedanum *227*
Pfaffenhütchen *45*
Pfeifenstrauch *31, 227*
Pferdeeppich *24, 194*
Pfingstrose *6, 31, 97, 227*
Pfirsich *6, 229*
Pflaume *6, 229*
Pflege von Schnittblumen *192–195*
Phaenocoma *99, 227*
Phaenocoma prolifera *99*
Phalaris arundinacea *109*
Phaseolus *227*
Philadelphus *227*
Philadelphus »Burfordensis« *31*
Phleum pratense *109*
Phlomis *228*
Phlomis fruticosa *104*
Phlox *35, 67, 228*
Phlox paniculata *35*
Photinia davidiana *44*
Phragmites australis *112, 113, 115*
Phygelius aequalis »Yellow Trumpet« *41*
Physalis *228*
Physalis alkekengi franchetii *42, 106, 107*
Physocarpus sp. *117*
Picea *228*
Picea pungens glauca *49, 129*
Pieris *228*
Pimpernuß *232*
Pinus *228*
Pinus ayacahuite *115*
Pinus sp. *114*
Pinus sylvestris *112, 115*
Pithocarpa *228*
Pithocarpa corymbulosa *123*
Pittosporum *228*
Pittosporum tobira »Variegatum« *49*
Platterbse *224*
Platycodon *228*
Poinsettie *47*
Polemonium *228*
Polemonium foliosissimum *27*
Polianthes *228*
Polygonatum *228*
Polygonatum multiflorum *129*
Polygonum *229*
Polygonum bistorta *26*
Polystichum *229*

REGISTER · 239

Pompondahlie *101*, 129
Populus 229
Populus alba 36
Potpourri 158, 159
Prachtlilie *40*, 54
Prachtscharte *33, 100, 128*, 224
Prachtspiere 210
Präparieren 201
Primel *21, 22, 46, 160*, 229
Primula 229
Primula Auricula 22
Primula denticulata 21
Primula obconica 46
Primula Polyanthus 21
Primula veris 21
Primula vulgaris 21
Protea 229
Protea »Blushing Bride« 28
Protea compacta 96
Protea obtusifolia 29
Protea sp. 128
Prunella 41
Prunus 229
Prunus avium »Early Rivers« 29
Prunus lusitanica 49
Prunus persica »Early Rivers« 33
Prunus sargentii 22
Pulmonaria 229
Pulmonaria saccharata 22
Pulsatilla vulgaris 23
Punica 229
Punica granatum 43
Purpurglöckchen 222
Pyracantha coccinea »Lalandeii« 44
Pyrethrum 229
Pyrus 229
Pyrus communis 22

Quercus 229
Quercus coccinea 45
Quercus palustris *108*, 115

Rainfarn *34, 104*, 106
Rainkohl *126*
Ranunculus 229
Ranunculus asiaticus 26
Ranunculus sp. 106
Ranunkel 26
Rasselblume *40*, 213
Rauhblattaster 42
Raute *37*, 230
Rebe 234
Rebschere 179
Reiherschnabel 218
Rentierflechte *128*, 214
Reseda 111
Reseda lutea 111
Rhabarber *24*, 230
Rheum 230
Rheum rhaponticum 24
Rhododendron 10, 230
Rhododendron cv. 22
Ribes 230
Ribes sanguineum *22*, 36

Riemenblatt 215
Ringelblume *34, 107*, 212
Rispenartige Hortensie *109*
Rittersporn *28, 35, 98, 120, 121, 124, 125*, 217
Ritterstern 222
Rohr *112, 113*, 115
Rohrglanzgras *109*, 142
Rohrkolben *114, 115, 197*, 233
Römische Kamille *123*
Rosa 230
Rosa banksiae 64
Rosa »Charles de Mills« 31
Rosa »Courvoisier« 30
Rosa cv. *30, 44, 98, 99*, 107
Rosa eglanteria 45
Rosa »Gerda« 98
Rosa glauca 36
Rosa »Golden Times« *102*
Rosa »Golden Wings« 29
Rosa »Ilona« *100*
Rosa Jack Frost« *126*
Rosa »Jaguar« *101*
Rosa »La Minuette« *103*
Rosa »Lilac Paleander« *119*
Rosa »Mercedes« 99
Rosa »Variegata di Bologna« *30*
Rose 10, 11, *29, 30, 31, 36, 45, 64, 65, 75, 79, 80, 82, 98, 99, 100, 101, 102, 103, 107, 119, 126*, 230
Rose von Sharon *38*, 223
Rosendraht 179, 189
Roseneibisch 32
Rosenlauch 28
Rosenpappel *41*
Rosmarin *20, 49, 67*, 230
Rosmarinus 230
Rosmarinus officinalis *20*, 49
Roßkastanie *25, 44*, 208
Rotangpalme *114*
Rotbuche *100*, 110
Rubus 230
Rudbeckia 230
Rudbeckia hirta »Double Gloriosa« *35*
Rudbeckie *35*, 230
Rumex sp. 107
Ruscus 230
Ruta 230
Ruta graveolens 37

Säckelblume *26*, 213
Saflor *107*, 213
Saintpaulia 230
Salbei *32, 41, 68, 129*, 231
Salix 230
Salix caprea 25
Salomonssiegel *129*, 228
Salvia 230
Salvia »Clary« 231
Salvia farinakea 231
Salvia horminum 32
Salvia patens 41
Salvia sp. 129
Salweide 25

Sambucus 231
Sandbirke *115*
Sand 200
Santolina 231
Santolina chamaecyparissus 37
Santolina neapolitana 231
Santolina sp. 129
Sarracenia sp. 43
Scabiosa 231
Scabiosa caucasica 40
Schafgarbe *101*, 208
Scheinbeere 48
Scheinbuche 49
Scheinzypresse 49
Schildfarn 229
Schilf *112, 113, 115*, 171
Schizostylis coccinea 41
Schlafmohn 35
Schlauchpflanze 43
Schleierkraut *34, 124*, 221
Schleifenblume *26*, 223
Schmetterlingsstrauch *32*, 212
Schmielenhafer *96*, 97
Schmuckkörbchen *41*, 216
Schneeball *21, 23, 44, 46, 47*, 233
Schneebeere 232
Schneeglöckchen 46
Schneeglöckchenbaum 44
Schneestolz 214
Schnittblumen 16–49
Schnittgrün 16–49, 58, 59
Schnittlauch 26
Schnur 179
Schwarze Maulbeere 33
Schwarzkümmel 227
Schwefelblüte *33, 103*
Schwertlilie *27, 47, 65, 129*, 223
Schwingel *96, 97*, 117
Scilla 231
Scirpus sp. *108, 113*
Sedum *129*, 231
Segge 117
Seidelbast *46*, 217
Selaginella *111*
Selaginella sp. 111
Senecio 231
Senecio greyi *122*, 231
Senecio »Sunshine« *37*, 49
Serruria sp. *124*
Setaria verticillata *109*
Sicheltanne 216
Sigmarskraut *41*
Silberblatt *96, 128, 135*, 225
Silberdistel *126*, 213
Silberpappel 36
Silene 231
Silene sp. 98
Simse *108, 113*
Skabiose *40*, 231
Skimmia 231
Skimmia japonica *21*, 48
Smyrnium olusatrum 24
Solanum jasminoides album 39
Solidago 231
Solidago canadensis 105

Solidago canadensis »Lemore« 111
Solidago »Goldenmosa« 39
Sommeraster *43*, 212
Sommerjasmin *31*, 227
Sonnenblume 221
Sonnenbraut 221
Sonnenflügel *98, 99, 103, 124, 125, 127*, 221
Sorbus 231
Sorbus aria »Lutescens« 27
Spaltgriffel *41*
Spanischer Pfeffer 213
Spanisches Rohr *114*
Spargel *29*, 210
Sperrkraut 228
Sphagnum 232
Sphagnum sp. *127*, 139
Sphagnummoos *127*, 139, 232
Spierstrauch *20, 24*, 232
Spindelstrauch *24, 36*, 219
Spiraea *20, 24*, 232
Spiraea japonica »Goldflame« 24
Spiraea thunbergii 20
Spornblume *29*, 214
Stachys 232
Stachys byzantina 37
Stachys lanata 122
Staphylea 232
Statize *32, 99, 100, 104, 106, 120, 121, 125*, 225
Staudenwicke 33
Stechfichte *49*, 129
Stechpalme *49, 59*, 223
Steckdraht 179, 185, 187–191
Steckmasse 178, 180, 181, 186, 187
Steckmassehalter 178, 180, 181
Steckvase 54, 178
Steinkraut *110*
Steppenkerze 218
Sterndolde *30*, 210
Sternmagnolie 23
Stiefmütterchen *23*, 233
Stil 52–54, *132*, 133
Stirlingia latifolia *123*
Storchschnabel 220
Stranvaesia 232
Strauchpäonie 10
Strauchveronika *36*, 221
Strauß 60, 66, 67, 74, 74, 75, 75, 140, *140*, 141, 142, *142*, 143, *143*, 148, *148*, 149, *149*, 152, *152*, 153, *153*, 168, 169, 196, 197, 203, 204
Straußenfarn 226
Strelizia 232
Strohblume *34, 98, 100, 101, 102, 103, 122, 123, 124, 126*, 221
Sumpfeiche *108*, 115
Symphoricarpos 232
Symphytum orientale 21

Syringa 232
Syringa vulgaris 25
Syringa vulgaris »Mme Florent Stepman« 23

Tabak 32, 65, 226
Tanacetum vulgare 34
Tannenbaum 172, 173
Tannenzweige 88, 88, 175, 175
Taxus 232
Taxus baccata 48
Teerosenhybriden 98, 99, 100, 101, 102, 103, 107, 109, 126
Telopea sp. 42
Thalictrum 232
Thalictrum delavayi 33
Thymian 232
Thymus 232
Tilia 233
Tilia sp. 108
Tilia x europaea 24
Tillandsia 233
Ton 178
Torfmyrte 227
Tränendes Herz 26, 217
Trauben 41
Traubenhyazinthe 21, 226
Trespe 96
Trichterfarn 226
Tricyrtis 233
Tritome 223
Trockenblumen 92–129
Trollblume 194, 233
Trollius 233

Trompetennarzisse 21
Tropaeolum 233
Tsuga canadensis 48
Tuberose 67, 228
Tulipa 233
Tulipa »Angelique« 22
Tulipa »Estella Rijnveld« 23
Tulipa »Golden Mirjoran« 22
Tulpe 22, 23, 75, 80, 233
Tulpenbaum 45
Typha 233
Typha angustifolia 114
Typha latifolia 115

Unterlagen 182, 183, 184, 185, 186, 187
Usambaraveilchen 230

Valentinstag 164, 165
Veilchen 20, 233
Verbascum sp. 122
Verbena 233
Verbena bonariensis 233
Verbena x hybrida 40
Verbene 40, 233
Vergißmeinnicht 20, 226
Veronica exaltata 32
Veronika 32
Vertricordia 233
Vertricordia nitens 129
Vertricordia sp. 105, 127
Viburnum 233
Vibrunum x bodnantense 46
Viburnum carlesii »Aurora« 23

Viburnum opulus 44, 233
Viburnum opulus »Roseum« 21
Viburnum tinus 47
Vinca 233
Vinca difformis 233
Vinca major 21
Viola 233
Viola odorata 20
Viola x wittrockiana 23
Vitis 234
Vitis vinifera »Italia« 41

Wacholder 223
Waldgeißblatt 25, 35
Waldrebe 128, 215
Wasserdost 39
Weide 25, 184, 230
Weidenröschen 218
Weiderich 225
Weihnachten 88–91, 172–175
Weihnachtsbaum 172, 173
Weinachtsstern 47, 219
Weinrose 45
Weißbirke 115
Weiße Taubnessel 20
Wicke 18, 19, 30, 33, 65, 66, 224
Wiesenkerbel 27
Wiesenknöterich 26
Wiesenlieschgras 109
Wiesenraute 33, 232
Winterblüte 46, 66
Winterjasmin 47
Winterling 46

Wohlriechende Wicke 30
Wolfsmilch 25, 26, 37, 48, 219
Wollziest 37, 122
Wucherblume 214
Wurmfarn 110, 217

Xanthorrhea sp. 129
Xeranthemum 234
Xeranthemum sp. 129
Xylomelum angustifolium 126

Zantedeschia 234
Zaubernuß 46, 66, 221
Zea mays 38, 106, 234
Zea mays »Rainbow« 234
Zierapfel 22, 39, 45, 225
Zierkirsche 22
Zierquitte 23, 214
Ziest 37, 122, 232
Zimmeralie 49
Zimmerkalla 234
Zinnia 234
Zinnia elegans 129
Zinnie 129, 234
Zittergras 97, 108, 109, 212
Zuckermais 234
Zwergmispel 48
Zwergpalme 214
Zwergrose 99, 119
Zwiebel 31, 96, 116, 127, 129, 135, 208
Zylinderputzer 99, 113, 212
Zypergras 216